还俗记

南京大屠杀下的鸡鸣寺240天

钮先铭———

著

团结出版社
UNITY PRESS

© 团结出版社，2025 年

图书在版编目（CIP）数据

还俗记 / 钮先铭著 . -- 北京：团结出版社，2025.
3. -- ISBN 978-7-5234-1298-5

Ⅰ . K825.2

中国国家版本馆 CIP 数据核字第 20248M3J00 号

责任编辑：张晓杰
封面设计：谭　浩

出　　版：团结出版社
　　　　　（北京市东城区东皇城根南街 84 号　邮编：100006）
电　　话：（010）65228880　65244790（出版社）
　　　　　（010）65238766　85113874　65133603（发行部）
　　　　　（010）65133603（邮购）
网　　址：http://www.tjpress.com
电子邮箱：zb65244790@vip.163.com
　　　　　tjcbsfxb@163.com（发行部邮购）
经　　销：全国新华书店
印　　装：三河市东方印刷有限公司

开　　本：170mm×240mm　16 开
印　　张：22.75　　　　　　字　　数：263 千字
版　　次：2025 年 3 月　第 1 版　　印　　次：2025 年 3 月　第 1 次印刷

书　　号：978-7-5234-1298-5
定　　价：68.00 元

代序

新编《还俗记》
读后感

覃　珊

2023年9月，承蒙父执邱行湘将军之子邱晓辉引荐，结识了为出版父亲遗著新编《还俗记》而来京的钮则坚大哥。虽然事前与钮大哥无一面之识，但却一见如故。只因父辈的黄埔同学情、抗战袍泽义。

该书是其先父钮先铭将军在南京大屠杀期间化身僧人先后藏身于永清寺及鸡鸣寺240天，而后历经艰险回归抗战队伍的一段传奇经历。抗战期间的1940年，著名的小说家张恨水先生曾经根据此真实故事著书《大江东去》。而故事原型——钮先铭将军的真实经历则更为惊心动魄，令人回味、感人至深。

初听钮大哥介绍故事梗概，便觉传奇经历难以置信，而网上查询到的碎片化的故事情节实在难以传情达意，迫不及待地想一睹全书风貌。又逢九月，在认识钮大哥一周年之际，终于看到了钮先铭将军54年前笔端留驻的文字——讲述的是87年前南京大屠杀时，作为守官的惊险亲历及心灵感悟。

用了整整一天的时间看完了25万文字。全书字里行间心情沉重，椎心泣血，仿佛郁结于心的一口老血，87年多仍未吐尽。从不同的维度解读真实的经历，以今天的视角来看依然可以衍生出很多引人入胜的标题。然而钮将军的文字，给我感受最深的仍然是国难当头、惊心动魄死里逃生时，人们在本能的利己、偏狭、虚荣的人性之上所表现出来的源于几千年文化积淀的国家至上、民族至上的家国情怀。

钮将军本身是日本士官学校毕业，又曾在法国留学，他所在的南京军校教导总队，更是云集了法国、德国的留学生指挥官，按照今日的说法就是高富帅群体，即使在当时也被冠以"少爷兵"而遭到其他兄弟部队的冷落或排挤，所以在南京退却中，作为教导总队工兵营营长的25岁的钮先铭，最终孤军奋战而变成了一名孤勇者。

跟随钮将军的文字，脑中不断闪现出一幕幕情景。1937年夏天，一名在法国留学的年轻军人，奉令回国参战，在等待船期的一周，仍然浪漫地做了一次旅行（是抱定了为国捐躯而做的最后的旅行）。美酒、咖啡、蓝色海岸……，和今日的留学生一般无二。当年轻军官甫一回国，便置身于惨烈的抗日战场。11月底，当作为南京守官的他聆听守城司令官战前动员，要官兵们坚守六个月，与此城共存亡时，心中汹涌的是坚强抵抗的波涛，身上流淌的是拼死杀敌的热血。然而，由于经过淞沪抗战的战斗减员、武器装备的差距悬殊、指挥不当等原因，南京在极短时间内便沦陷了。于是一名弹尽粮绝的职业军人，阿鼻地狱般的逃难到藏身寺庙，化身知客僧，虽然换了一袭僧衣，却仍然是一名和日本兵斗智斗法的战士。始终抱持着战时最高战略原则："胜也好、败也好、就是不和他讲和。"期盼有朝一日能设法归队，继续抗日。

在共赴国难期间，袍泽兄弟的相互扶持、永清寺僧众的冒死收留、洪门兄弟的侠肝义胆，一个个小人物，却从不同角度表现了沦陷后南京人民"雪骼白骨满疆场，万死孤忠未肯降"的悲壮和隐忍。僧众们对于落难的职业军人从惧怕被牵连到冒死收留，再到与敌寇周旋，最后陪护撤离，同生共死。

钮将军在书中还描写了他亲眼所见的永清寺仅仅方圆六亩地上的46具尸体，以及在大湾子方圆千公尺国土上，被鬼子兵屠杀的二万多具尸体。当时的南京，尸积如山，以致数月后都无法处理。作为南京大屠杀的亲历者，钮将军在书中说："我们对于南京大屠杀的事件又该如何说法呢？以德报怨，未免太宽恕日本了，至今他们尚不领人情。"所以我们今日的中国人，是没有理由替当年惨遭屠杀的同胞去原谅当年日本鬼子的暴行的。此时，不由得又想起纪录片《张纯如——南京大屠杀》。通过影片中那些真实的历史镜头，我看到了《还俗记》中的场景：那些惨无人道的虐杀、那条被鲜血染红的扬子江……

张纯如记录的是南京大屠杀中的幸存者，而《还俗记》记录的是一名守城军人幸存者。张纯如因为日军残酷的暴行而陷入了黑暗的深渊从而结束了自己年轻的生命。而钮先铭将军因为自己是陆军教导总队少数的幸存者，虽然亲历了1945年9月9日的南京受降仪式，却仍然终身留有"愧我无颜见父老，凯歌今日几人还"的悲愤和遗憾。

作为抗战军人的后人，对于钮将军的抱憾终身，我深有感触。因为我的父亲覃异之每逢回忆起他参加过的长城抗战、台儿庄抗战、长沙会战等战役，也是"恨不捐躯于战场"的壮怀激烈。他最好的部下、袍泽兄弟都为国捐躯了。而我的四姨爹，黄埔4期生马威龙旅长更是和钮先铭将军同属南京中央军校教导总队的战友，他跟着教导总队参加了淞沪会战，虽然在1937年12月12日南京沦陷时，从紫金山麓冒死成功突围，但却于次年5月牺牲于兰封战役中与日军搏杀的战壕里。

因为《还俗记》而查看南京中央军校教导总队的档案，竟然发现了钮则坚大哥的大舅，牺牲于南京保卫战的教导总队谢承瑞团长，与次年牺牲于兰封战役的我的四姨爹马威龙在同一封请示抚恤金的电报上。这一发现，没有感到缘分的惊喜，而是悲天悯人的心殇。

今天，在即将迎来纪念抗战胜利80周年的今天，日本右翼势力仍然在刻意隐瞒，甚至公然否认他们在南京制造惨绝人寰的大屠杀的史实。所以必须有人去聆听、去记录这一段真实的历史，并公诸于世。时至今日，在全球范围内，纳粹屠杀犹太人的事实家喻户晓，而南京大屠杀事件却鲜有人知。随着岁月的流逝和亲历者、幸存者的凋零。日本右翼掩盖、否认南京大屠杀历史的恶果已经显现。而《南京大屠杀》《拉贝日记》和《还俗记》等都是来源于那场浩劫的亲历者的文字，记录了不容抹杀的真实历史。他们在记录、在核实，希望有更多的人去聆听、去了解真相。而日本政府至今对于当年侵华日军的暴行没有认罪和忏悔。所以记住这段历史、传播这段历史，是每一个中国人的责任，也是我们在抗日胜利80周年之际，对于前辈的纪念。

因为80年过去了，伤口仍未愈合，伤害仍在继续。铭记历史，并不是为了延续和传播仇恨，而是以史为鉴，面向未来，捍卫和平。

序

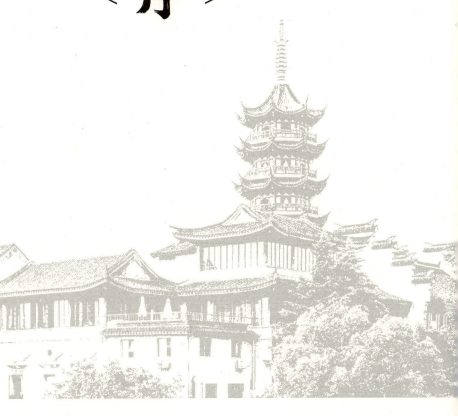

典型在夙昔

1940年，张恨水（1895—1967年）先生所书《大江东去》在香港《国民日报》连载一年。当时，中国正面对艰巨的抗日战争，此一由著名小说家执笔的战争爱情故事颇振奋人心、提高士气，因此风靡一时。

《大江东去》故事的主人翁，原型人物即先父钮先铭（1911—1996年）。他生于天津，十四岁时随着长其八岁的崔万秋（1903—1982年）先生东渡日本，就读广岛高等师范学校，学习日本文学，越三年，再入日本陆军士官学校学习军事，1931年毕业返国。留学初期，其寄宿在当时已经小有名气的日本女作家森三千代（1901—1977年）家中。不久，"九一八"事变爆发，中日关系恶化，与森三千代的往来也逐渐减少。

1932年，入第35军，在军长傅作义（1895—1974年）将军麾下担任少校参谋，驻绥远，并认识了年长七岁的战友谢承瑞（1904—1937年），成为患难与共的挚友。

1934年，与交往多时的女友孙经仪（1913—1967年）成婚，并于翌年诞下一子；同年奉命派法国留学。孙经仪女士的父亲孙仲山（1877—1950年），四川长寿人，大中银行创办人之一，乃北方殷实商人，其另一位知名女婿李善基（1902—1961年），笔名"还珠楼主"，擅写武侠小说，娶了孙仲山次女孙经洵。

1937年南京保卫战后，先父藏匿在鸡鸣寺的下院永清寺，法号"二觉"，曾屡遭日本鬼子盘查，其过程用"惊心动魄"形容亦不为过，还亲眼目睹日本鬼子在南京屠杀的同胞遗体逾二万具！

先父在鸡鸣寺做了八个月"假"和尚，与外界完全隔绝，因此被认为应该是阵亡了。依当时规定，失踪超过六个月即作阵亡论，于是，抚恤金发了，追悼仪式也办了，夫人孙经仪亦即决定改嫁先父在日本陆军士官学校时的同学赖光大。

1938年8月，先父终于找到机会出逃，离开南京，万没想到，回到家时竟已人去楼空，还把亲朋好友吓得半死，误以为"鬼魂"出现……先父的传奇瞬于同侪间轰传，才有了《大江东去》这部书的问世。

1940年冬在重庆，死里逃生的先父第一次与张恨水先生见面，描述了他在"南京保卫战"之后的遭遇，以及如何获得寺庙收留与保护的经过，和这桩由"南京保卫战"所造成的悲剧。

唯小说终究是小说，诚如张恨水先生于《〈大江东去〉序》中所言："乃更加以三分之渲染，与四分之穿插，并所有之材料作为三分，融合而成为一篇二十万言之章回小说。"先父乃于1970年自撰回忆录《还俗记》。

我是父母这段经历之后才出生的。看先父以一名精通日语的军官，在敌人眼皮子之下不露破绽，战战兢兢地度过240天，难以想象当时他是何等惊恐。军人为国捐躯，理所当然，但是，身处敌人控制下的南京，眼下只有二种选择，首先是被"利诱"当"汉奸"，因为他的日语够好；其次是被"凌辱处决"，因为不甘当"汉奸"，而这二种都不是父亲愿意接受的。

尤其，他在永清寺期间目睹日军在上元门外屠杀同胞，并被以僧人身份为日军派往大湾子掩埋被屠杀者的尸体，成为南京大屠杀历史的重要见证人，心中的悲痛与愤怒难以言表！

为了鸡鸣寺诸僧俗的安全，先父不得不充当"知客僧"，周旋于日本侵略者及汉奸之间，时时与同为日本陆军士官学校校友的侵华日军擦肩而过，包括日军总参谋副长今井武夫（1898—1982年）少将。除早习临摹之外，他每日为游寺的日军撰写条幅，以收取香油，维持寺内日常开销。

我之所以重编《还俗记：南京大屠杀下的鸡鸣寺240天》，在于感念当年南京鸡鸣寺住持"守志"收留、庇护先父的慈悲，彰显其于惨烈的战争下，救人一命胜造七级浮屠的大德，体现佛门众生平等的精神弥足珍贵！

1939—1960年，先父负责国府的参二情报工作。可能是性格使然，在这二十多年当中，他很少谈论工作，即便留下的遗稿，有牵涉到机密的，也是解密之后而作。是以，2023年，我在台湾和讲台文化有限公司合作，撰写、出版了《交手：钮先铭与二厅·警总·大陆工作处》一书。不过，抗战末期，阎宝航（1895—1968年）先生自先父那儿取得日本关东军部署之机密一事并未列入。

这件事，先父生前从未透露，当然，我也不得而知。不过，阎宝航先生的公子阎明复（1931—2023年）先生于2015年出版的《阎明复回忆录》有相当的记载：

　　父亲在1965年，应中共中央组织部的约请，写了一份《阎宝航谈地下党工作的经验》纪要。

　　在《经验》中父亲最后写道："这个工作，从1941年春至1945年日本投降，四年中除完成了一般要求外，曾获得二件特别重要的情报。

　　一、报导了纳粹德国进攻苏联的准确日期……

　　二、拿到日本驻东北关东军的全部机密材料。约在1944年夏季，我向军委三厅副厅长钮先铭说："陈诚要我写日本何时进攻苏联的文章，但是没有材料，可否把日本关东军的材料借我用一用。我再三要求，他才答应借给三天。我就这样用'假公济私'的办法，把材料拿到手。这个材料包括日本关东军的部署、设防计划、要塞地址、兵种武器、番号人数、将领姓名等等一套全部机密材料。拿到材料后，交给罗身迅速照相，三日内复还。这份材料对于苏军出兵东北，很快消灭了关东军，也起了一定的作用。"

　　父亲是如何取得情报的，我当年还不知道。从现在看到的文字材料，大体是这样的……

　　关于日本关东军在东北的布防的情报，父亲是通过他的老朋友宁恩诚在国民政府国防部三厅工作的内弟钮先铭搞到的。

　　那是在1944年，陈诚给父亲一个任务，了解日本是否会进攻苏联。父亲就有了"尚方宝剑"。我父亲同钮先铭在重庆也经常往来。父亲在对他做了几次工作后，就对他说，陈诚邀请我来研究日本关东军的动向，但手中没有资料。钮先铭说，他有材料，就给父亲看，并说：材料放在我这里没用。委员长只准备打到长城，可是你们东北人要打回老家去。你可以拿回去看，但是三天之内必须还给我。这样，我父亲就拿到这份材料，交给苏联使馆，他们很快地照了相就退给我父亲。父亲如期地交还给钮先铭副厅长了。

1995年，我有机会到莫斯科俄罗斯档案馆查找数据，俄罗斯档案馆那个时候还没有计算机化，用的是卡片箱，在一堆有关中国的卡片档案中，看到有关日本军队在"满洲"布防的×××情报。我突然记起，父亲在晚年曾经提到过的这件事，立即填写清单调阅这份材料。这是一份有关日本关东军在东北布防的资料，一共有三大本是照相文件版本，在硬纸壳封面上，写的就是关于日本关东军在东北部署的情报。我翻了几页，那里有很多地图，上面有密密麻麻的中文字和日文字，有很多好像是那种示意图的，上面有密密麻麻的地名。我一看就想到，这很可能就是我父亲搜集、提供的关东军布防情报。

从有关材料看，1995年俄罗斯举行纪念卫国战争胜利五十周年活动，应邀的中国代表团带去一份特殊礼物，就是父亲当年向苏联提供日本关东军布防绝密情报的复制件。俄罗斯方面接到中国代表团送来的绝密情报文件，调阅自存的相应档案，证实了情报的真实提供人员，据此俄罗斯总统叶利钦签署命令，为阎宝航授勋。

抗战时期的国共合作，正面战场以国民党部队为主力，敌后隐蔽战场歼除汉奸、伪军的任务则由共产党部队担任！当时，全国正一致对日抗战，面对共同的敌人——日本，能借苏联之手消灭其关东军，未尝不是一件好事！

现任上海阎宝航社会公益基金会理事长的黄安民先生曾经向我表示，苏联在对日本关东军发动攻势之前，所有官兵手中都已经有关东军详细的军情资料，打起来得心应手，损失轻微，除使日本加速投降之外，更保全了东北大多数工业的完整，也就是说，我父亲钮先铭对新中国的成立是作出了贡献的。

悼念亡者万世名　缅怀先烈千古义

抗战胜利80周年将至，谨以此书《还俗记：南京大屠杀下的鸡鸣寺240天》以祭为抗战牺牲的全国军民。

目录

1

南京

首都浩劫

1937年12月12日的傍晚，我从营部走到富贵山掩蔽部的总部里，晋见我的团长杨厚彩（1906—2002年，黄埔6期）上校。他在嘈杂的办公室中，中断了和别个军官的交谈，突然地对我说："先铭，整顿一下你的部队，准备出击。"

"出击！"我不由得惊叫了一声，"报告团长，从什么方向出击？"

自从1931年的"九一八"事变发生以后，中日的关系一直胶着在"温战"的状态之中。局部的战斗虽然随时都在触发，但却随时又加以弭止，使得全国的军民都窒息在这种不冷不热之间，而从兹因循了六个年头之久。到了1937年的"七七"和"八一三"掀起了全面抗战的热潮，才算吐了一口气。

战况由北而南，初期的重心是置于淞沪，以装备较弱的陆军对付海、空足以直接支持的强敌本不合乎战术的原则。但是，为了建立全国抗战的信心，促进举国上下的团结，在战略上争取领先，我们忍痛牺牲大部分野战的实力，而付之孤注一掷。

说来也是奇迹，在敌方，即以海军的舰炮来说就有七百门之多，空军的轰炸、扫射，以及陆上支持的重武器尚不在内，而我们却居然支持了三四个月之久，这不能不说是精神重于物质的例证。

11月底，敌军在金山卫登陆，抄了我们的后路，直指向首都的南京，一部还直下宣城和芜湖，形成了包围的态势。在围城战的前夕，司令官唐生智（1889—1971年，保定1期）对我们这批守城的官兵训话说："南京至少要守六个月，我们将与此城共存亡。"

我当时的官阶虽很低，但我气儿却很壮，所以我也相信这句话。因为在1934年、1935年，我服务于工兵，经我个人的亲手，在南京的外郭汤山一带，曾经参加过一道坚强防卫工事的建筑。这虽然比不上马奇诺的要塞（Ligne Maginot，或译马奇诺防线），但却有相当的坚强性，所以一时的固守应当是不成问题。

谁知从淞沪退下来的野战军，其所残留的武器已不足以构成火网的编成，而又缺乏预备兵力，无可增援，工事虽好，其奈无火力何？

于是这一道坚强的工事根本没有发挥其应有的作用。

11月底的一个清早，我接到步兵团团长谢承瑞（1904—1937年，高教4期）——这位在南京殉职的团长，尔后却做了我的内兄——的一个电话。"老钮！你的二个兵逃到我的防地里来了，你快来领他们回去。"

谢团长还在电话里咕噜了一阵，说我的兵不会打仗。

我和谢承瑞结为姻娅虽然是他阵亡以后的事，可是我们是留法的同学，而且是多年的战友，所以谁也不会怪谁太唠叨。

我率领的工兵营，这是一种支持作战的兵种，所以我派了一个排的部队在光华门外的工兵学校附近工作。工兵学校也早已做了一套坚强的核心工事，我派的那一排兵是去补修附郭的战壕。当我到谢团去领那二个兵，我问他们，"你们看见了敌人吗？"

"报告营长！看见了！"

"穿的是什么颜色的军装？"

"黄的。"

敌我的识别，大概没有认错。

"你们打了没有打？"

"打了二枪。"一个兵回答我。

我随手取了他的枪来检查，果然在弹匣中只剩了三颗子弹。战场心理是极其微妙，最精的射手在战场上只有百分之十五的命中率。我那一群新兵只放了几枪，其效果是可想而知的。

我当时有一种直觉，我对承瑞说："老谢！这可不是玩的，汤山的阵地既已放弃，而工兵学校的核心工事又没有阻挠敌人，那么，马上就要兵临城下了。"

谢承瑞团长也和我有同感。筑城与攻击火器是相互平行在发展，近代化的要塞工事都无法阻挠敌人，那么，靠古代所筑的城池何足以应战？况且我们又没有充分的火力！

在那之后的一个星期中，我的一个工兵营和谢承瑞的一个步兵团就并肩地坚守着光华门。

敌军在城墙上轰了一个大洞，挺进了一个重机枪班，我也牺牲了一班人才扑灭了这一挺重机枪，总算又将敌人赶出了城。后来一般非正式的史料记载都说，在南京的围城战，敌军是从光华门攻入的。那是天大的冤枉，我和谢承瑞是尽了最大的力量，始终没有使敌人得以扩张他们的战果。

因为我一星期都没有休息，所以能得到一点空隙，我就回到了鼓楼附近的营部，准备吃一顿热饭。12月中的南京是相当寒冷的。

我还没拿起筷子，杨厚彩团长的电话来了，要我马上到总部去。他除了担任工兵团长外，还兼教导总队的工兵指挥官，所以他有一间办公室在富贵山的地下工事里。

当团长告诉我准备出击的时候，我惊叫了一声："出击！"

我这声惊叫是有理由的，因为所指的出击方向是中山门，那里曾由我们工兵团敷设了数带的地雷，敌人固不易通过，我们何尝又可以飞越雷池？

团长对我的追问使了一个眼色，等一群其他的军官退出了他的办公室以后，他才告诉我说这是总退却，因为保密，他在众人面前才指令我出击。这一下子却使得我们这一班"少爷兵"不得不发呆了。

人家称我们教导总队为"少爷兵"是有渊源的。不只中级干部都是留学生，如杨厚彩和另外一位步兵团长萧劲，甚至于我们的总队长桂永清（1900—1954年，黄埔1期）将军自己都是留德的，而谢承瑞、廖耀湘（1906—1968年，黄埔6期）和我都在巴黎喝过一点洋墨水，士兵们的薪饷也比普通的部队每月要多发两块袁大头，吃得比人家好，拿得比人家多，穿得比别的部队漂亮，所以在军队中，都叫我们是"少爷兵"。这并不比"老爷兵"这个名称来得更光荣，只不过是平均年龄都比较轻，身体也都棒些，故欲做"老爷兵"而不可得。

"少爷兵"在战场上是相当遭嫉的，我们的部队在上海的八字桥就吃过一次亏。

"你们教导总队比我们吃得饱，一定比我们打得好！"别的部队都这样冷言冷语地对我们，所以战场的左右依托就被松懈了，常常变成了孤军奋战，退却中更是尝到了这杯苦汁。

当我奉到杨团长所下达的退却命令之后，我第一想到的便是渡江工具。作战是沿江南的一边，敌人的重点又指向着城南的几个门——包括光华门。所以我的退却只有向北去，而一江之隔就形成了背水而战。

教导总队工兵团装备中本有二十四只大型的橡皮舟，在没有发明海军陆战队所用的L. S. T.登陆艇以前，大型橡皮舟已经是最新型的渡河工具。可是当我们赶到隐藏的仓库时，已被别的部队放火烧掉了，说是为了坚壁清野。仅有一只是漏网之鱼，那便是杨团长预先控制置于下关的某地。借此，桂永清将军总算得以渡过了长江。

阿鼻地狱

《华严经音义》引《珠丛》云："凡以器斟酌于水，谓之'挹'。"城门距江边甚近，站在城门楼上真是有一手挹江之感，所以名副其实地叫作"挹江门"。

自从六朝以后，第九代——除东吴、东晋和南朝的宋、齐、梁、陈外，尚有朱洪武及太平天国均定都于南京，所以我们可以说是南朝的第九代——的我们定都南京后，挹江门的内、外都铺设了宽阔的柏油大道。所谓"挹江门"只不过是将旧的城楼修饰一新而已，使得这一带是颇具现代化都市的规模。

我只率领着很少的部队，因为大部分都留在光华门以阻绝敌军的进攻，当我经过鼓楼附近的铁塔，那上面本是用霓虹灯标示着"总理遗教：人生以服务为目的，不以夺取为目的"的灯光标语，但是电断了，已不复光照人间，我经过时还回头看了一看，在暗云的衬托间尚能隐约地看得见二行大字。我还在想，"人类为什么不肯恪遵古训？而要以战争为手段，以求达到夺取的目的呢！"

从明故宫经过鼓楼，一直到北平路口新住宅区的这一段大道上，虽然部队拥挤，车辆阻塞，好在前进是同一方向，而且道路也比较宽阔，所以我还能勉强地掌握住我的部队。可是一到达铁道部和交通部的大厦的近旁，各色人等几乎都拥塞在马路的当中，因为先头的受阻和停滞，而后续者又相继前拥，向横的方向更是无从发展，你争我夺的，谁都想迅速逃出挹江门。

在混乱之中，想勉强将我的部队集结在路旁，当我再度发令报数的时候，能集中的人数已不到三分之一，我统率的二个连到此只剩下三五十人了。其余的当然是在惊恐中各自行动，以期各自逃生，而致失散。

我指定了一位军官，要他掌握住这残余的几十人，而我自己则带了二名传令和一位上尉军官吴楚（1917—1995年）——后为台湾的作家，一行四人，在人与人的夹缝中挤向挹江门去侦察情况，打算斟酌实情再来行动。

一阵轻机枪的断续声从挹江门的城上掠空向南呼啸而过，从弹道曳光的高低，一时判断不出这些轻机枪所发射的目标，可是我很清醒，可以认清这种发射的目的并不在杀伤城下的士卒，那么，当然不是敌军抄了后路，来阻击我军的退却。

可是成千上万的部队谁也不知咫尺间会发生什么变化，也不知道是前进好，还是后退好，像穿梭似的在这局限的地区中蠢动。于是，人挤人倒，人踩人过，尖声的惨叫在黑暗中呈现着一片阿鼻地狱的景象。

一辆新型的小轿车像人海中的一块礁石，当然是无从移动分寸。我们四人手牵手地挤了过去，想借以有所依托，免得被人潮挤倒，对流弹也想有点掩蔽。这辆小轿车的机器还在继续发动，而车中却空无一人，想来是乘车的人们已舍车逃命，连机器熄火的一瞬间都不肯浪费。

"老乡！是怎么一回事儿？"我问着附近一位不辨官兵的军人。

"守城的部队没有接到退却的命令，不准我们出城。"

是否所言确实？然却言之有理，我只好姑妄听之。

又是一阵枪声，弹道压低了，可能有一部分的士兵被杀伤，情况当然是更形混乱，当时企图冲出挹江门的部队的总数量远在百倍于守军之上，喻之以理固可以解决问题，即压之以兵力也未尝不可以突围，可是人群已经成了散沙，连一块泥土的力量都结合不成。

"国梁！我们怎样办？""国梁"是吴楚任公职的名字，也是我的表弟。

"待在这儿是等死，我们只有另想办法。"

"另想什么办法？那样高的城墙，我们也爬不过去！"

"我们可以从仪凤门出去，仪凤门是小火车铁道的通路，根本没有城门。"

他马上拖着我就想开动。

"不！国梁，我们还有部队。"

我曾指定一位连长掌握住残余的部队，千叮万嘱地不许他们离开，我自己岂可一溜了事！

好容易等我们再到部队原站的地方，我那九牛二虎之力还是白费了，已无法再找到半个人。人与人之间早已失去了信任，他们当然不会等我回来，也想象我一定不会回来。

我们四个人之所以还没有走散，是因为我们一直是手牵着手的。

南京城里有一条小火车道，是由下关而至城南，所谓"小"只不过是形容其为短途的支线而已。仪凤门真是没有城门，仅切开城墙而铺设了铁道。可是一辆火车头却正停放在那狭道的当中，发生了阻塞作用。

所幸火车头并不算高，而知道有此途径的人也很少，所我们总算很快地得以通过。可是，一出南京城便看见下关一带的一片火海。

火烧下关

我虽然前后在南京住过了不少年，可是对下关却非常的生疏。因为下关本身虽然为商埠与交通的中心，然而在公教人员看来，却只不过是一处水陆交通的驿站而已。

除了京沪车站和长江码头以外，与长江平行的街道都保持着旧式商埠的典型风貌。无怪上海人一到了南京，第一个印象，便感觉到是一股土气，马上会打起南京的口腔，叫一声"大萝卜"。

我们一翻过了仪凤门，首先是不辨东西，而所看见的却是一片火海，反映着阴暗的云层，倒很像黄昏的晚霞。

"怎么办？"我站定了一下，并不是问讯，而是自言自语地道白。

"我们跟着营长。"其中一名士兵似乎在表明他对我的忠贞。其实自营长以下，只剩了三名官兵而已。

"朝北走，我们到江边上去看看。"又是吴楚接了腔。

其实不能朝正北，而应当朝西北，因为仪凤门在挹江门以东，而下关一带的码头都集中在仪凤门的西北方向。

在南京城外的部队并不少于在城内的，其混杂则有过之，中间还夹杂了许多的老百姓。因为在城里虽然也遗留了许多平民，可是当局业已指定了北平路的新住宅区为难民集中之所，那一带本是南京的新小区，高楼广厦，形成了新兴的王谢门庭，达官巨贾早已疏散去安全地带，人去楼空，正好收容一些难民。新住宅区是偏于南京城内的西北，并不当于纵贯往复于下关的要道，所以在围城战开始后，在城里反而不大看得见老百姓。

下关则不同，战场在东南方向，又有一城之障，而且一江带水，在平时本是舳舻千里，渡江应当不是一件难事。生于斯、长于斯的老百姓，吾民吾土，谁也不愿意背井离乡。于是在这一条狭长的江边走廊，民也兵也，混杂在一起，其混乱有过于城里是可想而知的。

最大的原因还是那一把大火，到底是谁放的？受命于谁？已无法查考，也无人再去查考！坚壁清野，背城借一，甚至于是破釜沉舟，也许都是哀军制胜的奥策，可是战略上既需要撤退，那便变成了搬块石头砸脚，自己和自己开玩笑了。

我们四个人手牵手，东弯西转，西转东弯，一道一道的火阵阻绝着，硬是到不了江边。

"功盖三分国，名成八阵图，江流石不转，遗恨失吞吴。"这是杜工部（杜甫，712—770年）的怀古诗，中间二句简直是为这时的下关写照。火烧赤壁，历史又重演了。

好容易从火缝中钻到了江边，滚滚长江，却看不见一艘船只。我不是楚霸王（项羽，前232—前202年），却有站在乌江江头的心境，可惜的是我没有自刎的决心。

"千寻铁锁沉江底，一片降幡出石头。"好在我们是退却，并没有向日本投降。后来兵学家蒋百里（1882—1938年）先生在抗战中有二句名言："胜也好，败也好，就是不和他讲和。"这是抗日的最高战略原则。

不只我们，一群散兵游勇，既无船只，但谁也不愿意站着等死，于是拆房子的拆房子，搬家具的搬家具，凡是木料和可以浮起来的东西都想集中来做渡江的工具。虽缺乏绳索，却有的是绑腿和布片，在毫无合作精神的当中，也有某种程度的利害相关，三三两两扎起木排。子曰："道不行，乘桴浮于海。"仗打垮了，谁都争先恐后地想渡过江去！

我却呆住了，连想抢一点木头的心情都完全消失。"醉卧沙场君莫笑，古来征战几人回？"军人做到了这个田地是生不如死，何必再贪生怕死地来苟延残喘！

"报告营长，我好不容易找到了你。"

本营的一位姓夏的上尉医官突然一把抓住了我，他是本营中走散的一员，又在江边上遇见了，这真和见到了亲人一样的亲热。

"其余的人呢？"我无精打采地问着。

"都走散了，那么黑，谁看得见谁？"

"那么，你怎样出城的？"

"挹江门还是被冲开了。"

"为什么我们的人不听从我的话等在那里？"我曾经命令部队在交通

部的附近集结着，等我侦察后再回来定行止，可是在混乱中，他们自己行动了。

"黄连长都管不住，我还管得着？"

医官不是部队的统率者，他当然没有责任，而我却不然，这句话反而令我为之汗颜。

我只好默默无语，也许我还在继续发呆。

"营长！我们总得想个办法过江才好。"夏医官又催促着我。

"你们想吧！"我还是站着没有动。

夏医官和吴楚开始行动了，二官二兵，一共四个大人就在附近找了一堆木板和木棍。

"营长！把你的绑腿解下来。"

我不由自主地反听从下级军官的指示。

"腰皮带也要。"

我也照办了。

木排到底被他们四个人扎成了，可是其面积不到三乘五尺见方，不要说不够坐下或伏卧着，连站五个人的位置也不够。

二名士兵抢先推着木排下水，夏医官是这一场戏的主角，当然也跟了下去。

我看看，三个人已经使木排压下水去几寸。我回头对吴楚说："国梁！你是我的表弟，先让他们三个人过去吧！"

吴楚盯了我一眼，没有开口，也没有行动，木排顺着江漂动了，只有我和吴楚还留在江岸。

甘心伏居

整个教导总队得以渡江的人到底有多少？我不知道。以我们的工兵团来说，其他的营倒也有许多官兵是渡过江的，上级杨厚彩团长他就掌握住一些士兵，救助了许多的生命。尔后我们也常见面，还在陆军参大做了一次同班同学，我每见到他就心跳，我总觉得我不仅对不起我的部下，也对不起这位长官。在那工兵团中，他对我是另眼相看的，在战况最紧张的时候还提拔我当他的团附，因为当年的编制并无所谓"副团长"，所以可以说他曾倚重我为他的左右手，而我却没有达成他所给我的任务。

终一场抗日的战争，除吴楚以外，我从没有再见到我所统率的那工兵营里的同事们，我"钮先铭"这三字不管是好是歹，这二十年来也常在报纸上应应卯，而却没有一个工兵营的人找过我，全军覆没了？当然有三分之二的士兵是当时坚守着光华门，也许做了壮烈的牺牲，可是未必没有一位活着的？而尔后竟没有一个人再理睬过我，足证我当时是统率无方，甚至有负众望。

我做了一辈子的职业军人，从少校又爬上了三四级，所负过的责任也竭尽绵薄，只有做过对不起自己的事，却从没有做过一点儿愧对国家的行为，可是那一次的南京之战却有弃甲曳兵之嫌，欲求五十步之笑而不可得，迄今尚使我耿耿于怀。抗日的战争虽终于胜利了，而我的心情总觉得正如乃木（乃木希典，1849—1912年）大将的诗一样，"愧我何颜见父老，凯歌今日几人还？"

我之默默无闻于军中，自有愧不如人之处，这是天谴，迄今令我甘心伏居。

1940年春，生次子则兴（1940—？年），我曾经有二句诗：

常愧执戈曾弃甲，敢夸生子亦干城。

一直以来，我无日不寝寐反省。今也，则兴已毕业于军校，我固谈不上有什么衣钵来让他承受，但我却企期他接替我对国家的报答。

教导总队的全衔是"陆军中央军官学校教导总队"，从名称上看是军校的示范部队。可是，事实上却是一个新装备的步兵师。以这一个部队作为试验，目的在革新全国的陆军，装备和训练是相当精良的。可惜孤掌难鸣，何能一枝独秀？在上海八字桥一战，背着"少爷兵"的绰号，已经吃了一次大亏，元气既伤，班师南京，只剩了一个空壳，虽然也曾获得了人员的补充，而都是一些连立正、稍息都不会的新兵，遑问其如何放枪、打仗？

我记得在围城战的前一个星期，还拨交了一百多名的新兵给我，怎样办呢？总得要用呀！还是黄连长算是行家，做了几十个石灰靶，一次就教完了步枪射击，好在都是些农民出身，圆锹、十字镐总没有什么不会用的，这就算是我们的工兵了。

这样的兵就送上了战场上去，其成绩可想而知，当我和吴楚两个人站在江边上，我真有楚霸王兀立乌江的心情，也许我的勇气不足，但是我却不承认我怕死，因为当时的心情确比死还更难受。

夏医官和二个兵爬上自扎的小木排上，载浮载沉地漂走了，只剩了我和吴楚二人。

"二哥！总不能就站在此地吧！"吴楚叫醒了我的沉思。

其实江边并不是只有我们二人，成千上万的散兵游勇都在各打各的主意。不过谁也不问谁，谁也不顾谁。人！变成了只有自己而已。

"你看！"我指着周围的士兵，"你比他们多值几文钱？"

"不！命令是叫我们退却，并没有叫我们死。"

"你是学体育的，你游过去吧！我却不能。"

"不是这样的说法，你看！那里不是还有船开过来吗？"

吴楚用手向江心一指，真是有一只小火轮从浦口斜着开了过来，一注意，连发动机的声音都隐约地听得见。

斜着开过来到哪里呢？目的似乎在下关的下游。我们便也顺着下游走下去。

舳舻千里，旌旗蔽空，长江的船还应当不少，可是私人的当然早开起跑了，公家的，或者被征用的，一次开过了河，连开船的人也想逃命，谁还会将船再开过来？有一只船居然开过长江，回到南岸，倒真出乎我的意料。

走到了海军码头，那只船就是靠在那里。可是铁闸门关闭得紧紧的，荷枪实弹的守兵在乱嚷一阵，内、外的散兵更是叫得响彻云霄。

有两只小火轮为高级司令部所事先控制，听说守将唐生智是坐这只船过江的。豪语至少要守六个月的大将却脚底板抹了油，先跑掉了。总算还有点良心，又放了过来，一次一次地接送其余的人，然而这是为高级司令部的，当然轮不到我，更谈不到士兵。

到了命令和纪律都失去了作用，荷枪实弹的守兵与前拥后挤的人潮其比例既不可同日而语时，那么，所谓"阶级"也就等于零了。

可是，越是不守秩序，就谁也上不了船，那是必然的态势。叫喊打骂，各人无所不用其极，只是谁也不敢放一枪——到底大家都是中国人。

我与吴楚都站一旁，既没有挤，也没有让，好像是在作壁上观，倒不是我们有那样镇静，而是觉得徒挤无益。

吴楚拉拉我的衣襟，又向东边指指。我们就从人群的后面绕到铁闸门的右方。海军码头的铁闸门既非铜门铁壁，亦非门墙万仞。这个码头因在下关中心的下游，人潮的涌来，大都是由西而东。等到一看见铁闸门，门里又有一条渡船，谁都是下意识地只知道向那铁闸门拥，没有一个人会想到两侧的阻力却极其脆弱不堪。

我和吴楚很容易就翻过了东侧的铁闸门，可是里面的拥挤却不亚于铁闸门的外面。最微妙的是渡船不能切实地靠岸，因为，一靠岸，则一经蜂拥，那么，渡船的负荷必然过重，不是搞翻了，便可能沉没江中。所以渡船只停在离码头几尺的江中，让渡江的人用力跳上去，等装载到了相当的程度，便又开动。

等我和吴楚挤到码头边，渡船大概已经离岸五尺。吴楚是学体育的，倒是一跃而登，我却没杨传广（1933—2007年，1960年参加罗马奥运，获十项全能竞赛银牌，为首位在奥运获奖的中国运动员）的本领，扑通一下便掉在水里。我虽是抓到了一点船边，可是船移动得太快，一把没有抓稳，我就仍然在水中挣扎。

"二哥！我来拉你一把！"吴楚倒是叫了一声。但我觉得何必二个死，所以我只是在水里向他摆摆手，就再没出声，眼看着那只渡船迅疾地流去。

自我解嘲

"死"字在每一个人的看法都不相同，即使是同一个人，在时间与空间的场合若不相同时，他对于"死"字的意识也就会不一样。佛教中常用"生老病死"和"生住异灭"这两句话，在我当年只有二十六岁，虽然也读过这二句，可是从来也没有加以深刻地分析过。何况我十八岁就进了日本陆军士官学校，用一句酸溜溜的说法，便是弱冠即投笔从戎，当然有一种不知天高地厚的豪气，哪里还会马上想到"死"字。可是当我掉在江流中，我却想到了"生住异灭"这四个字。

自我的解嘲是，长成了是生，学了军人是住，打了败仗是异，掉下水是灭。——就这样地死灭吧！有什么后悔？

说真话，我当时真没有再想到国家，没有想到家庭，也没有想到自己，切切实实地体会到了《般若波罗蜜多心经》上所谓："无有恐怖，远离颠倒梦想，究竟涅槃。"

有人一定会说我这是违心之论，或是会说我是打肿脸充胖子，硬要说"无有恐怖"。凡人在一生中，说他是颠沛流离也好，说他是多姿多彩也好，起伏的曲线幅度越大，那么他所体念的经验也越多。然而不论人的一生中有多少变幻的经验，但是，对于"死"字的经验是不易得到的。因为一死便一了百了，再也没有机会向人间报告他对于死的体验。

可是我却有过了一次，在那瞬间，我什么也没有想，只是自言自语道："就这样地死灭吧！有什么后悔？"

在那弥留之际，真是人之将死，其言也善。

天公偏偏又不让我就那样地死去，使我又恢复成一个其言不善之人，岂不恨哉？

在1929年、1930年，我偕着舍弟乃圣留学东京，有一天从坊间买了一本

《自杀学》回来。日本是号称自杀最盛的国家,所以我兄弟二个对这本书都产生了浓厚的兴趣。其实那本书是一位刑法专家所写的,举了许多自杀的例子,也分析了许多人自杀的心理,既不是鼓励人去自杀,更不是教导人去自杀。

我看了那本书之后,便在空白的扉页上用日文写了一篇短跋。我至今还记得我写过这样几句话:"一包'不要猫'〔'不要猫'是日本的一种毒老鼠的药,侵华大将田中义一(1864—1929年)便是吃这种毒药自杀的〕、一根绳子,或者一把匕首,用化学的方法也好,用物理的方法也好,所费并不值十文钱,便可以得遂其志,那是一件多么便宜的事!假设死真是可以到天堂去的快捷方式的话,那么就请你也顺便的带带我……"

那只是一篇游戏的文章,却是说真话。我若真为南京之战而死,以一个小小的营长,纵然未必能够正名入忠烈祠,但各国的名公巨卿一入吾境,哪个不向无名英雄墓献上一个花圈,那么,我又何尝不能分到一杯羹?

内兄谢承瑞先生,我在前段首都的围城战中曾经提到过的那位教导总队的步兵团长,他便在那次战役中殉职了。1941年12月13日,我在南京沦陷四年忌的那一天,曾在重庆《大公报》上写了一篇纪念他的文章,题名曰"战友谢承瑞先生"。我当时不称之为"内兄",而称之为"战友",便是为了哀思着首都的笼城战。我记得结论我借用了李商隐《哭刘蕡》二句诗:"平生风义兼师友,不敢同君哭寝门!"古人谓哭师于庙门,哭友于寝门,我对承瑞永远以畏友尊之,尽管他是我的大舅子。这位曾任陆军大学的教官,今日的大将军群中不乏其门生弟子,但是现在再提起他的人却很少。只有一次煮酒论英雄时,有一位拍马屁的朋友对当年的参谋长桂率真(永清)上将说:"你们教导总队出身的将士们都是中国一流的军事人才。"

桂率公却很黯然地答复说："一流的人都殉职了。现在所剩下的都是二流的，连我自己也在内。"

那朋友又问："谁是一流的？"

桂公不假思索地只答复三个字："谢承瑞。"

为国捐躯才是第一流的人物，我有过那样好的机会而偏偏自己错过了，以至于今天自我贬值，岂不可惜哉？死有重于泰山，有轻于鸿毛。以我今日对自己评价，到底是孰重孰轻，连我自己都搞糊涂了。

我不像吴楚是学体育的，而且又是陆军，永远是旱鸭子，平生什么玩儿都会，就是游水要不得。扑通一下掉下了江中，哪有泳渡长江的本领。有许多取义成仁都是逼出来的，这一下子岂不是得其所哉！可惜天公并不栽培我，上帝既不肯立刻召见，而阎王也不愿意打开地狱之门来欢迎，真是一件奇怪的事。

说出来也非常简单，在大陆当时，南方部队的冬季服装都是棉军服，我既没有打算泳渡长江，当然不会脱得只剩条短裤，那么，这一套棉军装在一个短时间简直变成了有浮力的救生衣。

人有一种求生的本能，不管我游泳的技术如何地不佳，可是手舞足蹈乃是自然的动作。其实在水里，越是乱动越容易加速其下沉的可能，可是奇迹又发生了，由于我的手舞足蹈，却抓住了一根相当粗的木头。

猬集在江边的散兵游勇在不可能抢登仅有的二只渡轮时，则只有找些可以有浮力的东西来扎成渡河工具，当然，其中系以木材为主体。可是如何才能将找来的木材加以结接，而使其足以载人呢？最需要的就是要靠绳索。下关一把大火，从火场中抢木头尚不难，找绳索则不易，所以绑腿、腰皮带都变成了重要的材料。

长江后浪推前浪，一些长短不齐、厚薄不整的木材，只靠那一点布条和短短条带何足抵挡得住？木排冲散了，人下了水，木材便满江漂浮着。

夏医官和那两名士兵所自制的木排似乎也未能逃过此浩劫，否则，两名士兵不谈，以一位上尉医官和营长的关系，从那以后，我们就再也没有见面过，其已葬身鱼腹是可以肯定的了。

我就是抓住了一块漂浮在江上的木头，于是除了棉军服变成了救生衣以外，又加上了一个救生圈，所以变成了不该死的死了，而该死的却又没有死。

我并没有学到达摩祖师那一苇渡江的法门，一根小木头也不能成佛法无边、慈航普度。近乎零度的冬季寒流，我在水里也动弹不得，棉军服再泡了水，其重量则有过于钢铁盔甲，这该可以了结了罢！故事应当到此为止，打仗本是一场武打戏，曲终人不见，江上数峰青！不是刚好可以歇歇锣鼓？至少在我个人是如此。

然而传奇小说必须要有续集才看得过瘾，"空门行脚"这个剧本既是我自编、自导、自演，那么，死不得才有戏可以续演。

长江的滚滚洪流却将我冲上了岸，但是并没有得以北渡，而仍在南京江边。

真是命里该当还有许多罪要受，老天哪肯就这样地便宜了我？

最长之夜

因为在江中抓住了一块木头而又被冲了上岸。照平常的看法，那可谓是得以救生，其实是再度去送死！因为既不能北渡浦口，那么，清晨可能就得和敌人见面。当军人本是打算和敌人常见面，可是我现在是手无寸铁，队无一兵，见面的地点不是战场，而是陷区，那是多么悲惨的一件事！

假若我早就想到这些，而又逆料着那些可悲的后果，我相信，我可能不会再爬上岸来。可是求生是直觉，而不是思想，我根本什么也没有想到。

当时使我直接感受到是"冷"，近乎零度的天气，飒飒的江风，暗暗的黑夜，而又凄凄的是孤人。从天时、地利、人和三者来看，可以说都算是绝境。何况，心冷胆寒！在精神上所负荷的有时更甚于肉体！

由于江浪的冲流，我上岸的地点已远离下关。先前，我和吴楚是从下关沿江而下的，在海军码头失足坠水，顺流东下，已是更下游的地区了。

爬上了岸，浑身发抖，我吐了一口气，第一个思考是如何将这一身透水的棉军服脱掉。棉军服泡了水，在寒风中，其重量与温度是可想而知的。可是何处去找衣服来换呢？那样冷，我总不能脱一个精光吧！

在泥泞的岸旁走了一段，遥望着下关的火势，虽然仍映照碧空，但附近却一片乌黑。好似世界上只剩了我一个人，连先前下关那种热闹场面都不容许我参加，我简直是被摒弃于阿鼻地狱之外了。

爬过一节断崖的堤岸，忽然发现了一堆野火，有许多散兵围着，我便急忙地奔了过去。火！现在对我是救星，不仅我需要取暖，而且我需要驱除孤独。

"老总！让我也挤进去烤烤。"我拨一个士兵的肩膀，想挤进那个火围中去。

"你也掉下江去了？"那士兵回头看看我，借着那火的光亮，他看到我一身淋漓。

我注意到那个他所用的"也"字，我问："你们也掉下江里去过吗？"

"可不！"另外一位老总答着。

"怎么一回事？"

"扎的木排散掉了。"

"那你怎么爬上岸的？"

"问你呀？"

"我，没有扎木排，抢渡轮踏了一步空，离岸很近。你们都会游水！"

"哪个舅子会？"

"那怎会爬上岸的？"我一直在怀疑，追问着。

"上游有湾，水往南岸冲，所以我们又被冲上了岸。"

我才发现，这是"流线部"的问题，自己是工兵出身，却忽略学术上的教养，而对长江的实况也未加以研究，未免有愧于我所学的兵科。

一班玩命儿的老总们围着一堆野火，好像童子军举行营火会似的心情，大家谈论着。

谁也没有问谁贵姓，谁也没有问谁是属什么部队番号。战争歇锣了，敌人还没有来，真像一场戏与另一场戏中的间隔，乐得借此机会休息片刻。

我也一样，管他天亮后怎样，先将军服烤烤干再说。

"肚子饿了，谁带了干粮？"一个兵嚷着。

"他妈的，你还想吃东西？"一个兵骂着。

"干粮袋的袋子都用去扎了木排，哪里还有干粮？"

"真是鸡飞蛋打，两头都没捞儿。"

大家一面烤着火一面闲聊着，还是这人抢白似的在说话。只有一位士兵从我挤进火围后就没有见他开过口，总是用一对无神的眼睛盯着我。

我是否当时业已注意到，我忘记了。可是，——管他的——既已抱了这种心情就满不在乎！是极度刺激后的神经麻痹？是过分恐怖后的思考麻木？我全不知，总之就有那样的镇定，用句大话来说，已置死生于度外。

军服虽还没有完全烤干，但寒气却已被驱除，火光照着所有人的脸，通红的。

那位从没有开过口的士兵转到我的身后，牵牵我的衣襟，马上又放开了手，向黑暗的一方走去。

我先是一惊，但却领会到他的用意，我从火围旁跟了他出来。

计划突围

从光明又回到了黑暗，我也从梦幻重新返回现实。透湿的军服被火烤过后，还没有全干，水化成蒸气，经寒风一吹，真是冷热交并。

"你是钮营长吧？"

走到别人已听不到的地方，那位士兵停步，回头问着我。

"你认识我？"

这并不是否认，敌人还没有来，老实说，我也没那样的机警，只是觉得奇怪，为什么半天不说话的人而又私自拖我离群来打交道。我马上接着问："你是我营里的？"

营长不认识自己的士兵，这是身为主官的耻辱。可是得原谅我，我这个营组织还不过两个月，而陆续补充些新兵来，最后一批是11月底，距离围城的时间不到二个星期。在那种兵荒马乱中，要教我记住每一个士兵是一件不可能的事，所以我才问他是否是我的部下。

"我在谢团长那里，可是，是由你招来的。"

"那你是在步兵团里，是芜湖招来那一批弟兄？"

9月底，谢承瑞团长到芜湖去接收新兵，曾要我去帮忙过。

"你为什么刚才看见我，直盯着而不给我打招呼？"

"我不在工兵营，我只见过你一面，怕认错了。看了半天，觉得面熟，一直想。还有……我怕你不愿意让别人知道。"他向那围火的人群一指。

最后一句话很表现他的机警性。

"你贵姓？"我开始对他增强了信任。

"我姓贾，叫贾利川。"

"入伍前做什么？"

"裁缝。"

裁缝是手工艺的细作工人，知识水平一般都比农民或粗工较高，到此又感觉到我已经有了伙伴，再不是孤独的了。

"那些人都不是我们的？"我也向人群一指，所谓"不是我们的"，那是狭义的解释是否属于教导总队的单位。

"都不认识，谁也没有问过谁。"

"我们怎么办呢？"人，到了最没有办法的时候总喜欢问别人，而自己对自己也会发出一连串的问号。

"我跟着营长走。"

"跟着我走有什么办法？你看我这副样子！"

南京

绑腿和腰皮带都给夏医官他们做了捆扎木排。战时，我们教导总队都是戴德式钢盔，铁器在水里太重，我将它甩在江里了。

杜牧有二句诗："折戟沉沙铁未销，自将磨洗认前朝。"……千百年后，若有人在长江底打捞出这一类的钢盔和武器，不知是否尚能考证这前朝否？

一套军装而没有腰皮带，没有绑腿，又没有帽子，其狼狈的情形是一望而知的。可以说不像是一个军人，简直是形同乞丐，这就是败兵的群像。

唯一可以证明我是军人身份的，除一套棉军装外，便是那军装的左臂上钉了一个盾形的符号。在战时，一般都是不挂阶级的。

教导总队符号的花纹已完全不复记忆。我记得在围城战的前个把星期，上级司令部又送来了一批新臂章。猛一看，与旧有者完全相同，但仔细地观察，才发现内中的图案印了一个相反。比如说，里面画了一支枪，本来是向右的，而现在却成了向左。

我向来很粗心，当时我根本没有看出来。我向团长杨厚彩上校说："一样的东西，再发它干什么？我们又用不着二套军装。"

"你仔细看看花，是相反的。"他笑了，"总队长怕敌人偷印我们的符号来渗透，所以换了。"

当我回答贾利川说："你看我这副样子！"同时我也自己打量了一下我自己。我顺手"哗"的一声将那个臂章撕了下来。我并不是怕万一被敌人俘虏后来拷问我的部队番号，而是觉得我实在有辱教导总队的官兵，我先自褫了我的武装，那臂章是唯一代表教导总队的标志。

贾利川看见我这个动作，他没有再搭腔，马上脱去了他的军装棉大衣，也将他的臂章撕下。

他是否是同我一样的心境？我没有问他。至少，他是表示和我一致行动。

"营长！你穿上这件大衣吧！"他将脱下来的军装棉大衣递给我。

"不！我不冷，你也一样地需要。"

我似乎并没有询问过贾利川的年龄，当年我才满二十五，即使比贾大，也大不了许多。大家都是年轻的小伙子，脱衣相护，在我似乎还没有这种必要，虽然我也是心领感激的。

"我不需要，我没有掉下水，你的衣服还是湿的。"

没有再推辞，因为我的注意力已经转移到他没有掉水的事，因为那批围火的兄弟们似乎都是从江里再爬上来的。

"那么你怎会走到此地？"

"我根本不准备渡江。"

"那你打算上哪里去？"

"芜湖，我是芜湖人。"

"你是征得来的，还是募得来的？"

1937年，我们似乎已经在实施征兵制。但户口年龄、体格检查及抽签等事都做得不彻底，所以可以说是征、募并用。

我是一个职业军人，除了不得已而做俘虏外，我必须设法归队；贾利川则有其不同的想法——"要我来当兵，仗打败了，我现在可以回家去了。"

所以他又补了一句："我要回芜湖。"

"芜湖，怎样回法？"我已没有那份心情晓以大义来劝他归队，而归队又到哪里去归呢？连我自己也不知道。

"出中华门或水西门走，办不到。只有从后面绕过去。"

他的话是对的。从江南铁道或长江的轮船，采用平时的方法去芜湖，当然不在话下。出南面的中华门或西南的水西门起旱路，那是敌军包围与攻击的重点，西南方向的南京那几道城门哪里还有方法可以钻得出来？所以绕过敌军的背后过去，也许反而能找到一个空隙。

"那我跟你走。"

贾利川曾一度想依赖我，而我现在反而想依赖他了。正确地说，我们是互相需要，也可以说是相依为命。

"走吧！天快亮了。"

我们异口同声地说。

捡支枪来

已近冬至（阳历12月22日），这是夜长昼短的时节。我和贾利川交谈的时候是清晨的4点左右。距离天明还有二个多小时，可是自从昨晚9点开始退却起算，到此时已经过八小时了。

1962年有一出影片描写诺曼底的登陆战（Normandy Landings），直译之为《最长的一日》（*The Longest Day*，中国大陆译《最长的一天》）。当时我备员中影，主持人问我如何译成中名，我主张译为"度日如年"。虽然未被采用，但我深深地体会到在战争中之时间难挨。若是我能写一剧本来描写南京退却，我一定命名为"最长的一夜"。

我和贾利川携手一直向东走。我们为什么要向东呢？那是指向敌军而迎头顶去，岂不是找钉子碰！照理，若不能从中华门或水西门起旱，也得溯江而上。不用船，或许可以顺着江边走去。我们却走了一个相反的路，是谁领导谁的？不知道！贾利川为什么会先走到下游？我呢！当然是因为掉下了江，又没有鲤鱼跳龙门的本领，总不能逆流而上。所以我们因缘际会地遇着了，就向着下游的沿江大道走去，我以贾利川为向导，而他也许认定我来领先。

从江岸一上马路，人就很多，当然仍是些散兵游勇。可是这不同了，你向西走，我向东行，到底到什么地方去，谁也没有真正的目标。人云亦云地，在路上搭了两句话，个人可能又掉了头。在南京城里，退却都指向挹江门，上渡船，奔向海军码头，这全是方向一致的。可是，于今连这一点共同目标都没有了，完全是不知所从。于是弄得速度不一，道途阻塞，遇到有叉路或十字路口，更是何去何从，行不得！

我一脚踩着一件软绵绵的东西，提起来一看，是一件军装棉大衣，我递给了贾利川，说："喂！弟兄，穿上吧！"今晨的寒风真冷，他却脱了一件大衣给我。

"走路，怪热的，穿了反而累赘。"他接过去，但没有穿上。

天作粉亮了，我才看见满路边都是些被遗弃的军用器材，连轻机枪都有。我捡了一支七九式步枪，但近边又没有找到子弹。

营长是小单位指挥官，工兵的任务也不在放枪，所以我连手枪都没有带一支。说句笑话，当了一辈子的军人，我从来没有在战场上放过一粒子弹，要是有的话，那便是打靶和打猎。

我为什么要捡一支枪，其理由连我自己都不明白。军人！离了枪就算垮了。捡支枪，在潜意识方面可以壮壮胆，至于说是可以杀敌，或者是可以自杀来刎颈以明志，那些，我却都没有考虑到。

"贾利川！你也捡一支。"

"要它干什么，未必我们二个人还去打一仗？"

"不！一个人和另一个人要有对等的力量还可以拼一拼。"

不知道他有没有懂我这句话？即使甘心当俘虏，也不能让敌人"砰"的一枪无名地打死，至少我也得有还手的余地。

贾利川没有追问我说话的理由，也没有照我所说的去捡一支步枪。我们一面走，他伸手在地下捡了个手榴弹袋，那是像一个背心可以穿上身的，前面有四支木柄手榴弹系着。

他没有将手榴弹的背心穿上，而用手提着，反而将我给他的那件军装棉大衣随手抛了出去。

悼谢承瑞

我们沿着公路走着。在一大堆人群里，我不知道我们是先头还是殿后，因为这些散兵游勇是集散无常的，见了岔道也许就转了弯，有时候从岔路又冒出一股来。

这些，我们都没有去理会他们，我一面沿途在地上找子弹，还捡了一顶布军帽，这样子，我的武装可算齐全多了。因为外面有大衣遮着，腰皮带根本看不见，只是少了一副绑腿而已。

天大亮了，是否有太阳，抑或天阴，我已记不清楚，至少是没有下雨。白天比黑夜给予人较多的安全感，明知危险是一分一秒在接近，但并没觉得太怕，我还是与贾利川闲聊着。

"谢承瑞那一团怎么样了？"我问着他。

"不知道。"

"你不是说在他的团里的吗？"

"我在通讯连，驻守在新街口的一班总机上。后来看见许多士兵都在朝下关方向走，我就跟了出来。"

从贾利川的话里，似乎他根本没有接获退却的命令，也没有听从班长的指示，而是自由行动的。也许他因为我是教导总队的一位中下级军官，不便向我详细说明他的行动，生怕我有所责备，所以他的话比较含糊。可是在这种情况下，我自己的过失有过于他一个士兵，我还有什么资格来教训他呢？

关于谢承瑞的情形，九个月之后，我回到武汉归队时才听说的。有一个传说是说谢、廖（耀湘）、钮三个人都躲藏在南京新住宅区的法国大使馆，因为当时我们三个人都没有出来。教导总队只有我们三个留法的学生，从表面上看来，这种谣传似乎有几分近似。据此，桂率真还特别托外交单位转向西迁的法国驻华使节探询，答复说是不可能的，因为南京的法使馆根本没有留人驻守。尤其是廖耀湘在南京失陷后的三个月就回到了武汉，所以更易证明这完全是属于谣言。翌年9月17日，我到汉口的留法比瑞同学会，一下就见到了一位同学徐懋熹，他一把抓住我的手说："啊呀！老钮，你到底还是回来啦！"

"怎么，你们都以为我死了吗？"

"可不！我们都为你开过追悼会了。"

我记得武汉的留法比瑞同学会是在一所旧式洋房的二楼，当时有许多的同学在那里看报和聊天，忽然有一位同学大叫一声说："这就是我们为他开过追悼会的钮先铭！"

这一下子，现场的同学就将我包围起来了，害得我从头到尾地叙述了二个钟头。很简单，吴楚回到了武汉，活灵活现地说我掉下了江里。一套棉军装，一个不擅于游泳的人，又是在严冬的黑夜，不淹死也该冻死。既有人证，那么，我是死定了。所以桂总队长还发了一点类似抚恤的慰问金给我的家属，而同学会也为我举行了一次追悼会。听说这是7月、8月里的事，距我归队，只不过个把月的事情而已。

"谢承瑞有消息吗？"我问着懋熹。

"一点消息都没有。你有吗？"当然他也说了法国使馆的一种传说，由于廖耀湘的归来，此谣言已不攻自破。

懋熹与承瑞是同时在法国，二人比我都早，而情感亦极深。徐是出身于法国的圣西尔军校（École Spéciale Militaire de Saint-Cyr，ESM），谢则毕业于法国炮专（École d'application de l'artillerie，缩写EAA，或译炮兵应用学校）及兵工大学，可说是正牌的留法学军事的学生。我和耀湘则不同，耀湘毕业于军校6期，而我的养成教育是在日本士官，我们二人倒是同时在法，不过是仅在纹银的表皮上再镀上一层薄金而已。

懋熹和我对于谢承瑞的下落都非常地忧虑。南京围城战非正式的统计是死了三十万人，承瑞的存亡真是值得我们担心。可是由于我这由鬼而又还魂的出现，我们对于新的幻想反增加了一层信念。后来，太平洋战争中，菲律宾沦陷了三年之后，舍表弟王启南才从马尼拉逃回重庆，这些例子都添加了我们对承瑞的幻想。不过到那时候，真正关心承瑞的人除家族亲戚以外，真是寥寥无几。而到台湾后，还时常向我提到承瑞，仍怀着追思的同学则只有徐懋熹和赵光宸（1902—1965年）监察委员二人，而光宸学长也业已作古。

当然，在桂率真将军未去世之前是常常怀念着他。为国捐躯乃军人的光荣，自是死得其所，可是以桂率公之历久追思，则承瑞之死亦可谓士为知己者死矣。

胜利后，我曾想在他的住宅——南京岳麓路2号——竖一个纪念碑，以代衣冠冢，卒因世事沧桑未能实现，迄今仍引以为遗憾。

谢承瑞是堂堂的中国陆军步兵上校现职团长，殉职后不能称之"无名"英雄。国家之褒扬自有待诸后日。罗家伦（1897—1969年）先生为了要编《"国史馆"现藏民国人物传记史料汇编》，曾派人向我要了一篇谢承瑞的小传，也许这是为他垂名青史的准备！这真是使我们殁存均感。

背城借一

我和贾利川一边走一边谈着。是我们跟着人，还是人跟着我们，谁也不知道，总之是人跟着人而已，就这样地走着，我们走进了长江一段峡谷，在南京近邻有一所名胜区叫作"沿江十二洞"，到底有没有十二个洞，我既未数过，也未去过，但是其中最有名的是三台洞，传说达摩祖师曾驻锡其间，然后才一苇渡江，前往嵩山少林寺。达摩祖师本天竺人，来之于印藏，曾应邀讲经于南京中华门外雨花台（其实是云光法师讲经处）。梁武帝好佛，就教于祖师，问何为"圣谛"。

祖师随口答应说："廓然无圣。"这当然是很难解释的一种答案，最简单来说，我们不妨用一句儒学的成语，所谓"大而化之之谓圣"来解释，可惜梁武帝不懂，所得到的答案没有能满足这位皇帝的心理欲望，于是达摩祖师便离开了金陵，在沿江十二洞中之一的三台洞里驻锡了一个短时期，然后再渡江，到嵩山少林寺去面壁了九年，而成为禅宗的始祖。

我虽然是一个佛教徒，但对佛学根本没有什么研究，上述的一节并未经考证，仅不过人云亦云而已。所谓驻锡三台洞更是一种民间的传说，可是三台洞却因此出了名，为白下居民所共知，其外的十一个山洞反而默默无闻。

沿江十二洞西起南京的上元门，东达燕子矶。这是一排连绵的小山，与长江相平行，因为对岸是平原，所以形成不了所谓"峡"，可是一边是山，一边是江，却成了陆地通行间的一个峡谷。

我们走进了这条碛路本是失策的，绝不合乎战术上的逻辑。可是就因此一步之差，反而尔后导入到鸡鸣寺，使我能皈依佛、皈依法、皈依僧，卒获苟全性命于乱世。在佛学中，所谓"因缘"，这与宿命论并无关，而是偶然性的。

当一群约有二三百败军之兵走进这一段峡谷的时间，似乎在这一群人中也有人发觉进入到碛路的危险性，所以有一个老总向大家叫着，"我们这里面，那一位阶级最高？"这一位是说广东官话的人叫着。

"这是我们的营长。"贾利川突然做了这样一个答复。

贾利川在最初，我是认为他很机警，突然如此地孟浪，却在我意料之外，当然他有他的理由。一群散兵并不是甘心受敌人宰割，组织起来做背城借一，即使不能扭转乾坤，至少或许可以当作一股力量来突围。

我倒也有同一样的心情。

"那么，我们就请营长组织一下，带我们通过这条路。"那位广东军官继续地要求着我，同时也是向大家说的。

这当然义不容辞，确也有这种切实的必要。

我先盘问了那位军官的底细，姓名……现在我忘记了，阶级大概是尉官，好像是属第57师还是叶肇（1892—1953年）的广东部队。

我先将这二三百人整顿了一下，大体分为三队。有步枪的分为第一队，其中还有一挺轻机枪，但却缺乏子弹；有手榴弹的为第二队；徒手的为殿军。我检查了以后，才发现这部队并非完全是乌合之众，因为还有炊事兵担着行军锅灶，当然不是完全弃甲丢盔。

我走在步枪队中，随时注意着前后的部队，贾利川倒紧追随着我。

"贾利川！你拿着这支枪。"那支步枪是我在微曦时于大路上捡得的，其后也搜到了一二十粒子弹。这本是想用以自卫，可是现在我有了部队，为了指挥便利，我倒没有自己持枪的必要了。贾利川只背了四个手榴弹，所以我将步枪给了他。

"营长！我这里有一架望远镜。"一位老总走过来递给我。

"我倒希望有一支手枪。"我望望他，一面接受他的赠予。

"可惜我们都是下级官，没有人带手枪。"他这样回答我。

"你的阶级是……？"

"步兵排长。"

那时的印象都是称职而不称官阶的，所以他仅仅告诉我关于他的职位，我也没有再追问，猜想是中尉或少尉。

我有了望远镜，这虽未必能增强我多大的武力，但却增强了我指挥的信心，很想背城借一地穿过这条碍路以突围。

最后考验

大约又走了个把钟头的路，先头的斥候也警惕地搜索着，倒也像是在战备行军前进。

时间大概是上午9时，我们约听到了断续的重机枪声，是否已到达燕子矶？我不知道，因为我没有地图，而广东部队对南京的地形更不熟悉。

斥候侦察的结果，说是碍路的右侧业已发现敌军。这本是意料中事，敌军虽是从南方攻城的，可是实施两侧的钳形包围，直指向上下流的江边乃是必然的方式。所以我倒是相当地镇定，先命令部队停止，想召集那临时指定的三位队长，以及那位广东军官共同商量一下作战的方针。当然应当将部队展开，可是这是一条碍路，一边是悬崖，一边是绝壁，所处的地形是绝对于我们不利。

当我还没有想出最适宜方法的瞬间，殿后的部队却开始异动了，就是那些徒手兵，以及两三担的炊事兵。

我本不太重视那一小队人马，因为他们根本没有武器，自然无法列入战斗力量之估计，所以我马上对那位首先举我为领队的广东军官说："有枪的弟兄们不要动，这是我们唯一可以突围的机会。"

我只是对这位军官说的，我之所没有大叫，因这些多是广东籍的士兵，听他的指挥比听我的可能性来得大，想利用他的声音来下达我的命令。

可是一线牵动千斤，几十个人的奔跑却发生了连锁性的感应，整个的部队突然间地向后转了。那时我再大声地喊叫，却早已失去了控制的力量。

由于瞬间的蠢动，我反被挤下路旁的沟中，等我好不容易爬起来，部队已绝尘而去，连贾利川也在内。

又只剩下我一个人，我坐在沟边的土坎上没有动。我在想，先前一位军官递给我一架望远镜，而我当时却希望是一支手枪。假如那真是一支手枪，我想我会在那瞬间自戕的，因为这时使我比昨夜所经历的更难受。

在大退却中，因部署得太不周密而生了绝大的混乱，那个责任并不完全在我。可是现在却是我自己掌握的部队，也是最后的唯一希望，而突然如此的变化，真使我心灰意懒，不知所从！

"营长！你还坐在地上干什么？"

反转再叫我的不是贾利川，是那一位广东军官。在先前，部队停止前进的时候，他本是和我在商量对策，在这个临时组合中，他是我的副手，他和我，以及贾利川三个人，一直没有分开过。在蜂拥地向后转中，他也被人潮挤走了一段路，但他回头看我坐在沟旁时，便一面喊叫一面转回过来。

我没有答复他的问话。我还是挥挥手，正和昨晚向吴楚挥手一样的心情，意思是说："你走吧！用不着管我。"

他终于走过来将我牵了起来，说："这有什么办法！我们这点武器也冲不过一挺重机枪，而且也没有足够的子弹。"

"不冲岂不更是等死？"我顶了他一句，可是他是冤枉的，他哪里能掌

南京

握得住那个部队，因为那也不是他原始编制的连、排，仅不过大多是同籍士兵而已。

"你总不能一个人待在此地吧！"他勉强地拉着我。

敌军并没有前来追击，重机枪的射击也稀稀疏疏，更没有看见弹着点所指向的目标，因此我们反而有时间在刹那间争执。

"有什么两样？横竖要当俘虏的！"

"一个人与一堆人不同，敌人若发现一个人，一定是先开一枪。"

这种理论我没有追问他，我只是说："挨一枪就算了。"

"不！我们先下去再想办法，总比在此地好。"

在这种生死关头，事前无一面之识而能尽袍泽之情那样来相互扶持，使我又产生了一种感激心，不得不随他走去。

我觉得我真该死，虽然事过境迁，何以会忘记得如此干净？反而记得那个贾利川的名字。对于那位广东军官，我只记得是瘦长的个子，凹凹的眼睛，而颧骨很高。就这一点印象，我常在梦寐中搜寻着。

但我那次最后的考验，却终归失败。

我们又回到了上元门。城是沿着一带高地建筑着，出城、进城都好像要上一个高坡似的。我站在那城门口向内、外一望，一堆一堆像蚂蚁似地猬集着的士兵总数在数千人以上，当然不仅是先前我所率领的那一点人马而已。

时已近午，最奇怪的是有许多的行军锅灶架着在烧饭，不仅是我先前徒手队中的二三担。我真觉得不可思议！要全是个人行动吧，当然谁也不会愿意挑一担行军锅灶，许多士兵连枪都抛弃了，谁还肯挑那样笨重的东西？若是集体行动的话，那么是有组织的，应当行动有所计划，可是东一堆、西一堆，似乎散漫得无从收拾。

城内的房屋倒还齐全，这是靠着城根的一个小村落。南京自太平天国之役以后，一向甚为荒芜，所以城里反有许多地方变成了农田。上元门附近更不是一处闹区，虽然是在城内，而都是农村。是否有一条小街道？我已不复记忆！一堆一堆的士兵就猬集在那农田和起伏的小丘陵地带上。

我似乎在演一出诸葛孔明的空城计，正好唱："我正在城楼观山景，耳听得城外乱纷纷。"正在我观山景时，那个广东军官也不知道什么时候离我而去！我不明白那是什么心理？先前他那样死拖活拉地将我从沿江十二洞地区拖了回来，而现在却又溜之大吉！战场上的心理真叫人不能捉摸。

我向每一个行军锅灶走去，兜一圈，看看有没有刚才我那徒手队中二三担炊事兵的人。当然，我也认不清楚，可是却没有一个人再叫我一声"营长！"换句话说，再没有人来搭理我了，尽管有成千上万的士兵散集在那里，而我个人却十分孤独。

我在那直通城外的公路上徘徊着，真是进退维谷。在公路的左侧有一条二三十公尺长的小径，我看见尽头有一所瓦屋的小民房，门口站着一位年高的老太婆。她并没有受着那些散兵的惊扰，也似乎在那里看风景似地站着。

我突然有一种新的幻想产生，我在想，"老太太总不是一个孤人住在那里，假设能找到一套便衣来替换，而又有一所民家来掩护，或许可以避过敌人的耳目。"我这样思索，正想由公路弯进那条横径去的时候，却听见后面有一个士兵奔过来在叫着"营长！"

"你认识我？"我停步问着。

"先前，我在你那部队里。"

“我还有什么部队？你看这里有成千上万的士兵，假设要能组织的，我可以当师长。”

“他们谁也不理谁。”

“就是这句话——一盘散沙！”

因为我和那位突如其来的士兵搭话，他口口声声地称呼“营长”“营长”，即使是已变成了纸糊的尊严，但我终不好意思走进岔道，去找民家。我们是向北走着说话的，这样，我们又跨出了上元门。

那位士兵大概不想再走出城门，所以一到城门口，又觉得和我谈话并无结果，所以就招呼了一声，回头走了。我也不是故意地泼他一头冷水，可是我已经试验过，在这种战场心理之下，以我的力量实在无法再能组成部队，所以我对他回答的话都是些心灰意懒的，使他只好弃我而去。

我又只好再在城头上重演一次诸葛孔明的角色，但却缺少左、右二个琴童，孤独得像在无人岛上。

空门行脚

我佛有缘

城外与城里的景况则迥然不同，那本是萧条的村落，房屋向来就很少，即使有几家，从城台的高地看下去，都是些没有屋顶的败垣。是原来这样的荒芜，抑或是受到战祸的波及？此处地处偏隅，并非战场，何以会如此地残破，我在想，也许是因为一城之隔，守军为了坚壁清野，或许是事前加以破坏。可是后来我所知道的并非如此，乡村小屋都是土砖所建筑，而上面的梁椽却是木料，所以都被散兵拆去做渡江的工具了。

只有一所房屋是例外，虽非高楼大厦，而却屋瓦齐全，被包围在一个矮树林里，从城台的高地上隐约地可以看见，相距不过二三百公尺之遥，已临江边，简直像一处荒漠绿洲。

我没有再入城的情绪，也没再去找那个倚间而望的老妇，我便信步走向那瓦屋去。

走近才发现是一座农村的小庙宇，门楣上石刻着"永清寺"三个字，正与我的总队长桂永清将军同名。

寺宇是很狭小的二进，前进是大殿，后进是禅居，与大殿相连的还有二间耳房，左边是柴房，右边是厨灶。

庙子的内外已有三五十位士兵，有的躺在地上睡觉。里面供奉着一尊什么菩萨？我不知道，这尊菩萨却被扔倒在地上，因为神龛、神桌都是木质的，也早已被作为渡江的工具。只因砖造的庙宇太坚固，无法拆下它的栋梁来，所以还保持着它外表的完整，但内部却已经是不堪入目的了。

厨灶间里已有士兵在烧饭，我们都是一样服装，见人如不见，谁也不理谁。

右边柴房的门半掩着，但内部漆黑，是否有窗子，还是紧闭着窗，总之看不清楚里面。

我正站在门外犹豫着，里面却发出了声音。"老总！请在外面休息吧！这里都是出家人。"

我循声停住了，没有马上踏进那道门，我却喊着说："当家师父请出来一下，我有话和你说。"

果然走出来了一位矮小的和尚，年龄仅不过三十多岁，却显示出未老先衰的模样。扁着个嘴，鼻梁塌塌的，显得额角更高。他双手合十念了一声"阿弥陀佛"。

我也不期而然地合掌，恭敬地答礼。我说："大和尚，你能卖一点和尚的衣服给我吗？我身上还有一点钱。"

"到现在，钱还有什么用？"

"倒不是说钱，菩萨心肠，你总得救救我吧！当兵的，敌人来，绝逃不掉。"

"你受过教育？"

"受过的，我是军校出身。"

"在哪个部队里？做什么？"

"在工兵营里当连长。"我没有说出教导总队，官阶，我也说矮一级。

"那你是军校8期的？"那位矮小的和尚似乎很内行，几乎使我怀疑着他也是当兵的乔装，可是他那体格却不像。

"是的。"我随口答应。

"那你等一等，可不要进来。"和尚说完便又走了进去。我当然遵命，伫立在柴房门外。

我替你剪

约莫过了五六分钟的时间，那位和尚从里面叫了一声"你进来"。

我才踏进了那间柴房，那本是有窗户的，但用的是木板窗盖，不撑起来，里面便漆黑，但有漏缝，有一丝微光射进来，进入之后，过了一下子，才可以模糊地看见一切。靠右墙边是一堆树枝和木柴，地下全铺着稻草，也有一个小的粗木桌子和两个木凳，稻草上坐着四个人，我却看不清楚。

站着的那位年轻和尚一手推开了通往后院的木门。门一打开，当然室内顿放光明。四位坐在稻草上的人，两位是和尚，两位是居士，年龄都在六七十岁之间。

那位年轻的和尚手里拿着一套僧衣说："到后院来换。"后院是仅通柴房的，不会有人发现。

当我在换僧衣的时候，他一直都在旁边催促着。"我看敌人马上就要来了，你得快换。"

"……"我没有开口。一面迅速地脱衣，一面将内衣衣袋所带的钱掏了出来，十元的纸币大概有三十几张，我一起拿给他。

"告诉过你，钱在这个时候有什么用？我不要。不过你带在身上反而危险，不如压在那个花盆底下。"他手一指，在后院有一个没有栽花的花盆。也没有得我的同意，他便用我的一块手帕将钱包了，往盆底下一塞，还用力地向土里一压，我也当然没有表示异议。

"要换就得彻底，否则会看得出来的。"

一套军服连鞋、袜都是军用品，当然得彻底地脱去。就是内里所着的汗背心衬衫和短裤，那些都是我从法国穿回来的舶来品，岂是一个和尚所应穿着？

最可惜的是那件羊毛衫，当年在伦敦买的。为买这一件毛衣，还有一段小插曲。1936年的寒假，在伦敦一家高档的男装店里，我看中了两件毛衣，一样的牌子，一样的质料，仅仅花色略有不同，我想在这两件中选一件。但美丽的女店员却含笑地对我说，我所选中的那一件要贵三先令（Shilling），一共是一机令（Guinea，或译畿尼）带十三先令。"机令"是英国没有出货币的一种币值名称，专用于高等社会之中，合计是二十一个先令。英币很复杂，十二便士（Penny）为一先令，二十先令为一英镑（Pound），这都有一定的硬币和纸币。独有机令只是一种名称，比一英镑多一个先令，但并无这种纸币，提到一机令，就得付一英镑的纸币外加一个先令的硬币，这些计算方法，我当然早已弄清楚了，我所怀疑的是为什么二件一样质料的毛衣，而其中的一件却要贵三先令？据女店员的答复是英王爱德华八世（Edward Ⅷ，1894—1972年）买了一件，所以这种花样，尔后就涨了三先令。爱德华八世就是尔后不爱江山爱美人的温莎公爵（Duke of Windsor）。我并无意与英王比富贵，但却有些好奇心，就买了一件和英王相同的毛衣，其实只贵了三先令。翌年春夏间，爱德华八世为了辛普森（Wallis Simpson，1896—1986年）夫人而逊位，"温莎公爵"反比"爱德华八世"来得更出名，因此我有一件和他相同的毛衣，更觉得珍惜。但在柴房的后院，却不得不从热乎乎的身上剥下来。年轻的和尚将那些脱去的衣服一卷，隔墙就抛了出去。人到了丧失自卫的能力时，欲想保存一件毛衣而不可得！

"你这个头发不行，不像和尚。"当我摘去了那顶捡来的军帽，他望着我说。

"现在还有什么办法？"

在部队里，我并没有留发，而是剪着平头，可是这个把月来，为了战备，为了工事，为了作战，所以长得四不像。

"也许还有时间，我来替你剪一剪，这样会影响我们大家的安全。"

剪一剪，我倒不介意，平头长长，倒不一定不像和尚。但他说"会影响我们大家的安全"这句话却使我受宠若惊，感觉得到他已经有心收留我。

他没有再等我回话，便跳进了柴房，不一下子就取出一张木凳，手里拿着一把剪刀。"坐下，我替你剪。"

我当然是唯命是从，很快地，我就变成了光朗头，自己用手摸摸，倒真有点像一个和尚。

六道轮回

在我换僧衣的时间，年轻的和尚盘问了我一些话，除了我最初瞒了他关于我的阶级以外，其余我都老老实实地告诉了他。因为那是对日抗战，凡是一个中国人，都有同仇敌忾的心理，我不应处处以小人之心防人，但是我却没有将日本士官学校毕业的那一节说出，因为这是对日战争，从敌国军官学校出身的人不免会使人有所顾忌。

在他为我剃度的时候，他没有开口，这回该我盘问他的时间到了。

"大和尚！请教你的上下。"

这回倒使他吃了一惊，因为请问和尚的释名，为了尊敬起见，普遍都不用粗俗的问法："和尚！你叫什么名字？"

"你居然晓得用'上下'两个字问和尚？"

他认为"上下"两个字是僧间的术语。其实在中国旧礼教的高等社会中，请教长者的姓名也是用"上下"二个字，但是我在那个时候并没有详加解释的必要，仅仅说："我也是佛教家庭。"

"那真是因缘！我叫'二空'，既空于生，复空于死，也就是色即是空，空即是色。你知道《心经》吗？"他问我。

"受想行识，亦复如是。"我没有直接答复他，我岂止只知道《心经》，而却背诵了《心经》里的"色即是空，空即是色"的下二句。

"老总，这真是因缘了！"他绝叫着"你懂得佛学中所谓'因缘'这两个字的意义吗？"

"为什么？"我仰起头来望着他。

"在你来要求僧衣之前，已有许多人来要求过，当然也都是老总们。我们都拒绝了，生怕将来会受到连累。可是不知为了什么，也许你太礼貌，没有硬闯进我们的柴房，又因为你的官阶很高，所以我去请示师父，他才叫我收容你，而你又真正是一个佛教徒，这岂不是因缘？"

"谢谢你，二空大和尚，在我也许是罪孽还没有能解脱，所以还得留在地狱、饿鬼、畜生的下三道里。"

佛教中所谓"六道轮回"即是天道、人道、阿修罗道和地狱道、饿鬼道、畜生道，而后者则称为"下三道"，所以我说我还得留在地狱、饿鬼、畜生的下三道里。

以佛教的真谛来说，人死了就是涅槃圆寂，哪里还有什么所谓"轮回""投胎"之说，《翻译名义集》那本古书其中有许多实在要待考，但这六道的众生相却活生生地表现于人间，而不是在死后。所以我觉得我本人这一生姑且不说，即使在那年二十六岁的小半生中，也已经早已历尽了六道轮回的旋转，因此我才说我还得留在地狱、饿鬼、畜生的下三道中。

"不！居士，你是有善根的，所以我师父才叫我收容你。"

难友群像

经过二空一番打整之后，我已经完全变成了一个和尚。我们仓促地离开了小院子，生恐有人闯进来发现了我们的秘密，尤其是怕敌人。

可是敌人并没有实时来到，而敌机却已临空。在抗战初期，敌我的空军实力虽尚悬殊，但我军常能把握着局部的空中优势，所以表现得相当地精彩。10月间，敌机曾数度空袭南京，在大校场的上空，我机曾击落敌机一架。当时来袭的都是些轻型的战斗机，并无轰炸之虞，所以我们都爬在屋顶上看空战，喝彩叫好，大有作壁上观之概，谁也没感觉到空袭的严重性，当然也因为我们甚能掌握着局部空优，更无所谓畏惧。可是到11月24日、25日间，我空军八十余架编队西飞武汉，首都的空防顿然成了极端的劣势。在围城战的期间，我们对于敌机的空袭简直没有还手余地。

12月2日、3日，我骑了一辆摩托车，正走到梅园新村附近，遇到了空袭，我当然下车在民房的墙脚边找一个角落隐蔽，当时我的摩托车的后座还带了一个士兵，我实时嚷着："你快点趴下来。"

可是那个兵士是新兵，一时慌了，不知所措，仍然呆站在路当中，结果被一枚小型炸弹的破片削去了半边屁股。我当然非常惭愧，在紧急当中，我没能维护他。但是他是幸运的，当晚他就乘了一艘伤兵船运往了武汉，终使他免受到退却时的浩劫。

由于上述的事件，我对于敌机的来袭特别提高了警觉。所以在永清寺换了僧衣之后，我一听到机声，便一个人悄悄地溜向江边，在附近所有的房屋都已被破坏，只有永清寺还可以算为一个目标，何况在寺门内、外还有许多的散兵。

然而敌机并没投弹，也没有扫射，只是在低空盘旋，往复地在做侦察。因为敌机在空中盘旋的时间很长，我不知不觉地在竹林中的地面上睡着了。这当然是由于终夜的奔波疲乏，使得我对于睡眠比任何需要都迫切，我才意识到那些在庙里地下的兵士，其所以优哉游哉的原因。

"富贵荣华五十秋，纵然一梦也风流；而今落拓邯郸道，愿与先生借枕头。"这是咏黄粱梦旧诗，我是否在竹林中也来了一梦，我记不清楚，总之，落拓人的休息乃是迫切的需要，可惜我没有获得美梦，而醒来仍在林间，时间大概是下午的两三点钟。

我又奔到庙里的柴房。

"你上哪里去了？"二空有些埋怨的口吻。

"……"我没有敢答复说怕有空袭，因为我一个人躲了去，并没有邀大家同去避空袭。

"告诉你！你一离开庙子，就不像是一个和尚。"

我除了一袭僧衣以外，真没有一点像和尚的地方，尽管我换得彻底。虽然二空给我剪去了头发，但是并没有受戒的香洞，即使我真是皈依了佛，在没有受戒之前，我还是优婆塞（Upāsaka，梵语，意译善男、信男、信士、居士也，指业已皈依佛法僧三宝在家男性佛教信徒），而不能称之为"比丘僧"，何况我又是一时的伪装！虽然我从二空那里获得了一顶和尚的便帽，但是却经不起检查，一经揭去，即可发现真相。当然我们也预先编排了一种说法，例如说传戒要在规定开戒堂的时期中举行，而且还得由高僧主持。换句话说，这是一种庄严而公开的仪式，并不是每一个小庙子里都可以单独举行，所以我没有遇到这种受戒的机会。

可是这一大篇堂而皇之的理由打算向谁申述呢？现在所需避免的是敌人，向敌人说明这些理由吗？他听不听、听得懂吗？这都是问题，所以在二空的意见，我绝对不能离开庙子，只有在有菩萨的地方，我能勉强地像一个和尚。

这一句话，我一直铭记在心头，在我避难的八个月期间，也可以说是我做假和尚的八个月期间，除了最必要的事件以外，我从没有离开过庙子。佛法无边，我才是真正地在菩萨保佑下而幸免于难。

当我参加了永清寺柴房的一员，我才试探性地以期明了我们这一群蛰居在一间黑漆漆房间里的人员的背景。从最简单的说，连我一共是六个人，三僧三俗。我当然不必再说，还有二位在家人，一位是矮小的老者，在附近的居屋被散兵拆散了——当然也是为了要木头来渡江——是一位无家可归的鳏居老人，因为和这永清寺是近邻，也凭这一点交情，所以避难到了这里来。这位沉默寡言的忠厚长者，后几个月中都很少和我说话，背景和经历也极其单纯，所以我反而忘记了他的姓名，可是他并不是故意地不理我，对我的来投奔，也从没有提出过异议，可以说是一位朴素的老农。他唯一的一个儿子出去当兵去了，但不是列入这次南京守卫战的阵容，而是很久以前的事。从此杳无消息，也可以说是生死不明。他家里有薄田半顷、茅屋一椽，却又在这次战役中一夕之间被毁灭，这位老者的心情，其沉痛之程度当可想而知。他可以说是块肉余生，每天在叹息中度过日子，连对他最亲切的老和尚，他对他都很少说话。事前他带来了一点糙米，寄煮于僧炊。

还有一位在家人则完全相反，虽然也是七十岁的老人，可是高头大马，方面圆睛，加上二撇仁丹胡子，若是穿上军装，倒有点像日本军阀的模样。事前，二空就警告过我，这个人不要去惹他，是一位不太好办的人。后来我才知道他是江心的八卦洲上的一霸，虽然并不是什么蒙面大盗，但却是江湖上的人物。

千古胜迹

诗话史上有一段很有趣的传说。大诗人李白（701—762年）到了武昌的黄鹤楼，来兹千古名胜，哪有不想题诗的道理，可是在墙壁上，一下子看到了崔颢（？—754年）所题的诗实在太好了，生恐相形见绌，只好忍了一口气，没敢下笔，然后顺江而下，到了建邺（南京），才做了一首模仿的律诗，其中有句云："三山半落青天外，二水中分白鹭洲。"

这就是描写长江的形势。南京城南有块小地方，至今名之曰"白鹭洲"，我不研究考注，在此时也不谈考古，据我猜想，城内的所谓"白鹭洲"绝非太白大诗人所写入诗景的白鹭洲，因为南京城里的白鹭洲根本就是一块陆地，连秦淮河的当中都不在，如何可说得上二水中分呢？所以有人说白鹭洲就是现在的八卦洲，此说并不是想和古人找别扭，似乎颇有道理，我也姑妄从之，因为在南京的江心，只有江心洲、八卦洲是最显著的，也许当年名之曰"白鹭洲"或未可知。

我始终没有到过江心洲，所以对于人文地理都无可奉告，只知道上面有村落，有街道。既是集群而居，当然就可能产生所谓"霸"的人物，这位仁丹胡子的老先生便是其霸之一。

先生不知何许人也，亦不详其姓名。并不是我太粗心，只因当时无纸笔墨砚，我无法记载来。只知道他姓史或者姓施，因为史与施在南京口音几乎同声，所以我只有这一点记忆，我就称之为施先生吧！因为施先生向来是永清寺的施主，因之也被老和尚所优遇之。

八卦洲在江心，敌人来自陆地，既无草船借箭的江上战役，照理说，应比上元门的永清寺地区更来得安全。施老先生为什么要来此间避难呢？而且是背井离乡一个人来到。说来也很简单，施老先生既是洲上的一霸，生怕在战乱中有人借故报复，所以他事前就寄居在庙子里来的。

施主施先生是有家有室，可是伯道无儿，只有二位闺女，听说颇具姿色——可惜我始终没有见过。施先生是一位极其机警的人物，他在南京笼城战开始的时候，早已有了警觉，便将阿弥陀佛的老妻留守家园，而把二位如花的少女却放在一只小渔船上，隐匿在芦草堆里，自己则匿居到永清寺。事前能未雨绸缪，所以他获得保全了身家性命，这不能不钦佩他的机智。

这位老者最初对我却很不利。他反对二空收容我，据二空曾告诉我说，施老头子一直都觉得我参与了他们的阵容，是自己种下一个祸根。一个二十五六岁的壮丁，换上一套和尚的衣服，头上又无戒疤，真是既不像在家人，又不像出家者，岂不是找一个把柄让敌人来抓？

这些话并没有说错，原有的五人阵容中，就有四位是老人，一位是弱者——未老先衰的二空——像这样的一个集团，只要敌军不采取斩尽杀绝的政策，似乎并没多大的危险。但加上了一个我，介乎僧俗之间，谁看都是不伦不类。施老先生的主张是为了集体安全，岂能说他光是利己主义！

可是天下真有奇怪的事，其中一位瞎子的老和尚偏偏要坚决地收容我，在那里，不仅包含着一种佛学上所谓的"因缘"，而且还隐藏着一段国家的兴衰、江湖的恩怨，爱与恨相交的小人物的故事。

在前文中，我曾叙述过永清寺的柴房里，坐着一位瞎子的老僧，他的法号叫作"守印法师"。他与二空在出家后是师徒，在出家前却是父子。守印师叔原是湘军出身的吃粮人物，在庚子年间，八国联军攻入北京——尔后的北平——的时候，他正是守军中的管带。"管带"这个阶级就是我们新制军中的营长，与我守南京时的官职完全是同等的身份。在北京城破之后，他也有过一段艰危的经历，所以当我请求二空卖给我僧衣的时候——在这里我特别用一个"卖"字，是因为我事前与那三位和尚也好，二位在家居士也好，都无一面之缘，所以在最初，我没有希企着丝毫感情上的作用。假设说一定也有一点的话：那也非是想依托在国家、民族的大前提上面——二空打量了我一下，还盘问了一些小问题以后，便去请示他那是师父而非师傅的守印大师，我这里不写师傅而写师父者，因为守印师叔之于二空，真是名副其实的师父。

二空的请示却引起了守印师叔的回忆。据守印师叔尔后对我说：由于二十年间的盲目，虽然失去了视觉，却养成了他极其敏锐的听觉。经句的枪炮声和一夜间的退却，他纵然未能目睹，而却闻之甚详。正当他悲愤着国家的垂危，又回溯着往事悲伤时候，听到了我在柴房门口和二空的一段对话，所以他没有等二空详述我的来意，他就马上对二空说："收容他，拿我的僧衣给他换个彻底。"

二空之所以对我如此地亲切，完全是受命于他的师父。守印老和尚对我的要求，承诺如此之快，完全是基于他对庚子年的回忆，所以他当时并没商之于另一位老僧——他的师兄守志法师，当然他更不会征询二位居士的意见。假若他当时稍微犹疑一点，再问问大家，那么他们绝不会收容我这样一个当兵的人。假若他们真是普度众生的话，也不一定就会轮得到我，因为在普度我之前已有过许多的士兵曾经提出过各种的要求。

守印师叔和二空是来自城内的鸡鸣寺。在鸡鸣寺与北极阁之间，战时构筑了一座通信系统用的防空掩蔽部，事关军事机密，一经开战，早就封闭了鸡鸣寺，以杜绝游人的来往。所以二空师徒二人远在二三个月之前便寄锡在上元门的永清寺里。以身份来说，他们是来挂单的和尚，永清寺一切的主持是属于守志法师的权限。

鳏居的老农是守志师父的邻居，施先生是永清寺的施主，那二位优婆塞的寄居都是先获准于守志住持。根据庙宇的清规来讲，守印师叔与二空和尚根本没有收容我的权力，好在守印与守志二位大师在家是三湘的同乡，出家是佛门的师兄弟，所以守印师叔的果决并没有遭受到守志大师的强烈反对。可是他从心里是不太赞成的，他和施先生抱着同一样的观念——隐匿一个士兵等于是偷藏着一颗定时炸弹。

可是普度众生是佛门的信念，所以守志师父还是抱着对我同情的心境。万想不到后两天，我便皈依为他的弟子，而且尔后我脱离虎穴，也是他护送我去到沪滨。

皇军来了

二空对我非常亲切。当我为了顾虑空袭，在江边的竹林里睡了一觉回到柴房以后，他虽然有点埋怨我不该离开庙子，但是他接着问我：

"你饿不饿？这里还有冷饭。"

自昨晚6时以后，约二十个钟头之间，可以说是滴水未入，要是也算是喝过水的话，那么，就是昨夜掉在江里，曾经喝过几口江水。可是我并不觉得饥渴，在竹林中一觉之后，体力也恢复了一点，但精神仍然是不能镇定。二空既然问到我，于是我就反问他："你们吃过了中饭吗？"

"哪里！你看怎样的煮法？"他说着，同时用手指指柴房外的散兵，接着又说："我们的饭是昨晚煮的，当时还不知道会打败仗，所以根本没有准备。"

"我也不饿。"我倒不是客气，真是一点食欲都没有。

在3点到5点这二个钟头之中，柴房外面也许还是有许多士兵嚷嚷着，可是柴房内的我们六个人几乎是窒息到鸦雀无声。大家没有交换过一句语言，但大家都有一个共同的心理，等待敌军来临，如何来闯渡这一关？

柴房外的士兵们也渐渐降入低潮，渡江既不可能，午饭也已经吃过，率性倒在地上睡觉。

我端过一把小木凳子坐在柴房的门口，可以观察着，当然是外弛内张，一直是竖着耳朵在听动静。

天气突然开朗，太阳光线从云缝中射将出来，我正在想同乡大诗人陈散原（1853—1937年）先生有二句以"中日"为题的诗中，不知我的记忆有所错误否，其句云："日暮乃知途更远，中干犹觉外强空！"散原先生是溥仪（1906—1967年）的师傅，民国以来，常以遗老自居，但却始终没有参加伪满的组织，其亮节高风为我辈末学所景仰。诗句我记忆也许有点错误，但"日"暮途穷，外强"中"干，却真是中日当时二国情势的写照。

我在追溯中又脱离了现实，对着无限的夕阳而叹惜。

"敌人来了，是从上元门方向来的。"瞎子师父守印师叔突然地叫着，眼瞎而耳却聪，等我们都听到皮鞋的声音，至少是在守印师叔发觉的十秒钟以后。

果然一队的皮鞋声逐渐接近，但并没有跑步的模样。接着就是一阵的乱枪声，子弹掠空的吼哨声，我马上扑向稻草堆里，和那五位僧俗一同地趴在地下。

等到皮鞋声到了庙前的广坪时，枪声忽然中断，继之而起的是东洋人发音的中国话："来来！"这声音断断续续地叫着。

"砰"的一声，很重的皮鞋踢在柴房的门板上。其实柴房的门根本没有关，一个戴着钢盔的鬼子兵用已上了刺刀的枪在房门口向上划了几划，也叫着"来来！"同时还用日语吼着"Koi"，也是来的意思。

我马上对我们这个小集团的人说："我们都得出去。"

我没有时间向他们说明理由，这柴房里太黑，又值夕阳西下，鬼子兵从亮里向黑地看，当然看不清楚，可能一发横，抛一个手榴弹，或者是一排乱枪，那就糟了，所以我要大家都出去。

我站起来，顺手先将木板窗撑开，使鬼子兵对柴房里能一目了然，然后我扶着瞎子和尚陆续地走出柴房。

来的仅不过十来个鬼子兵，这不过是一班人马，虽然武装齐全，但没有戴衔级，仅在胸前缀了一块紫红的绒布，以代替部队的符号。

从服装上来看，十人之内没有一个是军官，仅有一年龄稍大的班长。他指挥地叫着："教他们排列成队。"

这是用日语指挥着他的兵，我当然听得懂，我马上对我们的人说："我们站到这边来。"

因为庙子的内外至少还有数十名我们的老总，鬼子兵正指挥他们在排队，听不懂话，在用枪托推动着。我指使我们的小集团站在另一边，我是想表示我们这几个人不是散兵。

散兵集合好了，鬼子在每一个人身上摸摸，大概是搜索有没有带着武器。当然这些士兵早已将枪丢了去。

检查倒也并不十分的太严格，马马虎虎摸了一摸，就将队伍整理好。鬼子的班长马上转过来看我们，我扶着的是瞎子守印师叔，鬼子望望他，又回头看看庙里倒在地下的菩萨，他用日语说了一声"这都是和尚呀！"

听到了这一句日本话，我的心才定了下来，因为鬼子们已经明了了我们这一群人的身份，在没有处理那一大堆散兵之前，至少不会对我们这几个人先来一顿乱杀。

一缕冤魂

前后虽不过十几分钟，可是紧张的情绪使得每个人都近乎昏厥。我也并不例外，但我必须故作镇静，我还得照顾着我们这个小集团，大家也不期而然地听从我。我意识到只要有一步之差就会出乱子，我必须把握时机来渡过这第一道难关。

守印师叔是我扶出柴房的，我当时并没有特别的用意，却发生了意想不到的效果。鬼子班长第一个就检查瞎子和尚，连他的眼皮都摸了一摸。七十老僧，货真价实的瞎子，鬼子班长的警觉性已经走了下坡，对我这扶着瞎子的小和尚，连看也没看，摸也没有摸。第三位是守志师父，也是七十老僧，第四位是二空，矮小文弱得不堪一击，第五是那位老农，当然也不在话下，第六是施先生，那二撇仁丹胡子就先惹起了注意，可是，虽是高头大马，却也有古稀的年龄，一套袍子马褂，系裤腿而兼白袜粉底鞋，横看竖看也看不出是军人来，所以倒也轻易地过了关。

我们本来只有六个人，三僧二俗，加上我一个假和尚。可是不知在什么时候，突然末尾增加二名，一个胖胖的穿着黑大衣，一位瘦瘦的穿着长袍子。他们大概看见了有非士兵的行列，所以也就站到我们这一边来。

鬼子班长先拉开那胖胖大衣，里面是一套警察服装，这与日本的警服是大同小异的，鬼子马上叫着，"是一个警察！"

照理，那一队散兵都还没受到虐杀，一个警察也没有什么大了不起，至少总不是直接参战的士兵，可是那位警察实在太沉不住气，太慌张了，便大叫起来："我不是的！我不是的！"

言语隔阂，心理变态，敌我之分，胜败之别，鬼子班长举起了三八式的步枪，倒过头来用枪托甩向那警察的脑门子，当然，马上就头破血流。被打击的人后退了两步，鬼子反应过来，一扳机，"砰"的一声，那位警察便应声倒地，再没有一点动静。这是我在沦敌后所亲眼看见的第一个被虐杀的人，俘虏的下场，谁教我们打败仗！

最后轮到那穿袍子的细高中年人，照我看来是当地的老百姓。只因为穿了一双黑胶鞋，那与当年国军的军用鞋相类似，便被推到那散兵的行列里去。其后果如何，我不知道，但可想而知已被列为战俘。

鬼子班长检查人员完毕以后，便拉着二空走进柴房，由于事前我已将木板窗撑起，鬼子对于内部自是可以一目了然。二空被拉进去的时候，自然是吓得来面无人色，我们也担心着吉凶未卜。还好不到一二分钟，鬼子就又走了出来，对一个日本兵说："里面有木柴，我们抬一点去烧饭。"

日本兵马上指使了几个俘虏兵抬出了一大堆，可是没有绳索，也没有扁担，无法拿木柴归拢在一起。他们用刺刀将遗散在地上的中国军服撕割成布条，然后又找了几根长的木柴来做杠子，这才勉强地结成了五堆。鬼子支使着八个中国兵抬了四堆。还剩了一堆，鬼子班长就指着我用中文说："你们二个和尚来抬。"怕我不懂，又用手比画着。

我当然是懂的，鬼子指定要二个和尚抬，那只有我和二空了，守志师父实在太老，守印师叔是一个瞎子。

我当然赖不脱，可是我没有要二空做，因为二空尽管是瘦弱，到底还是太年轻，这不足以做我的掩护，所以我挑选了那位老农，他是年老而又有力的。一老一少，比较对我的形势有利。

有的是士兵，为什么一定要我们中的和尚来抬一担柴呢？我当然百思不得其解。然而，我又怎有资格询问呢？我虽然未被列入兵士俘虏，但仍是沦陷区里的被征服了的人。

绝口不言馁

我立志不说日语，是我在脱去军服，换上僧衣时所决定的。我自己认识得很清楚，只要我不死于乱枪之下，日语是我最好的护身符。那很简单，一个会说敌军语言的俘虏必为敌军所重视，何况我还是敌方军事学校出身。

会说日本话的俘虏，轻则可以做通译，重则可以诈取情报，更重的则可以利用为傀儡或汉奸。前二则我都不怕，通译是舌人，无伤大雅，既已陷敌，能有沟通言语的人，也许还可以免除许多陷区中不期而遇的麻烦。情报，我当时的职级很低，知之不多，逼也逼不出来，最怕的倒是要我当汉奸。

从清末以来，一直到了"九一八"事变前后，进过日本士官的中国学生总数不到一千名，却集结了中国内战人物之大成。其中固不乏革命元勋，但却也多有捣蛋分子，所以在内战中，常常有同学打同学的。日本军方早看穿了这一点，所以对于踩进了士官学校门的中国学生就无所不用其极地来拉拢，无非是小则以增加中国的混乱，大则极力培养汉奸。

以我自己身经其事来说吧！在士官毕业的成绩，名列在三分之二以下，头尾三年的在学期间就告过将近一年的病假，这当然不能算是一个优等生。若以才华而论，我哪里值得日本军人所重视？反不如说是落得他们所看不起。可是当时在陆军省（即陆军部）和参谋本部的少壮军人，有许多人都和我做过密切的朋友。例如说尔后侵华的特务头子土肥原贤二（1883—1948年，日士16期），在陇海路打击我们最烈的原田熊吉（1888—1947年，日士22期）及抗战末期的华北军司令官根本博（1891—1966年，日士23期），当时都是日军少壮派的中坚分子。

以年龄上来比较，我当时才十八九岁，比上述那些日本军人都小上一倍还转弯。以阶级来说吧！我是一名士官候补生，带的是日本中士的阶级，比他们中、大佐（校官）小了个十级、八级。那些日本军官为什么要那样地敷衍和拉拢我呢？当然是司马昭之心，路人皆知！

像上述的日本军人的做法，倒不光是对我，每一个中国的士官毕业生或许都有这种经验。可是他们对调皮捣蛋的学生却特别地欣赏，规规矩矩用功读书的人反而不太重视，例如说曾经当过台湾省政府委员的朱文伯（1904—1985年，日士）学长就是高我一期的军刀生（毕业名列第二，获军刀奖）可是我相信他没有我认识的日本烂仔来得多，因为日本军方当时认定了我是一块做汉奸的好材料。

然而我却要使日本军人看走了眼，我在南京沦陷后一共做过八个月缺二天的假和尚，几乎每天都得和日本官兵相周旋，可是他们将刀架在我脖子上过，我也没有说过一句日本话，其原因就是不甘心当汉奸。

我很知道，我只要向一个日本的官兵用一句日本话说："我是你们士官的毕业生，我和你们的土肥原贤二都是朋友。"我相信听见我说这句话的日本军人一定会惊骇地将我恭送到他们的高级司令部去。

我不用"押解"而用"恭送"两个字，并不是我吹牛，因为日本在战时从十七个常备师一下扩充到近百个师团，一般下级军官都是干部候补生（等于我们预备军官），对士官出身的人看得来比老子还要尊重，何况我还是侵华的特务头子土肥原贤二的朋友！

其后果是如何呢？一定是在利诱威胁下去做汉奸，除非我不要性命。

但是二者我都不甘心，唯一的方法就是我不暴露身份，所以我在沦陷区的八个月之中，我始终没有说过一句日本话。

忠贞智慧

脱险归队后，许多爱护我的亲友都誉我为忠贞之士，我觉得那并不是给我最高的荣誉。忠孝仁爱，信义和平，这是做人的起码条件，并不是一个最高的标准。战争是一种综合艺术，要有极高的智慧才能进入那个领域。为僧八月中，我能够和日本军人耍，耍得他们始终没有把我认出来，这才是我最得意的杰作。

例如，10月间，敌机数度空袭南京，在大校场的上空曾被我们击落了一架。这架日机的驾驶员居然跳伞而获生。在他着陆被捕的时候，他写了一个旧识的中国军官名字给逮捕他的人看，无非想借过去友谊以期保全他的生命。

若是以那位日本军人和我相对照，我觉得在第一回合中，日本早已经打了一个败仗，胜利固不待于八年之后。

1964年9月30日，当年赴芷江洽降的今井武夫（1898—1982年）少将曾发刊了一本回忆录。其中对我在南京为僧的事迹也写了一大段，不过还是偏重在我婚变的传奇故事，至于我如何避免了日军的耳目，则仅仅地只附带了一笔——占领之后的混乱告一段落之后，日本军的官兵常游鸡鸣寺，与钮氏相邂逅，但终未感觉异状而避免发现。

日本军知道我在南京的那一段事并不是在战争结束后才揭晓的。在1942年、1943年，《纽约时报》（*The New York Times*）曾经为我来了一大段专栏特写，这个记载马上被日军编入了人事资料。所以今井在他的回忆录里又写着"我们对于钮少将的极其传奇性之战历，已于英文报纸上读到。战争之残酷，其对于人生影响之巨，自不得不使我们加以反省"。

看来，日军对于我在南京的那一段是曾经加以重视的。假如我一念之差，为了说一句日本话而暴露了我的身份，其后果真是不堪设想，恐怕我早已无颜来写这一点回忆了!

可惜,凡是一谈到我这段为僧故事的人马上都联想到所发生的婚变,对于我为什么没有被日军发现的真相很少有人提及,于是我真正的中心思想也被爱我者所忽略。

只有二位长者却深切地了解我,那便是杨宣诚(1889/1890—1962年,日海士)和郑介民(1897—1959年,黄埔2期)二位先生。1942年、1943年,我担任着国民政府军事委员会军令部第二厅的对日情报科科长,涉嫌于机密文件的泄露,几乎将我扣押起来,厅长杨朴公也受到上峰的指责,但是朴公却为我辩护说:"钮先铭若肯当汉奸的话,现在应当是汪精卫(1883—1944年)伪府第二厅长,绝不会还来当我杨宣诚的情报科长。"

这句话的分量是相当重的,我之所以尔后受知于何敬公(何应钦,1890—1987年,日士28期)上将,而得备员于中国陆军总部,也是为了这一句话。

那件事不久当然是终告雨过天晴,真金不怕火炼,无疑是与我无关。可是当时的厅长杨公和副厅长郑公能那样地了解我,真使我毕生难忘,戴德感恩。所以我称这二位先生为"长者",而不称之"长官",因为我们的感情已经超出了僚属的关系。

可惜这二位长者均已邃归道山,墓木已拱,可是我追思前情,无时不在感激涕零。

"君之视臣如手足,则臣视君如腹心。"这二句古训知之者固多,而真能体会其中意义的却很少。

营长挑柴

我既然不肯说一句日本话，当然就无法问鬼子为什么要我们和尚担柴去，而且是担到哪里去。鬼子班长既指定了我，只好再拖那位老农，一同硬着头皮去了。

鬼子兵先将那些散兵的队伍押在先头，五担柴火跟在后面，浩浩荡荡地向西走上公路。

"他们要我们担到哪里去？"老农轻轻地问我。

"不知道！大概是到上元门。"我也轻轻地回答，因为方向是向那边走。

"他们要柴火干什么？"老农还在继续地问。

我还没有回答，也不知道如何地回答，正在想，"真的！他们要柴火干什么？是不是要火烧活人。"

"啪"的一声，一根木棍子打在我们担的柴上。同时听着一句怒吼——"Damade"。

不知道在什么时候，鬼子班长手里横了一根树枝，当马鞭挥着。"Damade"在中文写是"默"字，意思是不准说话。幸好树枝是打在柴捆上，并没有打我和老农。

仅仅才二三百公尺的路程，沿途却躺了许多死尸，这当然是先前鬼子兵前来永清寺时沿途所射杀的。

先前由于过分惊恐，鬼子兵从何方而来，我根本没有意识到，现在才知道敌军是先进了城，然后再从上元门出来，做沿江的扫荡，根本没有从燕子矶做沿江十二洞的包围。所以我和广东部队想做碍路的突破，只听到燕子矶方面的轻机枪声，而没有遭受到追击。我已无法再做重新的推测，假设我所率领的广东部队不自行散去，是否能够办到突围？事已过去，正确抑或是错误，已无从倒转时光来挽回！

可是有一点我得承认，那位曾自居我的副手的广东军官却有着深度的作战经验。当我一个人坐在沿江十二洞公路边的土沟时，他还回转头来拉我，告诉我"一个人逗留在那里是极其危险的"。

这一点真不错，敌军的扫荡，一看见可疑的个人必先开枪；而看见一堆可疑的人反而想包围起来活拿。前来永清寺的鬼子兵就完全采取这个方式，凡是在树林间或公路旁的散兵都被射杀，反而将在永清寺的一大堆人加以保留。我若一个人留在公路旁的土沟边，当然也不会逃此命运。

鬼子班长既用木棍来禁止我和老农说话，我们只好战战兢兢地担着柴走。

当我一走进上元门，由于上元门是筑在高地上，我居高临下地看过去，成千上万的中国散兵分成一堆堆地坐在地下。人数是大得惊人，超出了我上午所见到的十倍或百倍。而鬼子兵呢！至多不过是一连或二连，总不应当在一营以上。

四面都架着轻、重机枪，将超过百倍的散兵包围着。失去了武力，而且哀莫大于心死，一到了甘心做俘虏，人再多也就没用了。

鬼子兵集结了许多的中国炊事兵在烧饭，整齐地集结了许多的行军锅灶在一起，一看就可以明白，这是给俘虏兵吃的。

从永清寺带来的一群散兵，到这里真是小巫见大巫，到底被带到什么地方去了，一眨眼就没有看见了，无疑地，在大堆中又增加了一小堆而已。

五担柴木则被指定送到炊事兵群去，这倒使我又来一次心惊肉跳。上午，我所临时率领的广东部队就有几组炊事兵，假设其中有人识出了我而叫出一声，岂不是会令我前功尽弃！我只好在不知不觉间拉低了一下僧帽，低着头解开柴捆。

但是我的顾虑是多余的。每一个被俘的中国兵都是自顾不暇地端坐在人堆里，一动就遭受到鬼子兵的怒吼，可能枪托就会居高临下地落在背脊上。一片鸦雀无声，出声的只有鬼子兵们，无意义地吼着，或者是用日语叫着，至少他们还没有找到通译。

这便是被俘虏后的群像。

柴火被交代了之后，四担担柴的中国兵当然归纳于俘虏群。我，还有那位老农又如何地办呢？又使我紧张起来了，似乎没有人再来管我们，但又不敢走，真是进退维谷，哭笑不得！

哪知，先前的鬼子班长却走了过来，手里拿了几筒米——这是像一根粗而长的香肠式的布筒，灰色的，一看便知是中国军的补给品。他一面递给我，一面嘴里叫着"心焦！心焦！"的发音。

慷他人之慨，将中国军米送给我们，似乎是没有问题。只是那一句日本话，我却不懂。以我的日文程度，虽不算高，何至于简单的单字都听不懂？真使我纳闷！他看见我还不走，也许他认为我还不够满足，又掏出了一包香烟递给我。这是一包"誉"牌的二十支装军用烟，只值日币七分钱，是日本最廉价的烟，我在日本的部队中抽过。这是只准日本士兵买的，士官学校都没有的卖。因为日本士官学校是禁烟的，虽然对中国学生并不严格，可是并不预备军用烟供给我们。事隔八九年，今日以准俘虏的身份而接到一包日本军烟，真使我感慨系之。

当他将香烟递给我以后，马上挥着手说："I-ge，I-ge。"这是"快去"的意思。我听懂了，马上搓着颈上戴的佛珠子，合掌恭敬地念了一声"阿弥佛陀"，便和那位老农逃出了上元门。

在城门口的守卫的鬼子也没有阻拦我们，我向他点了一下头，扬了一扬手上的那包军烟，它当作了我的通行证。

魂不附体

老农走出上元门，才松了一口气，他说："我以为他们要拉夫呢？"

老农和我所紧张的观点不同，我所顾虑的是怕被发现身份，怕被虐待俘虏；而老农呢！却怕的是被拉夫。"拉夫"这个名词在大陆的旧式部队中简直是特权、权力。那是因为许多杂牌部队根本不讲求供应和补给，所以一到部队开发，便施行拉夫，以权充人力的补充。老农还是抱着这种旧式的观念，所以顾虑的只是拉夫。

"我也没有想到，要我们担柴来，是为了给我们几筒米。"我文不对题地答复着老农。

"他们为什么要给我们米？"他又怀疑地问着。

"我也弄不清楚！"

照敌军那种残暴行为来讲，不可能有慈悲为怀的心肠。严格地说，哪怕是一筒军米，既属于"战利品"，也绝不是一位班长可以加以随便处理，可是这是属于一种战场心理的变态，他要虐待我们一次——要我们担柴，然后又施以小惠，以表现他的威武和权力，哪怕他仅仅是一个小小的班长。

我们在归途中已经是夜幕低垂，所幸南面是小丘陵高地，碎石子的黄土公路在白云的反射下还勉强地看得清楚。我们就急促想奔回永清寺，幸好已天黑，上元门外并没有敌军巡逻部队，否则那是极其危险的场合。

"啊呀！"我惊叫着。

原来是一具死尸挡在公路上，几乎绊我一跤。这不可能是我们进城的这一段短时间所被虐杀的，在我们来的时候，为什么没有发现而被阻绊着呢？我想是由于担柴时过分地紧张，早已是麻木了一切的反应，同时沿途的尸体也实在太多，我也就见如不见了。

"好狗不挡路，没出息的，死了还挡在路上！"老农一面骂着，一面吐了一口口水。

"……"我没有回声，我在想，假设那死尸是我的遗体的话！我的灵魂被绊着了，我是该可怜他呢？还是该骂他呢？

说也奇怪，有好长一段时间，我都有一种错觉，觉得我早已死了——当然是死在江中，或者是永清寺这一段时间中——现在还在行动的只是我的灵魂。这种错觉观念，一直持续到十年、八年之久，好像是等到胜利后才逐渐模糊的。我常常夜间在床上的时候，自己捏捏自己的手臂，但也自己知道痛。

快速地跑回到永清寺的柴房，门口的那具警察的尸体，又几乎绊了我一跤。

庭殿是一片的寂寥，连日间那点缭乱的风情都不可再获。

守志师父是永清寺的住持，在灶房里为大家烧饭，二空却在佛殿里打扫散兵的遗物。一见我们终于回来了，他带一点高兴的心绪说："你们还是活着回来了！"

"要是去送死的话，本应当轮到我和你，而我却代你找了一个替死鬼。"我指指先走进柴房去的老农。

鬼子班长当时本是指定我和二空担柴的，我却变更了老农，在那种情况下，我们这个小集团几乎都是完全听从我的安排，也许是他们早已吓得魂不附体，我怎样地拨，他们就怎样地动。但老农却始终没有埋怨我，给他担任了那样一份好差事，可能是一去便不复返的事情。

"我知道，你想帮我的忙，好在这回你们去的也没死，可是以后又怎样？天晓得！"

"这种事儿，只能说闯一关算一关了。"

"你看那个警察。"他的手指向着躺在庙门的死尸。

"你没有看见，沿途有的是。"

"我没有看见？！就在我们这六亩地的庙园四周就有四十六具。"

"四十六具！"我叫着。

永清寺周围都是石榴园，在这六亩多地的石榴园中就有四十六具被虐杀的尸体，那是一件多么触目惊心的事！

法名二觉

守志师父为我们做了一顿饭，当然谈不上有菜，可是这是我二十四小时后第一次得到的补给。略事安定，也才知道有点饿。

在吃饭的当中，我将担柴去的情形告诉了大家。从我拿回来的米和香烟来看，敌人对我们这一群人，不应当再有什么恶意。大家的判断，难关已经过去了，或许不会再有对我们过不去的行为。

"还不敢说，"我对大家表示意见，"我相信今晚还会有巡逻部队来的，所以，第一，我们不能关门，第二，我们点着油灯，免得鬼子看不清楚乱开枪。"

大家都觉得我最有办法，当然不会有人反对我的发言。当我拿出鬼子班长送我的誉牌军烟时，只有守志师父是抽烟的，所以我只取了一支，整包的都递给了他。我说："师父！你留着抽吧！"

守志师父没有推让地接了过去。他问道我："你叫什么名字？"

"师父！你还问这个干什么？"我实在不想告诉他我的真实名姓。

"那我们总得替你取个法号，才能叫你。"

"我看替他取个名字，就叫'二觉'。"瞎子守印开了口。

"'二觉'，哪两个字？"我问着。

"'既觉其生，更觉其死'。他叫'二空'，是'色即是空，空即是色'的意思，我们下一辈的排行是'二'字。"

"那太好了，我就叫'二觉'，阿弥陀佛。"

"你就做守志师父的徒弟，我已有了二空。"守印师叔扁着嘴说，因为他满嘴没有牙齿。

"那你快向师叔磕头。"二空在旁边怂恿。

"师父！请你收我做徒弟。"我当然相机行事，哪有不照办的道理？

守志师父用手牵了我一把说："不用行大礼，以后再为你开香堂。"

"人家也不真当和尚，你还要人家受戒？"八字须须的施施主笑着说。

"不！施主，你看今天这类浩劫，我们还不看穿要到什么时候！"我对着施先生合掌行了一个礼。

"二觉有善根，他真是佛门弟子。"守志师父对我的印象完全变了。

"我们不都吃过粮的吗？现在已皈依了。"守印师叔和守志师父虽是和尚，但也都是吃粮当兵出身的，所以对我肯做和尚，异口同声表示赞成。

"师父眼睛也看不见，你看看二觉像不像一个做和尚的人？"二空和他的师父顶着嘴。

"我当年带你一同做和尚的时候，未必也像个做和尚的人。"守印师叔反顶了回去。

我当时还不知道各人的背景，在这兵荒马乱的当中，我只要能适应环境，能安渡难关也就够了。尽管心理上也有些好奇，什么都是些吃粮的人？什么带着二空一同做和尚？但是我却不敢深问，生怕问出纰漏来。然而我却非常担心，和尚暂且不说，以施先生的长相，这简直是卧虎藏龙的地方，会不会惹起敌人的注意？再加上我这一个假和尚，头上又没有香洞，岂不是给人辫子来抓？

好容易闯过了第一关，但是，还是难关重重！素无一面之缘，又无金钱的利诱，全凭着佛法无边的因缘就可以生死与共，岂不是过分地迷信，所以我只有扛着国家的招牌来打动他们。

"二位师父！"我叫着，"你们刚才说过，过去也是吃粮的，请看！今天这一场简直是阿鼻地狱。国家到了这个程度，我们当兵的还能干什么？只有放下屠刀，虽然不能立地成佛，也就可以忏悔了。"

二位老师父都同声叹了一口气。

"你多大年纪？"施先生无动于衷地问道。

"二十六，1912年的。"

"什么阶级？"

"上尉连长。"我还是瞒了一级，其实我还兼代那杨厚彩的团附，实际上已是中校了，何况在留法之前，我早已做过炮、工二校的中校教官。

"你很有种，刚才那一场，不是你，我们都应付不下来的。我们得靠你，你安心跟着我们，以后我负责送你过江去。"

施先生的话，很带一点江湖气。我才安了一点心，但是我还是露了一手说："那是因为我懂得一点日本话，鬼子说的，我大概都懂，所以比较容易处理。"

"你会说日本话？"大家都异口同声地惊讶着。

"不！在军校学外国语的时候也学一点而已。"

我又有点后悔露了这一手，但却发生了很大的作用。我懂得日本话，至少我比他们高了一层，他们得依靠我。

我们那天晚上一同地躺在稻草里，我还是精神亢奋得睡不着，但觉得全身都骨头痛。

龇牙斜眼

一夕数惊，尽管那样疲乏，可是巡逻车在公路上驶过时，小探照灯光线的透入都使我不能安睡。我望着那小木桌上一灯如豆和那些纵横在稻草上的同伴们——在十小时前，我们还是陌生的——我一面恐惧当夜可能发生的遽变，一面担心未来的后果，恐惧和孤独同时侵袭着我，而夜深的寒气，一床与二空相共的薄被更使我浑身发抖。

所幸敌军的巡逻车并没有做沿江的扫射，整夜也没有再侵入庙门，总算苟安地度过了沦陷后的第一夜。

守印、守志二位老和尚随时都在咳嗽；施先生在梦寐中常发出叹息；二空不断扭动着身体。一层稻草铺在黄土地上，盖的是一床相共的薄被，虽然大家都不敢宽衣解带，一齐都是和衣而卧，可是庙门既没有关，柴房亦未闭，严冬的江风，破晓的寒色，谁又能入睡呢？

比较睡得好的恐怕要算那位老农。断续的鼾声随时都在侵袭我们的思潮。

天还没有粉亮，守印师叔——我已算是守志的徒弟，所以应当称呼守印为师叔——突然地叫我："二觉！你能不能帮帮忙，让我解一次小手？"

我当然义不容辞，因为他是一个瞎子，我就一翻身地站了起来，但如何才能帮助这位瞎子师叔解小手呢？我正想发问，守印师叔已经先有所感应地说："在那墙边有一个马桶，你提过来，扶我坐上去。"

我照他所吩咐地提了过来，木制的桶，这是江南一带的便器，红漆早已剥落了皮，桶盖也已裂了缝，我一开开，里面早已积存了半桶粪便，一股臭气扑鼻而入。

我扶着守印师叔，帮助他坐上，我站在他的面前，扶着他的身体。

"你真好，我们全得靠你，二空虽是我亲生的儿子，可是一个不孝的东西。"守印师叔哗哗地小便，一面向我唠叨着。

我没有敢回话，我当时还弄不清楚他们既是师徒而又兼父子的关系。

"师父！你又在说我的坏话。"二空根本没有睡着，不过是懒得为他的师父提便桶而已。

"你也不是不知道，我解手非要人帮忙不可，幸亏有二觉来了。"守印师父扁了一扁嘴，又叹息了一声。

"那你昨晚为什么不收他做你自己的徒弟？"二空翻了一个身，拉了一拉那床薄被，现在他一个人可以享用。那本是他个人的，而昨晚却分了一半给我。

"啊呀！师兄！"我不得不开口了，"这是什么时候？你们还有心情来斗嘴！"

"是他一天到晚找我的麻烦！"

"我虽然昨天还是外人，现在总算是师兄弟了。有事弟子服其劳，一切让我做好了。"

"你读过古书？当兵的。"守印师叔率性解起大便来了。

"师叔！请你不要再叫我'当兵的'好不好？我现在是小和尚，你不也吃过粮的吗？现在是老和尚，都一样的。"

"……！"守印师叔抿着嘴微笑了，接着又叹息了一声，我知道我掀起了他的回忆。

"天快亮了，大家都起来，等一下鬼子又会来。"

守志师父坐了起来，摸摸他的山羊胡子。

我伺候守印师叔回到稻草堆里之后，他盘脚坐着，但驼着背，不是坐禅的姿势。

"师兄！便所在哪里？我也得去放一放。"我问着二空。

"就在这墙的外边。"他向着东墙一指。

当我拉了一拉僧衣的斜领正要起步的时候，他却制止了我。"且慢，二觉！顺便带着那马桶去倒一倒。"这是他第一次指挥着我，我当然是极其乐意地有事弟子服其劳，不过多少有点反感，只觉得二空实在太懒，总算找到了像我这样一个替身。

提着马桶，过了东墙，找到了茅坑。可是又是一具触目惊心的尸体横在茅坑的前面，只距离三五尺远，正挡着路。那具被刺刀所刺杀的，一摊紫色的血渍，染在灰色军服的胸脯上，龇咧着牙，半斜着眼，真是死不瞑目，形态比那庙前的警察更难看。

我踟蹰不前，而又进退维谷，但一横心，自己对自己说："有什么可怕，我若横在这里不也是和他一样的。"

当我正提着马桶想从他头部跨过去的时候，我停住了，觉得这样对死者太不恭敬，结果还是从他的脚边绕了过去。

我真流泪

从井中打起一点水，搓了一搓手和脸，哪里去找毛巾？只能让风吹干，井水不冷，比寒风还暖和得多。

守志师父将昨夜剩下来的剩饭炒了一下，要大家快吃。

"鬼子一会儿就会来的，大家快吃，中午我们不烧饭。"

守志师父很够机警，不愧为一个老吃粮的人。果真我们到那天的深夜才吃到第二顿饭。

这回我们将桌子抬到大殿上来吃。说二空懒嘛，也不见得，昨晚他就将大殿扫除了一次，今早又在那里打整。

"二觉！我们来将菩萨抬一抬正。"施先生不愧为是一位善男子，他要我和他将倒了的佛像扶正。那下面的神龛早被散兵取去当作渡江材料去了，所以老佛爷就名副其实地垮了台。

施先生也顺口叫我"二觉"，这在我又是一种欣慰，我真的算是和尚了。

"我们不要光抬菩萨，也将那位警察老爷抬抬开好不好？天堂和地狱只隔这一道门。"我指着门外的警察尸体。

"不能抬开。"二空提出了异议。

"为什么？"我和施先生都怀疑地问。

"万一鬼子不高兴就糟了。"

人被虐杀了，抬开都生怕鬼子不高兴，这才真是亡国奴的滋味，我联想起了原明典史阎应元（？—1645年）于江阴之变前所作的一首诗："雪胔白骨满疆场，万死孤忠未肯降；寄语行人休掩鼻，活人不及死人香。"

谁叫我们贪生怕死，连尸首都不敢抬开。

"那还有在茅坑前的一具，多难看。"我还是有点不甘心。

"一共有四十六具，我数过了，我们都抬得开吗？抬到哪里去？"

"过几天就会腐烂的。"

"不会，天太冷，又在风里头，和风干腊肉一样。"

和风干腊肉一样！我吸了一口冷气。

　　我只好顺从着二空的意见，有什么办法呢？我们还想活着。二空的意见本是似是而非的，可是搬出了毛病，岂不是祸由我起！

　　在那以后的十几天之中，我们一出庙门，或者是上一次茅坑，必须要跨过那二位无名英雄的尸体。我总是先念一句"阿弥陀佛"，然后再从他们的脚边跳过去。

　　我对那二位先烈只能表示这一点敬意，我深觉得活人真是不如死人来得香。

　　白天倒还可以，有一次夜急，我不得不上茅坑，我面对着那一位，起初倒真有点怕，可是仔细地想想，我们本是同泽、战友，只一瞬间而人神遽隔，他倒永息了，也许早登天堂，而我呢？却还被遗留在这阿修罗道中，他若在天有灵，应当护佑我，有什么可怕？

　　十几天以后，稍微安定了一点，我还是和二空二人将那二具尸体移到了江边去，当然无法埋葬，连想找一床芦席掩盖掩盖都不可得！

　　我真的流泪了，经过前几天那样的恐怖与悲伤，我都没有哭过，这一次抬尸，不知为了什么原因。我真的是涕泪交流，或许是稍微安定了一点以后，我才恢复了一点人性的感情。在那以前，眼是红的，筋是暴的，也等于活尸一个而已。

　　"不用难过了，这是臭皮囊，与他的灵魂何关？我们都是学佛的。"二空安慰着我，与他以前所说的"风干腊肉"，其心情也迥然地改变了。

　　我呢？依旧是"凡夫迷离"，既不能觉生，复不能觉死，有负我的法名"二觉"。

　　二具尸体虽然移开了，可是在六亩地的石榴园中还有四十四具，我们又向哪里移呢？只好听其自然。

我们吃过昨晚的剩饭以外，不约而同地都坐回敷地的稻草上面。为什么呢？大家都等着，等待着鬼子再度来临，谁也不敢一个人停留在佛殿里或者是庙前庭院上。人靠着人，要死也死在一块儿，大伙儿一同盘着腿，好像是一群老僧在入定。

朝曦从门缝中射了进来，冬风也随着黎明转暖。可是我们大家在先前曦微中那一点朝气又消失去了，谁也没有肯说话，是谁也没有敢再说话，越是沉默，在沉寂中越更发生恐怖，越是等待着，而时间也就觉得越长。

大约是九点钟的前后，红日已上三竿，守印师叔又先发觉了皮鞋声。

"就要来了，没几个人。"他用湖南腔低沉地叫着。

我们都竖起耳朵听，果然是来了，皮鞋声音不杂，不像是大队人马，来的只有三个人，大概是一士、二兵。

马鹿阁下

三个鬼子一走进佛殿的门，看见那已扶正的佛像，先是鞠了一个躬，来意倒还不恶。我们从柴房里向外看得很清楚，我推了一推二空，轻轻地对他说："你出去应付一下，能拜菩萨的不会马上就杀人。"

二空倒也没有推诿，站起来走了出去，宣了一声佛号"南无阿弥陀佛"。

"是个庙子！"鬼子伍长用日语叫了一声。他没有理会二空，却跨前了一步，向柴房里张望。

我早已将木窗撑了起来，大家当然知道我的用意，虽然要忍受着寒风的侵袭，但柴房里却很明亮。

"一共几个僧侣？"这当然是用日语问的。谁也不懂，二空又落在鬼子伍长的后面，我就不得不硬着头皮站了起来。

"一共是几个僧侣？"他又重复地问了一声。

我何尝听不懂，可是我不能用日语答话。于是我就先点着二位老和尚，再点着我自己和他背后的二空。他似乎还没有满足，便将步枪向地上一竖，用手臂夹着，然后从军衣袋取出了一叠军用报告纸，用一支红铅笔写着："僧几人？'支那'兵有？"

他还没有写完，我早已看明白了，我从他手里要过纸和铅笔，马上也用似中文而又像日文的写着"四僧二百姓，皆良民，请阁下保护。'支那'兵无。"

"马鹿！俺也成了阁下？"他用日语咕噜着。

在日本军队中的习惯，要官拜将军才能称阁下，我是故意这样写的，一半是讨好他，一半是表示我不懂。"马鹿野郎"是日本人最普通的一句骂人的话，此地，他仅用了"马鹿"二个字，我只意译为"胡说！我也成了将军？"

尽管他嘴里再骂"胡说"，可是这马屁还是拍得不错。他又抽了一张军用报告纸，还是用红色铅笔写着"此系寺宇，皆为良民，应予保护"。

这回他是用纯日文写的，除汉字以外又加了些日本字母。日本人写的字多少与中国人所写的形态不同，兼之又是用的日军军用报告纸，当然一看就知道不是伪造。我从他手里取得这张纸条以后，实在高兴极了，虽然明知一名伍长的便条既无"关防"，又不签名，哪会有多大效力？可是总是日军写的，唬唬其他的兵，总有一点用处。

这三个鬼子兵连后院都没有检查就走了。

鬼子是要用鬼符制的，一点不错，那张纸条果然发生了莫大的效用。从第一批以后，每隔二三十分钟必定有另一批鬼子来临，其人数则不一，至少是三名，多则十来个人。

每一批，我必定将那张条子给他们一看，同时也必定地大声恭诵一声佛号。我故意地将南无阿陀佛的"陀"字读成"达"字的发音，因为日本人念佛是念成"南无阿弥达不子。"

"不子"是在"佛"字下面拉了一个语尾声，而"陀"字则读成"达"字的发音。这本是梵语的译音，中、日二国念法应当是相同的，到底是谁念走了板，虽然我也到过印度和锡兰，尔后我又到过印度的佛教圣地加雅（Gayā），但是对梵语并无考证。

我不敢完全照日本人的念法来恭诵佛号，我仅仅将"陀"读成"达"字，只要使鬼子兵能听得更清楚也就够了。

鬼子羊羹

日本可算是佛教国家，所以十个兵之中倒有七八个见了佛像就会鞠躬，一尊佛像，一声朗诵的佛号，一张日本兵所写保护符，不管来了多少批，都一关一关地安全闯过。

有一批大概五个人，照例地巡视了一周，又看了"鬼子符"以后，突然从干粮袋里掏出了一包"羊羹"给我，嘴里念念有词叫着"心焦！心焦！"

也和昨日鬼子班长给我米筒一样，无非是给我的意思，但我实在惭愧，留学五年，还是孤陋寡闻，不知道"心焦"两个字的发音，到底汉字是如何的写法？

这批鬼子走后，当中有一二十分钟的间隔，我对大家说："鬼子还给了我们一包羊羹，谁吃？"

"羊膏？荤的，我不吃。"瞎子师叔首先拒绝了。

"不是羊膏美酒的羊膏，而是羊羹。是一种水果做的冻子，但比中国的冻子硬一点。"我解释给大家听。

"管它是荤的素的，让我来尝尝。"守志师父从我手中接了过去。

"我来给你拆开。"我又抢了过来，撕开包装纸，找了一根筷子，将羊羹压切成一小段一小段，每人都分着了一块。

"师叔！羊羹是素的，而且是甜食，你尝尝看。"

我特意送了一块到守印师叔的嘴边。

"是素的，我也不吃，我没有牙齿。"

"不硬！你试试看嘛？"不管三七二十一，我塞进他的嘴里。

"不错，蛮好吃的。"大家都同声赞许着。

"可惜太少，等一会儿，你再向他们多要一点。"二空简直是食髓知味。

"我可不敢！等一会儿，他们再来了，你找一支笔写着'羊羹'两个字，嘴里再念着'心焦，心焦'，他就会给你的。"我调侃着二空。

"二觉真有种，连鬼子你都唬住了，昨天的米、香烟，还有羊羹。什么？羊羹，怎么写法？"施先生笑着说。

"糕饼的'糕'字。"

"管什么'羹'字，好吃就得。"二空接着腔。

"二空！你有种，等一会儿向鬼子要要看。"

"你还是找二觉，他比我有办法。"

"丘八吃八方，和尚吃十方，你们都不懂？"守志师父吃了一小块羊羹以后，从僧衣袖里取出了昨晚我所拿回来的那包香烟，燃了一支说："二觉！你也来一支。"

"我不吸，师父。"

"当兵的不吸烟？"

"师父！你又走了口，我是和尚。"大家都笑了！

"和尚也可以吸烟。"

"我不是不抽烟的，可是想留给你吸，来之不易。"

"不要怕！只要有庙子，有菩萨，又有和尚，总会有施主来孝敬的，哪怕是日本鬼子。施施主！你说对不对？"守志师父向着施先生笑。

从那天早上起，糊涂的日本兵阁下写了一张"应予保护"的鬼符，又吃到了一包羊羹，味纳的错觉，一时大家将昨日的惨状似乎都忘记了，觉得日本鬼子很好对付似的。

《心经》半卷

下午三四点，一辆汽车隆隆地从公路上来了，谁都听得到，用不着守印师叔敏锐的听觉。继之是一阵皮鞋声，不只是二三个人。

来的鬼子在十人以上，其中二人一看便知道是军官，虽然也同样地没有戴阶级符号，可是手里不是持着步枪，而是挂着战刀。

日本刀自古随着武士道而出名，但自火药武器发达以来，日本刀早已变成了古董，仅供爱好艺术品的人们鉴赏，实际上早已失去了利器的作用，可是在战争中，日本军官都将日本刀装备成军刀，其用意无非是想发挥昔日固有的武士道精神而已。可是这大半是机器制成的，而不是匠心的结晶。

我一见带有军刀的鬼子，当然一望而知是军官。一老一壮，年龄相差总十岁以上，可是老的似乎反不如少的阶级来得高，因为这一次十人以上的大军兵临，像是以这位少者为主脑。

在日本军人中，军官与军士，其阶级观念是极其分明。一位军士若没有加受补充教育的话，很难升到军官，仅能到准尉阶级的特务曹长而止，可是这一批特务曹长却是日本军中的真正骨干，在战时所担负的责任往往较初出茅庐的军官为重而阶级也比军官要小一二级。

依我的猜测，来的二位带刀的鬼子，一个是少中尉军官，一个是特务曹长。自从昨晚以迄今日的午后，川流不息地虽然来过了不少的日本兵，可是由军官所率领的部队，这还是第一遭。我一看便意识到个中的严重性，然而我们其余的五个人——三僧二俗，都是鬼子并不难应付的先入为主的观念，因之反而加以忽视。

这一次摆的架势可大不相同，十来个枪兵分站在四角，端着枪，上了刺刀，手摸扳机，如临大敌的样式。

先由一个班长似的鬼子兵将我们都赶到庙前的庭院，排列在离那警察的尸体不到五尺的地点。先由那班长作一次情况报告，但这班长并不是昨晚首次来过的班长。报告词的大意是此地是上元门外面江的一个小庙，居住者是四僧二俗，均加以多次的巡视与侦察，似尚无窝藏支那兵的嫌疑。先说明地形，其次是敌情，再叙述着任务而到判断，虽然仅仅是短短的几句话，而层次分明，简单扼要，鬼子兵的教育真算不错的。

鬼子班长报告如仪后，二位日本军官——少者在前，老者在次，向我们做逐个的检查。我当然仍是扶着守印师叔瞎子和尚。可是经过我的时候，稍微瞟了一眼就移往其次的人们，而对二空略事盘旋，可也没有发问。

这样顺利地通过，我已预感着不妙，但我想，或许对我们全体必再有一番审问和训话。若是基于耀武扬威的心理，那当然很容易满足他们，即使有些疑问，只要是对全体的，我也有办法应付，因为这一日夜之间，我对于同难的五个人，大体已经摸得很清楚，半真半假的，也未必不可以敷衍过去。在人员检查完毕了后，二个军官商量着要看看庙宇的环境，当他们提出似乎要人带路的时候，我指指二空，同时又用中国话说："你带他们去看看后院。"这也很自然的，在六人中，只有我和二空年纪较轻，我既是扶着瞎子和尚，那么，再有任务，自然而然该轮到二空了。

他们还没有起步，我做了一个手势，问他们说我们可以不可以回到柴房去。当然我先指着瞎子和尚，他是我们的挡箭牌。年轻军官点头示可，我就扶了守印师叔，而且将其余的人一同带回了柴房。

我想这大概又算过关了，鬼子看看周围的环境，还不就打道回衙！哪知他们才绕了半个圈子，就闯进了柴房。还没有进门，我听到那个老的在说："我看那个年轻的人就不像是一个和尚。"

"我们来盘问盘问他。"少者也附和着。

不知在什么时候，老者的军刀已经出了鞘，他一进来就在我的肩膀上敲敲，你说我能不怕吗？当然是吓得魂不附体，但我还得装着镇静，心想未必就在柴房里杀我，要杀也得拖到庙外去，何况他们还要再盘问我呢！这是他们在进门前所商定的，何至于不问而诛？可是我知道这一关将相当地难，会不会非使用我的王牌——日本话不可？我得好好地应付，沉着气，尽量地不要我最后的一招为妙。

老者用刀敲敲我的肩，同时伸手示意要检查我的手。我伸出了双手，手心朝天，他用手在我的手心四周捏了又捏，这大概是看我的手掌有没有起硬茧，当兵的持久了枪，每每有这种现象。但二位日本傻军官，万没有想到我不是兵，而是一个官。假若那少者是士官学校出身的话，至少也是我的后辈，检查手掌，当然难不着我。

其次他又要检查我的头部，还是用刀背在我的头顶上敲敲，先要我脱下那顶僧帽。这一下我可真慌了，若是要检查我的戒疤，那不是马上就会现形，哪里还能避掉？

我想我该用日本话了，那将是图穷而见匕首的时候，可是我还在做最后的忍耐，只要他不放枪，不要刀，我总还有余裕的时间。

菩提萨埵

过去我都没有注意到，日本的和尚是不受戒的。受戒最浅的解说是戒杀、戒盗、戒淫、戒妄、戒酒，谓之"五戒"。日本和尚既吃肉，又讨老婆，如何能戒杀、戒淫？明治维新时有一位有名的和尚叫"大谷光瑞"（1876—1948年），不仅有和尚夫人，而且还有和尚小老婆，尔后在日本文坛上颇负盛名的九条武子（1887—1928年）侯爵夫人便是大谷和尚的庶出。

老者既不检查我的戒疤，那么要检查我的什么呢？大概是检查我有无日晒的显明痕迹，戴着军帽，日久必有一道显明日晒痕迹，额角与脸面往往是曹操而兼包公。

这位日本行伍出身的军官又是棋差一招，我们教导总队戴的是德式钢盔，都是从德国买来的来路货，中国人的头又比德国人小，戴上去几乎遮到了眼睛，两边又有护耳的边缘，久晒也不会那样的黑白分明，使他看了半天，还是没有看出一个所以然来。

"啊呀！他的头发是自己用剪刀剪的。"他突然有了新发现，向少者叫着。

少者看了看马上做了一个手势，用二个指头作了一个剪发状，我马上点头表示同意。

大概他们没有带纸笔，就找了一根细柴枝子在泥土的地面上画着字："为何？"

我马上接过他的柴枝子，也在地面上回答："三月无理发。"

合情合理，这个漏洞又给我弥补上了。

他们在无可奈何之中，少者又开口了。"问问他有没有行李？逃兵是不会有行李的。"

他们还在商量如何进一步检查我，我都听懂了，也已有所准备，可是我不能马上动作，因为一动岂不露了马脚。

老者又用柴枝子写着"行李有？"日文的文法是倒装的，所以他将"有"字放在后面。

这，我才点点头，立刻对站在一旁的二空说："请你拿一个和尚的行李给他们看。"

说也奇怪，昨晚因为拾柴，二空曾将他的一个衣包放在剩余的柴堆上，他就将那个包袱取了下来。真是菩萨保佑，那二空的衣包里是有二件和尚的衣服、一部经书、三张当票和一把剪刀。这是一把西式的剪刀，二空昨天为我换衣裳的时候在这个衣包里找僧衣，才发现了这把业已忘记的剪刀，也就是发现了这把剪刀才为我剪头的，后来又归还到这个衣包里。

情况吻合，还有什么话可说呢？但老者却意犹未尽，还是站着不动。

"我们可以回去了。"少者已有些不耐烦。

"不！让我再看看。"

"那不很简单！是不是真和尚，只要问他会不会念经。"

日本人念经的方式是合掌搓一搓，再拍二下，少者没有拔刀，手当然是空着，就做了这样一个姿势。

这回，我可不能等他再问我了，既见到少者在做念佛的姿态，我马上就点头表示我会。

他用手指，点一点我的嘴。

我的脚立刻站成一个八字形，闭着眼，合掌恭敬地念起《心经》。这是我孩提时依着母亲膝下所学会的，可是我十六岁就留学日本，七七事变以后才从法国回来，一个洋里洋气的学生总不会朝夕诵经吧？但我对《心经》却完全记得，第一是因对这种哲学的思想向往，第二是我觉得文辞之庄严、秀丽有过于《古文观止》。

可是幼年的记忆虽然应当是非常的牢固，然而十几年不和佛经见面，也就有些模糊了，何况心里又在弹琵琶！正念到"菩提萨埵陀，依般若波罗蜜多故"的时候，因为这是《心经》里像绕口令的一段，我也就要打顿了。正在这个节骨眼儿的时间，老、少二位日本官忽然同时说："好了，停下。"

"我说他是和尚，对不对？"少者向着老者，似乎表示他是胜利的。

老者没有搭话，就用刀头在地面上写着："何经？"

"《心经》。"我捡起那柴枝子回答着。

日本军人视军刀为极神圣，而老者用刀头来写字是以表现他的愤怒。可是还好，终被少者拉着走去，但他还是回头怏怏地望了我一眼。

缁衣渡江

鬼子军官一走以后，我身上好像脱了一层皮，像打了一次硬仗，一个回合完结了，精神骤然地放松下来，使得身体完全不能动弹。

我往稻草上一倒，连口都懒得开。其实紧张的倒不只是我，除了瞎子师叔比较眼不见为净以外，其余的人几乎都吓得昏了过去。尤其是二空，虽然他是个真和尚，而且也很瘦弱，但无论如何，他总是一个年轻的人，要派支那兵，未始他不能顶一名。

"当你叫我拿衣服包的时候，我全身都在抖。"说起来，他全身似尚有余悸。

"刀子又没有搁在你的头上。"我倒装起英雄好汉来。

"可是你是我收容的,最后我还不是要被连累受罪?"二空的话倒也有道理。

"二觉!我看你还得另打主意,这种事可一而不可再。诸葛亮演空城计,一辈子也只演了一次,演第二次,我们都受不了。"施先生丢出了话,这无异于集团中有人提议要向我下逐客令。

"不行!"守志师父转过来庇护我,他说:"以后再查的时间,少了一个人,我们怎说法?而且你们能应付鬼子?除了我的徒弟二觉!"

守志师父是永清寺的住持,而且话也说得很重。施先生虽然是本寺的施主,到底还是香客,留我也好,逐我也好,似乎没有多大的权力。

"那可得自己打主意了,不要惹得城门失火,殃及池鱼。"施先生虽然是一霸,可也读过书,用了二句成语,反将守志师父一军。

"施主大人!你的女儿还躲在芦草窝里呢!你又不能回八卦洲,将就点儿吧!我们是几十年的朋友,要死也死在一块儿。既上了梁山,最好是不要下去。"

守志师父也不是一个好惹的,尽管现在是和尚,还没有脱江湖气。梁山泊上宋大哥的神气摆了出来,施先生也只好服服帖帖了。

我倒有点觉得过不去,他们五个人本是相当和谐的,说老实话,只要不死在枪下,实在没有什么危险。加上了一个我,真兵假和尚,纵使一时瞒得过日本鬼子,总非长久之计。何况最初和最后的目的,都是想渡江,所以我为了和缓他们对白的尖锐化,我说:"施先生,你不是说有办法过江的吗?早点替我想办法,大家都安全。"

他攻击我，我就贴上去，倒使他为难了，他结结巴巴地说："现在很难，我只有那么一只小船，而且闺女还躲在上面。"

"小姐躲在芦草窝里，也不是一回事，你怕鬼子找不到？不如连你一同过江去。"说真话，只要能过江，我不就达到了目的，前夜掉在江里，为的是什么？无非是想过河！何况先前的这一场戏，文场、武场，虽然都勉强地拉了过去，可是谁保得鬼子不再查呢？所以我鼓起了三寸不烂之舌，专盯着施先生。

"我不过江，本乡本土的，过了江，我连饭都没得吃，何况我还有一个黄脸婆，怎么办！"

"那么，小姐就交给我，总比在芦草窝里安全点。"

"你没有结过婚？我招你做女婿。"

"我真的想做和尚。"我没有正面答复他。

"那只小船也不行，漏水，而且也太小。我看还是等几天，我带你上下关去，那里人多，我有办法。"

"施施主的码头在下关，在下关，他很有办法。"守印瞎子师叔补了一句。所谓"码头"当然是江湖上的术语。

"那我就拜托施先生了。"我还是往他身上贴。

"你既做我和尚的徒弟，可不能再去做施施主的女婿。"守志师父这一句话惹得大家都笑了，总算得紧张中松了一口气。可是只有一个人既没有说话也没有笑，那便是和我一同担柴的老农。不知他先前看见鬼子把军刀在我头上晃的时候，他有没有也吓怕？

从鬼子军官来检查以后，总有二个钟头，再没有鬼子来临。我猜得一点也不错，那二个官儿来查才是正式的，以前那些鬼子兵都是瞎扯，最多不过是些斥候而已。经正式的查过，就可以安定一下子了。所以我就帮着守志师父到对面的灶间里去烧饭。

这灶是江南普通式的构造，用砖砌的，大、小铁锅二口，一口烧饭，一口炒菜，整个灶除灶头的一面贴着墙，其余三面都临空，灶口在后面，有一个小板凳，可以坐着，好向灶口里添柴火。

永清寺在乡间，平时也不能靠善男信女们送多少香火钱。唯一维持庙里生计的倒是六亩地上所产的石榴，枯枝是烧饭的柴火，诚所谓"落叶添薪仰古槐"！

和尚也嫖否

我平生就没有烧过饭，在日本和法国也和同学合伙自炊，可是轮到我的工作都是洗碗，所以我对于烧饭完全外行，正如孔老二的朋友所说的，是"四体不勤，五谷不分"的人，因此我对守志师父说："师父！你烧饭，我烧火，我做火头军。"

"你叫我不要说军人，你自己又说军人了，犯忌。"守志师父有一个很幽默的性格。火头军是古代的炊事兵。

虽属旱季，又系枯枝，可是我用了五根洋火都没有点着。

"我的和尚少爷！我们有多少洋火，让你这样糟蹋？"守志师父听见我咔嚓咔嚓划洋火的声音，伸过头向灶后一看，还是熄的，"到院子里去捡一点稻草来。"

先用稻草引火，枯枝才点着了，坐在那里又可取暖，非常安逸。

在烧饭时，守志师父问我说："你怎会念《心经》的？"

"小时候跟妈妈学的。"

"所以我说你有善根。先前几乎将我吓死了。"

"你吓的是我会念经还是鬼子的刀？"

"也许可以说是吓的是你会念经。"

"为什么？"

"我以为是菩萨显圣，附在你身上的。"

"师父！我就是菩萨下凡，用不着菩萨附身。我做菩萨的时候作了孽，所以从天道里贬到阿修罗道这里来了。"

"啊呀！你懂得不少，你还知道六道轮回？"

"因为我有一个佛教的家庭，父母亲都是虔诚的佛教徒。"

"你还会念什么经？"

"还有《往生咒》《金刚经》我也念过。……'一时佛在舍卫国'……，但是我背不出来。"

"我以后一点一点地教你，你有善根，好好地做我的徒弟。我圆寂后，将这个庙子交给你，有石榴，吃不完，用不尽。"

"……"我没有搭腔，只是在烤火，我想起了从江里爬出来烤火的事，还不到四十八个钟头。江山旦夕间易手，我从工兵营长一下子变成了虚无僧，谁说是"国破山河在！"

"你为什么不搭腔？"

"我已经是你的徒弟了，还说什么？"

"告诉你，不要打那施老头子的女儿的主意，丑得像个母夜叉。"

"师父！我现在是泥菩萨过太湖，自身难保，还会想女人吗？而且我已经做了和尚！"

"做了和尚？才一天。二空做了二十年和尚了，还会嫖。"

"嫖！和尚也嫖？怎样的嫖法？一个光朗头，几个戒疤！"

"有什么不可以？你可以装出家人，他不可以装在家人，一顶瓜皮帽，不和你那顶和尚帽一样？"

"刚才几乎出了纰漏。"

"夫子庙的娼妓，不是日本鬼子，是摩登伽女。"（注：印度摩登伽种之淫女，见《楞严经》）

"哪里来的钱，你卖的石榴也给他去嫖。"

"我有钱也不能给他嫖呀！他们鸡鸣寺有的是大施主。"

"他们是鸡鸣寺？"

"你不知道？他们也是避难来的。我本来也在鸡鸣寺，后来让给他们了，我图此地清静。"

"听口气他们是父子，怎又做了师徒？"

"守印是庚子年的管带，北京失陷了，他就没有再吃粮。"

"和我一样，打败了仗，只好削发为僧。"

"他哪有你这样大彻大悟！那以后，他又在江湖混了多少年。有一次在镇江借码头弯船，遇到了仇人，一个石灰包，打瞎了眼睛，这才做了和尚。"

"二空呢？那时候应当还小。"

"母亲早死，所以也就带着出了家。"

"怪不得，那不是他的志愿，所以他还在思凡，何不让他还俗！"

"那总有一天，拖也拖不住他的。可是你可不难呀！你自愿的，要好好地做我的徒弟，我将衣钵传给你。"

酒肉穿肠过

这一顿晚饭是我们二天来最香的一顿。昨晚倒也煮了饭，可是没有菜，只是用开水泡泡，大家就吃了。

可是今晚不同，从情绪来说，有过对鬼子兵的幻想，有过对鬼子官的恐怖，但是难关也就都渡过了，而且这二三个钟头都没有看见敌人来，大有曲终人散，只剩了我们这个戏班子来宵夜。

还有了菜，守志师父不知在哪里藏了些大白菜，也煮上了二碗，一大一小，我都一齐端上了桌。热乎乎的饭，热乎乎的菜，虽然是黄连树下作乐，可是人为的是什么？还不是为扒一口儿！

个人在世不说，就以国家说吧！日本有什么理由侵略中国呢？最大的借口还不是人口膨胀，粮食不足，归根结底是为了吃饭。

吃饭既然得要个理由，我们六个人吃饭的理由是不管你鬼子多狠，骗过了你，我们还是能烧饭吃，所以我们这顿饭吃得很愉快。

一上桌，守志师父就说："小碗是素的，大碗是荤的。"其实所谓荤、素只多了一匙猪油而已。

这倒使我为难了，当然素的是为和尚吃，荤的是为施先生和老农吃的，我到底是算和尚，还是算在家呢？最奇怪的是荤的那一碗反而大，为什么要那样地优待施主？

守志师父一上来，扒了一口饭就先夹了一筷子荤炒白菜，这倒为我开了路，其实真正吃素的只有守印师叔一个人。守印师叔那样的人才真是放下屠刀，立地成佛。吃过粮，又在江湖上混过，一个石灰包打瞎了眼睛，就带着儿子出家，终生茹素，是真正的大彻大悟。

"你也吃荤？"我碰二空的脊背，我不好意思问师父。

"为什么不可以吃呢？"这答复的不是二空，而是守志师父，他已感觉到了，这话也等于是问他的。

他马上接着说："《六祖坛经》里就有'以菜寄煮肉边'之说。吃荤、吃素与学佛有什么关系？"幸亏他不知道日本和尚还可以结婚，否则他也会讨一个和尚太太的。

"所谓'五戒'者是杀、盗、淫、妄、酒，无非是为了清心寡欲，像师父这般的高龄，吃荤、吃素，已没有多大的关系。"

这，我本是为他打圆场的，他已感觉到，马上就回敬了我一句。他对二空说："二空，你虽然是师兄，可得跟二觉学学，他的佛学根底比你深。"

"那是我们师叔的福气好，收到了一个好徒弟。"二空的话里带着酸溜溜的意味。

"宗教还不是劝人为善，像你这样以子孝父，以弟事师，还不够好的？"

我的立场真难，他们说话，一拿我夹在当中，可能就将我挤扁了。

"他呀！"二空用斜眼瞄了一瞄守印师叔说："自己作了孽，全报应在我身上。"这一下子可更糟了，大家都有牢骚，不仅是牢骚，而且是牢骚满庙，我怎个处呢？

守印师叔极有涵养，他对儿子兼徒弟那句话，简直当没有听见一样。他突然换了一个题目来问我，使我们又都回到了现实。他说："二觉！你刚才为什么不将那张保护证给那二个鬼子军官看？不是可以省掉许多的麻烦。"

"保护证，一个兵开的，官还承认？那只能唬唬鬼子兵的。幸而我没有拿出来，否则可能我脑袋都搬了家，我在日本军里很久……"

我一下子说溜了嘴了，想缩已缩不回去。

"你到过日本？"二空第一个惊觉道。

"不！我说错了，我是说我知道日本军很多，我们在和他们打仗，不研究还行？"

"知己知彼，才能百战百胜。"

二空也不是草包，在那夜共被睡觉的时候，他还轻轻地说着："我相信你一定到过日本。"

我装着没在听见，也不加以否认。二空确是一个机灵鬼，待这种人，不能太欺侮他，我正在寄人篱下。

开门揖盗

一顿叫人愉快的晚宴过去了，我对大家说："今晚我们可以关门早点睡，鬼子不会再来的。"

"你不是说，教不要关门吗？"有人在里面提了一句。

"情形不同，鬼子军官检查以后，绝不会今夜再有人来敲门检查的了，这等于登了记，也就是备了案：永清寺四僧二俗，良民。"我夸张地念着。

"一会儿教开门，一会儿教关门，我真弄不懂。"

这是老农今天第一次开口。

"这叫作贼走关门，"施老先生也很幽默。

"一点不错，施先生。"我说，"你只说对了一半，应当说是开门揖盗，而后又才贼走关门。"

大家又笑了，可是老农还是没有笑，因为他还不懂这句"开门揖盗"的意思。

"大家出去放放吧！我好来关门。"

"不要急，先扶我解一次小便。"瞎子师叔在稻铺上扭动着。

他倒不一定是指着我，可是二空根本坐着不动，我只好代劳了。

守印师叔坐在马桶上，一只手抓着我的衣下摆说："你再去倒倒干净。"

"上午已经倒过了，现在只是些尿，倒它干什么！"

我倒不是一天怕倒二次便桶，晚上我真怕到那茅坑去，一具尸体横在那里。

"尿多了，明早解大便会溅上来的。"

倒是有道理，我只好提着便桶出来。好在小便根本不必上茅坑，于是我就连便桶里的一并就地处理了，可是还得绕过那警察的尸体。

一切都就绪了，我最后关了庙门才上床，其实没有床，但稻草堆了好几寸高。可是有些地方压扁了，一凸一凹的。能关门睡，至少可以避免寒风。

油灯还是点着的，生怕万一措手不及，找不到洋火。

我们刚睡下不到三十分钟，有些人已经睡着了，有的人已经在打鼾，我也在迷迷蒙蒙中。守印师叔咳了一声，接连着叫我，说："二觉！听，又有人来了。"

"没有关系，是巡逻兵。"我又翻了个身。

但不到二三分钟，就来拍我们的庙门。

"啊哟！不好了二空！"我推醒他。"起来，鬼子又来了，只有我们二个去。你拿着油灯，我去开门。"

二空和我一骨碌地爬了起来，可于我倒害怕起来了。我突然想到那个老军官，临走的时候，对我横了一眼，他始终不太相信我是和尚，会不会晚上又来报复我？可能让我说日本话的机会都没有。

但是有什么办法呢？二天应付日本人都是我打头阵，现在能叫二空先上前去吗？同时也没有什么用处，假设他的目的真要是对付我的话。

奇怪的是门被敲了二下，又不敲了。似乎不太急，征服者用枪托打，或用皮鞋一踢，那扇木门还挡过什么东西？来者既不如此急，反而增加我的怀疑。

不过总得硬着头皮去开门，弄毛了，那岂不更糟糕？

门一打开，一个电筒的光就射到我的脸上，眼睛都睁不开，根本看不见来人是什么样子。他用手向我一推，并不太重，仅是要我让开路，就直冲地走进了我们的柴房。二空本是端着油盏身在柴房的门口，当然向内一闪，油灯又端进了房，他反而落在后面，看见是二个鬼子，全副武装，戴着钢盔。

一个鬼子先进去了，一个却站在庙门与柴门之间，这二扇门本是呈直角形，相距也不过几步远。

我倒绕过那二门之间的鬼子，也走进了柴房。只要不是那个老者军官，我倒没有什么害怕，而且我若不挺身上前去应付，这同伙的五个人为什么要收容我？何况他们也真应付不下来。

第一个鬼子兵一踩进柴房，四面张望了一下，先就是一脚踢翻了那只马桶，这是经我清理后放在稻草铺前面的，以备瞎子和尚半夜的不时之需。大概是有点挡路，鬼子就先来了一脚，幸好先前已经倒干净了，否则那一晚上恐怕就无法让我们睡觉。

"心焦！心焦！"第一个鬼子叫着。

咦！"心焦！心焦！"不是要给我东西吗？我虽然没学过这句日语，可是鬼子给我米、香烟，以及羊羹不是都先叫"心焦！心焦！"的吗？何以他还不拿出东西呢？只干叫着。

他叫了几声"心焦！"之后，马上用刺刀指着一只木箱，这原是放在柴堆下面的，有一头却露在外面。

"来！来！"这是中国发音，同时又用刺刀戳戳木箱。我才明白他要检查那只木箱。

"二空！我们将木箱拉出来，让他检查。"

二空有点踌躇，但终究还是照我意思办了。上面的柴枝不多，柴底抽箱，柴枝滚了个满地。

木箱并不太大，一头加上一个铺盖卷，正好是一担行李。和尚挂单是否就是这一套装备？我不知道，总之是一个人挑得起两头的东西，就像那样大小的木箱。

只要不要命，木箱给鬼子检查有什么关系？

"钥匙在哪里？"我向着二空。

"在师父身上。"

一把洋锁，单薄得可怜。鬼子不等我向守印师叔拿得钥匙，就急不可待地用刺刀"砰"地一声撬了开。

乱翻一阵，里面都是些较好的僧衣，海青（僧礼服）袈裟，还有几件法器。其中有一件红木镶玉的如意，最底下有一包袁大头。

结果是一件毛背心和那包袁大头的洋钱被抢了去。

鬼子一得手，往身上一塞，没命地转头就跑了出去。

开门揖盗，贼走关门，我先前的话，简直成了谶语。

惊魂甫定，二空哭起来了。他埋怨着守印师叔，说："我说要埋藏起来的，你不信，这回不是完了？"

"……"守印师叔只是扁一扁嘴，什么也没有说。

"财去人安，算了。"施先生劝慰了一句。

"你们也不事先告诉我，也不交给我，问你们有没有钱，还不肯说，不是还是完全送给了鬼子。"守志师父反倒是一套风凉话。

"算了，施先生的话不错，财去人安。前晚，我在挹江门内还捡着一部汽车！我也没有能拿得动。"真的在退却中，挹江门内有一部无人的新汽车，连引擎都没有熄火。

大家又睡了下去，我悄悄问二空说："多少钱？"

"一百零八块。"正好和一串佛珠子同样数目。

"你替我埋在花钵下的不止这个数目。"我对二空说。

心焦罪过

在抗战的期间，有二句新生的日语，一句就我所述的"心焦"，另一句是"罪过"。在战前，我留日五年，战后也去过多次，但从未听到有人提过这两个字。

各国的语言、文字都由于时光的流转而有所变迁。以我们自己的文字作例吧！诗词中常用"遮莫"两个字，杜工部诗："遮莫邻鸡下五更。"东坡（苏轼，1037—1101年）也有句"遮莫千山更万山。""遮莫"是唐、宋的俚语，到现在就少有人懂了，这便是语言的变迁。

日本语言、文字的变迁尤甚，像古代女作家紫式部所著的小说《源氏物语》是10世纪的名作，仅仅才一千年，到现在，即使是日本人，若不加以注释，也没有人看得懂。自明治维新以来，"外来语"流入日本，因为音译多于意译，其语言变化之多自不待言。但是像"心焦"与"罪过"，既不流行于战前，复不应用于战后，却是很少的例子。无以名之，只好叫它为"海外战时言语"。因为这两句话，似乎仅用之于海外战地，在日本内地，即使在战时，也没有人听见过。

"心焦"听说是写成"进上"二个汉字，我们也可以译之为呈上。照表面上看来，并不含有恶意，毋宁说是一句敬语，可是鬼子兵在我沦陷区做打劫或强索的时候，一定都用"心焦"这二个字。

当然在鬼子兵给我们一点小惠时，也会用"心焦"。例如我在上元门所接受日本班长的一包香烟，他便是用的"心焦"这一句话。当时我虽然不懂，总以为是不含恶意的语言。可是，隔一天来抢守印师叔一百零八块袁大头的时候，同时也是用的"心焦"。征服者在被征服的地区中当然是随心所欲、予取予求的，所以我才音译其为"心焦"，我想这是无上恰当，比写汉字"进上"来得强得多。

"罪过"两个字也是音译，而且要用江浙的发音才来得适合，是日军在奸淫妇女时的用语。这个字在我留学的时代也没有学过。

抗日战争虽然于卢沟桥爆发，但真正的会战则是在京沪和金山卫的登陆。当其兽性发作而强索与奸淫妇女的时候，无不使用"罪过"两个字。其正确的发音用罗马字拼为"zai gu"。

"罪过"并不是我所创造的意译，据说有一个日军当着一位老祖母强奸其年幼的孙女，老祖母惨不忍睹，连声叫唤着"罪过！罪过！"于是这个字便流行出来，而变成一种专门名词。

但我对这二个字一直存疑，我虽未到过华北一带的沦陷区，可是我相信日军在那里所发生奸淫妇女的事件应不亚于江南，其又用什么名称呢？因此我一直怀疑这个字的来源，日前曾请教于崔万秋（1903—1982年）学长，据说此字发源于日俄战争，其意义本是"那么，去吧！"为"sai go"的日语发音转变而来的。与英语里的"Let's go"极为相像。

照字面上来看，本不诲淫诲盗。日俄战争的战场是在我国的东北，听说当日军拖拉着我国妇女进入高粱地去强奸时，必先说一句"去呀！去呀！"于是个字由"sai go"而转变为"zaigu zaigu"，崔先生告诉我，这并不是随意杜撰，乃是载之于史册的，不过他手边无此书籍以资证明而已。

万秋兄为日本通，其在《联合报》连载之《东京见闻记》颇为叫座，其言当是十分可信。可是我宁愿用"罪过"这两个字来译出这句话，因为这是音译而兼有意译。

"心焦"与"罪过"永远成为日语中最丑恶的语文。

集体屠杀

在抗战中有三张足以代表日军丑恶的记录照片。第一张是一位缠足村妇，奸后被杀，还在阴户中插了一根树枝；第二张是一位穿着老百姓衣服的男子被蒙着眼睛，跪在地上，等候日军来挥舞他的战刀；第三张是活埋陷区人民的情形。听说这三张照片曾用幻灯片在美国的各地上映过，在场的妇女观众睹之无不惊叫。

但是在我耳闻目睹的日军残暴行为却不仅于此，战争本是残酷的把戏，打红了眼睛的士兵因心理变态而发生一种虐待狂，所以强奸、抢掠和虐杀，中外古今皆有之，史有前例，倒也没啥稀奇！

其惨绝人寰的还在后头！

二个鬼子兵"心焦！心焦！"地将瞎子和尚的一百零八块银圆心焦去了，焉得不使守印师叔一夜的心焦？这是他毕生的积蓄，至少是他在战时仅有的财产。他和二空由鸡鸣寺驻锡到永清寺是在二三个月之前，不仅南京还没有笼城，即淞沪一带战场也还在胶着状态中。因为鸡鸣寺被征用为通信施设，所以他们寄居到永清寺的时候，可以说还算是平时，根本就没有警惕。为了连师兄弟守志和尚都不让他知道，因而一到南京笼城时，也不便再加以藏匿，以致遭受无妄的损失，还不如二空为我埋藏在花盆下的钞票来得幸运得多。

那一夜只听到守印师叔和二空的叹息、唏嘘，守志师父和施先生投以不屑的眼色，和老农那羡慕的神气。而我呢！也是一夜未眠，我当然不会幻想着敌军的慈祥，可是仅仅在这二十四小时之内，其虐杀，其抢劫，层出不穷的花样变幻，冷热不同的心理变态，以及小集团中各人对我看法的不一，都使我生出无限的恐惧。留之不安，渡江无路，家亡国破，真不知何以自处。

第二天一天都没有什么异状，敌军分批地巡逻，似乎成了例行的公事，而且间隔也略加延长，一批一批地过去，最多只是伸进脑袋来看看柴房，并没有进入来骚扰与查问。

在将近傍晚的时分，夕阳将沉，突然来了一批较多的徒手鬼子兵，没有携带武器，所持的都是斧与锯，在我们那六亩地的寺园里砍了许多石榴树枝，长约五六尺，前面留一个杈桠。

"这做什么用？"二空先发出疑问。

"大概又是要柴火。"施先生猜想着说。

"我们柴房里还有许多现成的，为什么不来拿？"守志师父不同意他的说法。

"我想是用来支撑什么帐篷似的东西。"我也自作聪明地在猜测。老农还是没有开口，而守印师叔只是默默地在听我们谈话。

可是并没有迹象使我们过分地忧虑。

"月明星稀，乌鹊南飞。"此非曹孟德（曹操，155—220年）之诗乎？南京陷敌是12月12日，大概正值农历十一月的月望前后，也正是月朗星稀之夕。

夜深矣！我们听到大批人马嘈乱的步调声，正沿着公路东下，猜想又是从上元门出来的部队正向沿山十二洞那路走去。也许是利用月夜换防，所以我们也没有太在意。同时既没有进出到永清寺的区域，仅不过是从旁边经过而已。

人声过去了，间隔着很长时间静寂，我们在稻草垫子上逐渐地入睡。

约在午夜清晨之间，突然重机枪声大作，距离大约在千公尺内外。

"你听！"我推推二空。

二空坐了起来，没有子弹掠空的哨吼，更没有飞向寺宇附近的声息。

"大概是夜间演习，空包。"这回是二空自作聪明地说着，他一骨碌又睡了下去。

"战时还演习？""空包？"我存疑着，但我却猜不出其所以然！

一夜就在这疑惧中度过。

偏不讲和

在永清寺下游一二公里的沿岸，有一个叫作"大湾子"的地方，这是一片很浅的沙滩，由于"二水中分白鹭洲"的缘故，长江流速都是在八卦洲的北面快，流经"中洲"南方的流速甚缓，形成了一片浅滩清潭。

当然是在那重机枪声后十多天，我们才发现的，鬼子兵在大湾子用机枪又虐杀了我们被俘虏的军兵二万多人。

之前我和老农送柴到上元门内去，供俘虏做炊事之用。当时我只顾忌

105

到自身的安危，从没有想到敌军对俘虏如何处理。即以被俘的官兵自己来想吧！既已被俘，放下武器，最多不过将遭受到虐待和强迫劳动而已，生命的保障或许已不成问题。

谁知，只度过了短短的二夜，就被驱逐到大湾子去做了集体的牺牲！

那天，那些徒手鬼子兵到永清寺附近，来砍石榴树所做的树杈子，原来是做来一批一批用以推尸体的工具。

据尔后非正式的统计，南京之役，我军牺牲了三十万人，其中大部都是被俘后而虐杀的。我亲眼所见的尸体便在二万具左右，也就是在大湾子的那一大堆。

后来我回到后方，与情报工作同志还再次做过追溯敌情判断。大家的结论是日方以为既已攻下了我们的首都，我们必会做城下之盟来讲和，为了削弱我们的人力与兵源，不惜违反人道和国际惯例来做一次集体的屠杀。

一直到翌年的1月中旬，日魁近卫文麿（1891—1945年）才发表不以国民政府为对手讲和的声明。其间约有一个月之久，日方是在做单相思的幻梦，以期待着城下之盟的构想。

"败也好，胜也好，就是不和他讲和。"这是蒋百里将军在抗战中的座右铭。百里先生当时任陆大校长。以空间换取时间乃是我们元戎的最高决策。

希特勒（Adolf Hitler，1889—1945年）集体屠杀犹太人，那虽是后于中日战争数年的事，可是"希魔"的屠杀却极尽其科学化之所能，其处理尸体早备有周密的计划，以免除事后的困难，而鬼子在南京大屠杀虽然也运用了重机枪，但那却等于是原始杀人的方式，尸积如山，以致数月后都无法处理。

鬼子兵之所以选择大湾子做屠场，或许是想用长江的流水将那批尸体得以顺流而下地冲去。可是冬季水枯的季节，正如东坡先生所说的"山高月小，水落石出"，兼之大湾子里根本没有流速，如何能将那么多具的尸体冲走？

其所以准备了树枝、木杈，也无非是想将尸体推到长江里去。日本人是惯于此技的，如"白河流尸"事件。这是早于"七七"事变前二年的事，在华北的日军在平津附近因为要做一些军事工程，既不能从日本国内运输人力来构筑，又生怕使用中国人而被泄露军事机密。所以绑了几百名中国民夫去做奴工，而事后完全加之屠杀以灭口。"可怜无定河边骨，犹是春闺梦里人！"无定河源出晋境桑干泉，经察省南折，抵河北，因忌其无定而更名"永定"，白河便是永定河的下游的汇合。

"白河流尸"仅仅不过是数百具，又值春水泛流的期间，所以一冲入海，处理就比较容易。可是在大湾子是二万多具，尽管是想尽方法用树杈推到江里去，但却无法使其畅流，以致使那么多尸体完全滞积在浅水和沙滩的旁边。

南京大屠杀，据非正式的史料说，总数在三十万人左右，这个统计虽未必十分正确，但以永清寺六亩之地而言，就有四十几具尸体。周围不过千公尺见方大湾子就屠杀了二万多人，则南京大屠杀的总数号称"三十万之众"，似乎也不为言之过甚！

1945年8月6日，那惊天动地的原子弹丢在广岛，其死伤的人数，据官方正式的统计，死者七万八千余人，负伤和行踪不明的五万一千人。合计也不过十三四万而已，还不到南京大屠杀的一半，日本军人在南京所做的残暴行为是制造了二颗原子弹的事件，等于广岛加上了长崎而有余。

原子弹是当年美国迅速结束战争不得已而使用的。当初的计划本预备投掷于东京、大阪、名古屋的一等城市，但为了人道，才选定次要之广岛和九州的小仓，而小仓的那一颗因为飞行的能见度太差又临时改投到长崎。二颗原子弹所给予日本人的死伤，总数也还不到三十万人。

以战败的国家为了原子弹而那样地叫唤，至今尚不许美国原子潜艇寄港，那么，我们对于南京大屠杀的事件又该如何地说法呢？以德报怨，未免太宽恕日本了，至今他们尚不领人情！

死尸臭票

尸体的处理是迁延到一二个月以后才实施，正式的日期，我已无从记忆。大屠杀的那一晚上是月夜，照阴、阳历的换算，应当是农历的十一月十五前后，那么，距农历新年约为一个半月。记得我遵照守志师父的吩咐，将于大年初一要向佛祖顶礼，所以在初一清晨，我一起来便先去打开庙门，一只时常来去于庙内的野狗突然出其不意地从我腋下钻了进来。我由于受到了一点惊恐而生气，便随手在那只狗头上甩了一巴掌，不意竟将狗嘴里所含的东西打了下来。低头一看，竟是一只干枯了的人肢，活像一只佛手。以我这个所经历的时间来推算，那么，全部尸体处理，至少是在农历新年以后。

记得是一个晌午的时分，由几个日本兵带来了一群中国人，他们来到庙里，要我们也派一二人共同去处理那被集体屠杀的尸体。这差事当然落在我和二空二人身上。

来人有一位是日本和尚，穿着与和服相似的道袍，头上戴着白色方巾，脚蹬白袜与草履，手持一件法器，很像中国僧侣所用的磬，而又像一个有柄的小锣。

从永清寺到大湾子约有一公里多的路程。那位日本和尚领先，敲着法器，口中念念有词，这自然是为超度亡魂而诵经，可没有理会我们这二个中国和尚，连先前进入庙门，也没有向菩萨顶礼，好像连在中国的释迦牟尼也不值得他膜拜似的。这是一位随军僧侣，早已受到日本人的感染，一副想要杀人的模样，可惜他手中持着佛教的法器，而不是一支来复枪。

在半路上，我们就闻到一股腐尸的味道，一群来人和日本兵都备有口罩，而我和二空连手帕都没有一块。

季节已进入严寒，而干燥得来没有雨雪，所以寺庙周边的尸体像是置放在大自然的冰箱中，当然不会腐烂。可是大湾子则不同，小部分是泡在江里，即使在沙滩上，也常为潮汐所侵蚀，所以已在逐渐地腐烂。永清寺相隔有千余公尺，地处于长江的上游，冬季的西北风是向东南吹送，一时倒没有闻到臭味，可是才走了一半路，那气味就触鼻不堪。

等到一走近大湾子，那就不仅是嗅觉所感应的了。最触目惊心的一大堆尸体拥集在一个小地区内。东倒西歪，俯仰不一，身上都还是穿着不全的军服，所以还看不见肉体的情况。可是从面部看去，大都是没有了鼻子，因为腐烂是从嘴唇和鼻子开始，一排门牙凸露在外头，已经形成了半骷髅的模样。

我不能想象屠杀当时的情况！纵然有再多机枪，在那样一个小地域里，总不能一口气就将二万人杀完。当然是分批实施，为什么没有丝毫的反抗、嘶叫，也许是被枪声所淹没，而我们在庙里不曾听见。

那一天只是由红卍字会做了一次视察，并研究葬埋的方法。真正付诸实施是以后一个月中连续不断的工作。我只去过这一次，尔后有事，我都要求二空一个人去，因为我这个假和尚在中国人眼里是很容易露马脚的，何况那一幅悲惨的景象，实使我不忍再次目睹。

可是却有许多在附近，劫后回来的老百姓愿意去帮忙，因为往往在死者的衣袋里会发现不义的财富，后来有一阵子南京流通着一些名之曰"臭票"，颜色淡一点，而带一股微薄的臭味，但却是真正由中央银行、中国银行、交通银行、中国农民银行所发行的，并不是伪钞，这都是从尸体中所发掘的货币，当然不限于大湾子二万具尸体的身上，因为南京之役有二三十万牺牲，其所搜出来的臭票的数目，想象中也煞是可观。

曲终人散

万秋和恨水（张恨水，1895—1967年）二先生以我为模特儿所写的《第二年代》与《大江东去》二本小说，都着重我在鸡鸣寺做和尚而忽略了永清寺。后来章孤桐（章士钊，1881—1973年）先生也送过我一首诗：

鸡鸣古寺问谁登？不识南朝有废兴！
却笑梁台饿天子，命输江右少年僧。

梁武帝饿死台城，我却因居台城而获救。造化弄人，每多乃尔，我倒不相信宿命论。

在我做和尚的事迹中，永清寺时代是占了极重要的关键。因为我投门圣间，在素无一面之缘的人群中插足，竟能因缘际会，得以化险为夷，这一切都是在永清寺中。

三位方外、二位居士，其所以许我容身，插足其间，与其归之于命运与因缘，毋宁说是同仇敌忾得更恰当。大家都是中国人，只要能唬得过鬼子，谁都甘心情愿相互协助，何况又是风雨同舟！

永清寺时代可以说是本篇空门行脚的最高潮，迄至大湾子收尸，则已届曲终人散，江上峰青的时候了。

经过了一段时期，连鬼子兵都懒得到永清寺来了，只是部队换防交代后，来做一次公事式的巡逻，这倒使我们落寞得来无法形容。

我除了伺候瞎子师叔的大、小便以外，所有庙中粗事都是我和那老农二个人做。施先生是老施主，和尚是佛门的主人，只有我和老农才真正是寄人篱下，所以有事也该我们二个做。而我则更甘心，永清寺对我，不能不说恩同再造。

闲来无事，便在太阳下捉虱子和念著作诗。只有一套在身的和尚内衣，有四十天之间没有擦过身，更谈不上洗澡，在腋窝下便生了虱子，捉虱吟诗，便是我消遣的方法。

可惜寺中无纸、笔，当时一点拙作的小诗都无法记留下来。现在只记得在上元节的八首诗中的第一首：

上元门外上元夕，人在浊流江上立；
岂愁人缺月常圆？只恨江山无半壁！

在一段时间以后，施先生常于傍晚的时间回到八卦洲去，他的女儿还是在白天躲在渔舟上，他有一个暗号，晚间则同渡回家，早出晚归，施先生白天反而到庙里！我想，那与其是逃避日军，毋宁说是逃避地方上的对他不利。

有一天的早晨，但不是拂晓，施先生还未来到庙里，我们听见江中有机动船声，接着又是一排轻机枪声，不知向什么地方扫射？在江阴，我军连唯一的一艘好军舰"海平号"都凿沉了，来做阻塞工作，所以有一段时期，日海军无法溯江而上〔当时在南京江面上的美国炮艇"潘南号"（Panay，或译帕奈号、奔尼号）是日机所轰炸的，并非受袭于日海军舰艇〕，到二个月以后，才来到下关。先前所听到的枪声是发之于极小的快艇，这种浅水轮连八卦洲南边浅水的一面，都可以通过。

我们因这件事很为施先生担心，更为他的小姐忧虑，虽然我并无意做他的赘婿。从那以后，施先生就没有再来到庙里，我们也没有去问过他的下落。

老农也在打主意，将他家的茅屋顶盖起来，可是守志师父却对他说："用不着盖了，你横竖是一个人，就在我这里住下去好了。二觉、你、我，我们三人过下去。"

守志师父留老农，等于用了一个长工，六亩地的石榴园本不是一个人可以照料。可是也拿我计算在内，真的希望我从此出家？守志师父出身行伍，也走过江湖，难道对我这件事看得那样地单纯？

无论如何，我总是感激他的。自从我称呼他为"师父"之后，谁都知道，这本是一种形式的，而他却真的将我收为徒弟，处处都维护我，几乎是无微不至。

人到底是人，尽管守志师父出了家，却希望有一个徒弟来承继他的衣钵，所以他拿我也打算在内。而对守印师叔和二空，他却口口声声常在说："他们总要回鸡鸣寺的，我也养不起那么多人。你可不用走，苦饭总有的吃。"

南京虽然沦陷了，抗日战争还在进行着，我当然不承认我是亡国之奴，可是我却不能不承认我等于是丧家之犬，而守志师父能给我这种温暖，这不仅是身体的收容，而且是心灵的依托，焉得不使我感激涕零！

纵使不谈国家、民族，可是佛学所谓贪、嗔、痴、爱，一个二十六七岁青年的我真能五蕴皆空吗？守志师父越是对我好，越令我心上发生矛盾。

鸡鸣寺

挑肥拣瘦

是不是南京和下关已组织了维持会，我无法知道。以日本过去的惯例，每侵略一个地方，必利用当地的傀儡或某种团体以统治其占领区。也不一定全是汉奸，像大湾子的收尸，红卍字会的工作便不失为善后的行动。

到1938年3月初，沦陷倏忽三月，地方上已略形稳定，而老百姓也逐渐地回家。

"我们也得回鸡鸣寺看看，在此地也不是长久之计。"有一天，二空和我闲聊着，他看见附近的居民都在设法盖他们那没有梁的茅草房子。

"进得城去吗？"我怀疑地问着他。

"据说可以出入，只不过城门口有鬼子兵，出、入都得向他行个礼。"

"不用什么通行证？你怎么知道？"

"用不着，我问过许多的老百姓。你敢和我进城去看看吗？"

"不行！我一离开庙子就不会像个和尚，尤其在中国人的眼里，一看就看得出来，你还是带老头儿去吧。"

二空不敢一个人进城，所以我建议他带老头儿同去，老头儿是我们对老农一向的称呼，因此也就忘了他的姓名。

在那一天的晚间，我们大家一同地商量着这件事。晚间这一段时间，据我们的经验，连鬼子的巡逻兵也不会再来，所以便可以说是我们自己的世界。

师叔和二空都迫切想回鸡鸣寺，出家人本谈不上有家，而庙宇也不是和尚的私产。可是和尚也是人，是人就未能免俗，所以守印师叔和二空就心心念念地不能忘怀鸡鸣寺。其次还有一个最大的原因，就是永清寺的储粮不多，守志师父一直在嘀咕着，总觉得吃饭的人太多，而米则一天一天地在减少。

"你可不要多心，"守志师父在背后向我打招呼："我省都得省下来给你吃，我是说他们为什么不回鸡鸣寺去！"

守志和守印是师兄弟，照理本应是患难相依，疾病相持。他们本也是如此的，远在南京沦陷前，守印和二空就避难到了永清寺，前后算算快半年了。可是一进到暂时性的苟安时期，守志师父就有点嫌食口太众，诚然所谓共安乐之不易，何况我们当时还谈不上安乐！

回鸡鸣寺之计既定，翌晨，二空就想偕着老农一同先进城去侦察一趟。在吃过早饭以后，我正在洗碗，二空走进厨房来约我到江边去谈谈。

最近我和二空时常到江边去散步和谈天，那是庙前临江的一片小竹林。三个月前，我换了僧衣，因为突闻敌机的声音，曾悄悄地独自一个人走进那竹林里去避空袭，还就地睡了一觉。后来我们将那警察的尸体移放过那竹林里面，有一段时间，谁都不愿意再去。自从红卍字会来收尸之后，才成了我和二空清谈的小天地。

"我和师父若是回鸡鸣寺去，你得和我们同去。"二空拉着我到竹林里来，主要的就为着谈这件事。昨夜大家一同研究的时候，二位大师都避免提到我，倒也不是将我排除于他们二个集团之外，毋宁说是都有意在争取，因此我倒不必顾虑无家可归，反而觉得是左右为难。所以二空约我到竹林里来谈，开门见山提出这个问题，我却不便做肯定的答复。

"你觉得鸡鸣寺一定回得去吗？三个月的征用，三个月的真空，不知变成什么样子了，你去看了以后再说吧！"我避重就轻地回答着二空。

"不能回去当然不谈，相反的呢！师父已经离不开你，那么大一个庙子，加上一个瞎子师父，我一个人还管得了？"

"总之还是去看看后再说，我和你都是年轻的一辈，这件事最好由二位师父去决定。你知道我的立场，你们既救了我的命，总不能叫你们为我而增加麻烦。"

"这就是师父的意思，你既然算是守志师叔的徒弟，他便不好意思开口，只有由你自己拿出主张来。"

"啊呀！师兄！我们两个处得不错，我才敢说句话。你们不赶我走，已经是天高地厚，难道我还敢挑肥拣瘦？"

六根不净

二空和老农一直到下午都还没有回来，我们留守的三个人很为他们担心。自从施先生一去不返，我们对于鬼子总不免提心吊胆，何况二万人的集体屠杀，六亩寺园中的四十六具遗尸，这些记忆犹新，焉得不使我们犹有余悸？

在做晚饭的时间，我在烧火，守志师父在做菜，这已经成了我们师徒二人的专职。本来有我和老农二人，连做菜这一点工作都不想劳动守志师父的，可是米得由他自己去量，还有，守志师父藏了一点猪油，有时还拿出一点腊肠和南京特产的香肚。这些东西到底密藏在什么地方，没有人知道，也许人们以为和尚吃素，不得不严守秘密，其实不然，和尚吃素仅是佛门的清规，事关人权，与法律并无抵触，守志师父对这一点并无顾忌，主要的倒是他不想公诸大家，只预备自己享受，有时倒暗暗地分一点给我，收藏在碗底，虽然大家是明眼相看，却谁也没有提出过异议。

那天，我在烧火，我故意地逗着守志师父说："师父！你那些腊味还藏了多少？"

"哼！吃尽、当光，干干净净，幸亏只有我们师徒二个人吃，才维持到现在，要是拿出给大家，早就吃光了。"

我们原有的六个人中，只有守印师叔是吃素的，收藏一点腊味，若供五个人吃几个月，就算开一个腊味店也不会够。

"那么米呢？"

"米，你不是看见的吗？到如今也只够十天半月的了。"

"那么，我们真得想想办法，不能就这样等着挨饿。"

"他们不是已经决定回城里去吗？你打算怎样？"

我还没有试探出他的口气，而他却直截了当地问着我，倒使我有些不好意思说。我只好反问他道："师父你看怎么办？我还不是听你的。"

"听我的？这要看你的决心。"

我索性站了起来，从灶口绕到了前面，面对面，比较更好说些。我一本正经地向他说："师父！你也是当过兵的人，守印师叔也是，你们当和尚都是临阵脱逃下来的吗？"

"临阵脱逃？我们从没有那样地做过。"他将锅铲一放，似乎有点激动，当过军人的人谁也不愿意背上"临阵脱逃"这四个字。

"那么，我也不能临阵脱逃吧？"

"你怎算临阵脱逃？是渡不过江去。"

"打败了仗，即使当俘虏也得设法逃回去，何况我还没有当俘虏，未必就这样地躲下去？"

"若是当俘虏！那你早在大湾子里了……"

"那倒是实话。"我抢着说，"这完全是你们救了我，怎叫我不感恩戴德！可是你们为什么要救我？我们是亲戚吗？是同乡、故旧吗？还不是为了国家，为了和日本人打仗。"

我特别提高嗓门接着说："师父！你现在虽然是出家人，可是你亲眼看见，二万个弟兄一夜就用机关枪扫光，这口气，你忍得下去吗？"

他听了我这句话，马上拿起锅铲将锅里的青菜急急忙忙地乱炒一阵，我发现他思想已进入到极端的矛盾，可是他却气吼吼地说了一句："那你是打算离开我了？"

"不！师父，这是一个原则的问题。我住在哪里都一样，最后的目标是归队、打仗，除非战争明天就结束了，那么，即使你不留我，我自己也得留在此地做和尚。"

"为什么？"他又停下来望着我。

"南京失守，并不能说我们一定就算被打败，真若明天就结束了战争，那就是证明我们失败了，我除了做和尚还有什么路可走？我当然不太知道，你们虽然没有详细地告诉过我，可是我在想，你和守印师叔从当兵到做和尚，其间的过程也不外乎是这些原因。"

"可是我舍不得你，舍不得像你这样有善根的徒弟！"

"师父！你只看到了正面，没有看到反面。你七十二，我才二十六，你未必想找一个徒弟像二空那样，每晚换着在家人的衣服去逛夫子庙。"

他突然提高了声音说："那你真是六根未净！"

鸡鸣寺行

我们的对话在无可奈何之中僵持着。我真没有意思要上鸡鸣寺去，在我本人来说，一动反不如一静。永清寺的环境我摸熟了，鬼子兵巡逻的时间，我已可以为他们画一张作息进度表，猜测得清清楚楚。一旦，我若跟二空他们上了鸡鸣寺，又得另打天下。万一出了岔子，岂不是弄巧成拙！

我所争执的是他们不应当长期地挽留我，救了我的命对我只能说是做了一半的好事，其次的一半是如何将我送出敌人的虎口。

守印师叔和二空是希望有一个伴侣和伺候瞎子老僧的侍役，这个倒好办，并不是非我不可。守志师父则是需要一位承继他衣钵的徒弟，在他的心目中似乎已非我莫属。所以难办的是我去留原则上的问题，至于是否上鸡鸣寺，倒根本不在话下。不过有一点是相同的，无论哪一方都完全出于好意，而救我的动机也是发之于同仇敌忾。

我和守志师父在灶下的僵局，卒被二空从城里回来的兴奋所打开。

尽管还相当的冷，可是二空和老农却跑得满头是汗。他一面拿下僧帽擦着光朗头，一面喘着气。

"哎！二空，你还理了发？"我看二空变了样子，反倒像个和尚。

二空没有搭理我的话，而兴奋地说："我们拿到了通行证，你们也得去拿，还得扎一针。"他又从和尚的大衣里取出一张三寸长方的纸条。

"给我看。"我一手就抢了过来。

原来是一张防疫注射证，写着"二空和尚"和地址"鸡鸣寺"的字样。

"针在哪里打的？"我问二空。

"一进城就有鬼子军医设置着桌子在那里打针。"

"上元门？"我想，距离那么近，何以我们连一点消息都不知道。

"不！中央门。回鸡鸣寺要从中央门进城。"

"这不过是一张防疫注射证，并不是什么通行证。"

"出、入城门都得看这个，而且还得向守门的鬼子脱帽行礼。"

"出、入城都得检查是为了防疫，并不是为通行。你若没有带这张证明，他们还可以替你打第二针，并不会不让你通行。"

"总之有了它，什么地方都可以去，等于通行证，你们都得打。"

我无意再和二空争执关于通行证与防疫证的区别，我们所急需明了的是鸡鸣寺的情况。

据二空的说法，鸡鸣寺完全没有遭受到破坏，连景阳楼上香客休憩所用桌椅、板凳都齐全，只是灰尘满屋，需人去打扫与整理。他已在另一所庙宇里约了二位和尚搬了进去，先打整一二天，我们就可迁入城内。

二空倒很有办事的能力，在这一天之中，他居然处理得井井有条，还理了发，吃了一顿很好的饭。

"只有小馆子开门，东西贵得不得了，倒是什么东西都有得吃。"二空馋了三个月，这回是打了一次牙祭。那位父兼师职的守印师叔从来也没有限制他吃素与吃荤。

在我们一同吃晚饭的时候，二空一直夸张着他那鸡鸣寺之行。二位老和尚都与鸡鸣寺有香火之缘，当然是知道得越详细越好，所以除了听取二空的报告外，根本没有想到商量新的问题。

我呢？对鸡鸣寺完全不清楚，在赴欧留学之前曾去游览过一二次，除此之外，只是从历史上知道梁武帝和后庭花曲的故事。我过去既与鸡鸣寺无渊源，所以无从插嘴，也不需要再发问。

我所关心的倒是我本身去留的问题，二空既又找了二个和尚住进鸡鸣寺去，那么人手也应当够了，似乎用不着我再回去。我可以在守志师父的庇护下再留住永清寺一段时间，然后设法渡江归队。

因此我倒安心地听他们谈话。

出水要钱

饭后，我拉了拉二空的袖子，示意他到竹林里去谈谈。时间应当是在花朝（阴历二月十二日或十五日）的前后，所以也有月光，不过为浮云所掩，显得格外的萧索与朦胧，所幸业已开春，寒风倒不十分的削面侵肤。

我们同伫立在江岸，遥望七里洲（与八卦洲相连的）上面也已有几家灯火在若隐若现地闪着。

"我已将花钵下面的钱取了出来。我说着，一面从衣襟里取出钞票，拿在手里，这是我在当天进城的时间里去取出来的。点点数目一共有一百七十五元，但我先自藏下了二十五块，我说："这里有一百五十元，我想做三等分，你五十，师父五十，我自己留五十。"

我又怕他觉得我自己留得太多，我这二三个月都是吃他们的，而且以后还不知道要吃到什么时候，虽然我也想尽快地渡江归队。因此我又补了一句话："我留的一点是预备渡江用的，你们回鸡鸣寺去，也要用一点钱。"

"用不着，师父还有一点钱。"二空干脆地拒绝我。

"那一百零八块不是被鬼子'心焦'去了吗？"

"那是现大洋，还有钞票，他缝在衣服里的。"

"还有很多？"我觉得做和尚也不太简单，各人有各人的秘密，他不说，我完全不知道。

"也没有多少，只二三百块。"

"肉烂在锅里，只要我们其中一个人有钱，都可以通用。"

本来生死都与共，钱还有什么不可以通用呢？大家都在落难中。

"哼！师父的钱才不会拿出来呢！那是他准备买棺材的。"

"和尚圆寂了不是要火化的吗？""圆寂"是方外人死去的术言。

"也怕有个病痛呀！"

"那，这五十块钱你留着，以备万一。"

"也好！"他一手接了过去，也没有争执多寡，他向衣襟里一塞，然后说："你不打算跟我们去？"

"我能自作主张吗？今天你不在的时候，我试探了师父一下，他还骂我六根未净呢！说我是落水要命，出水要钱！我怎么好再开口。"

"怎么是落水要命，出水要钱？"

"那还不简单，救了我的命，我想跑了。"

"命不是他救的，应当说是我师父救的。我师父当时想起了庚子往事，才答应收容你的，师叔那时还有些反对。"

"不过他总是这庙的住持，即使当时他没有点头，也是默认，我才有今天。"

"他要你做什么？"

"要我做什么？做徒弟！师叔有你，他却少一个徒弟。"

"他有过的，人家受不了，给他骂走了。"

"骂走了？"

"可不！那个和尚借着'朝山'的名义，宁可到别的庙子里去挂单。"

"也许师父的智慧很高，不能有一个笨的徒弟。"

"那个和尚也不笨，只是守志师父叔太独裁，像希特勒一样。"二空居然知道希特勒。

"他们都是军人出身，所以很有点军人气概。"

"这倒是实话，他的功名不如我的师父，而军人气概却比我师父重。他哪里是在修菩萨，他简直是在修阎王。"

我不愿意在背后说守志师父的坏话，于是我换了话题说："你甘心做和尚吗？你也只比我大几岁。"

"我甘心。"他答应得很干脆。

"为什么？"

"我没有读太多的书，还俗去，连做录事都没有人要，而现在我可以当鸡鸣寺的住持，在不打仗的时候，收入也很可观。只是不能讨一个老婆，可是那又有什么了不起，光棍儿更好办。"

"……"我不知道该如何地接腔。

"我看你是不甘心做和尚的，守志师父应当明了这一点。"

"你看，我是职业军人，总不忍看国家这样受鬼子的欺侮吧！"

"当然人要有血性，我来向师叔说，只有我不怕他。"

抬着守印

那天晚上，我们点着油灯，一同商量着如何回鸡鸣寺去。我当然不提我的话，只待二空和我二人能说服守志师父，让我能早点渡江归队。

"守印哪里走得动那远的路？现在也没有洋车。"守志师父在安排一切，他的个性是愿意大家都听他的。守印师叔和二空来永清寺的时候还没有进入战况，所以还有洋车可坐（洋车是三轮车的前身）。

"不走也得走，未必还抬了去？"二空顶着守志师父。

"我慢慢地试试看，你们扶着我。"守印师叔想自己来解决自己的问题。

"当然是抬了去。"守志师父没有理守印师叔的词儿。"要他走，还不是盘涅在路上，最后还是得抬。"

"哪里去找轿子？"我倒觉得稀奇了。

"轿子？还不就用那把破竹椅子。"

"没有杠子也能抬？"

"那还不是来现做。"

"谁抬？你也参加？"二空还是不放松。

"我抬？守印没那么大的命！你，老头，和二觉，换班抬。"

"有我？"我倒兴奋起来了。

"你不也要去拿通行证吗？"守志师父也将防疫证叫成通行证。"通行证越早拿到越好，越迟一定越麻烦。而且你一个人根本不能去领，出了庙子，你哪里还像个和尚？抬着守印，就是你的护身符。"师父斩钉截铁地侃侃而谈，使我佩服得五体投地。

"那也好，我抬师叔进城，领到了那张证，我再回来。"

"你回来做什么？就住在鸡鸣寺，鸡鸣寺是大庙，此地是土地堂。"

"师父！你不要误会，我并不在乎大庙和土地堂，我所想的是渡江归队，请你老人家不要生气。"

"你才不要误会呢！想归队，就得上鸡鸣寺去。"

"为什么？从此地过八卦洲，或从下关渡浦口，不都比城里近些。"

"八卦洲加上七里洲比南京城还要大，施施主和他的丑女儿大概已经被鬼子吃掉了，哪还有人送你过江？从下关渡浦口，一边是敌人，一边是我们，两军相对，谁先看见谁先打你，那也过得去的？"

"那么说起来，除了打完仗，我简直无法归队了！"

"那也不见得！鬼子占领了，未必还不许人走路。城里消息灵通，慢慢去想办法。此地是死地方，连领通行证，我们都不知道。"

"师父！我总觉得你是在对我说气话。"

"放心！我比你大了一倍还转弯，我还生你的气。你是富贵中人，二十年后，你可以当大将，我绝对留不住你的。"

"我并没有富贵之心，只是忍不了鬼子这口气。"

"忍不了这口气就是有七情六欲，也就是有富贵之心，连富贵之心都没有，你还能再去打仗？那真可以当和尚了，根本连城也不用进，通行证也不必去领。"

守志师父就是这样的一种性格，果断、勇敢、独裁，可是有正义感。我极心悦诚服我这位师父，而一生以有这样一位师父为光荣，可惜我终身无名利之心。

南京和尚

鸡笼山上鸡鸣寺，绀宇凌霄鸟道长，
古刹尚传齐武帝，风流空忆竟陵王！
北门柳色残秋雨，玄武湖波淡夕阳，
下界消沉红日尽，烟云十庙晚苍苍。

古今咏鸡鸣寺的诗很多，而我独善王渔洋（王士禛，1634—1711年）这首七律，前二句是写远看，中四句是纪史和写景，后二句是作访当时的速写，衬托出夕阳无限的景况。

鸡鸣寺有十五个世纪的历史，所以我们在"鸡鸣寺"上还加一个"古"字，名之曰"古鸡鸣寺"，以示其历史的悠久。我随守印师叔和二空师兄来到鸡鸣寺之后，曾撰过一篇《古鸡鸣寺小志》，其原文如下：

鸡鸣寺，古名"同泰寺"，建于梁武帝大通元年，迄今千四百有十二年头。武帝好佛，金陵当日寺刹林立，杜牧有句谓："南朝四百八十寺，多少楼台烟雨中？"殆非虚道！

武帝宫于台城，即寺之北隅，宫后尝设门以通，盖便于参诣。

大同十年，骤毁于回禄，方议重建，而侯景乱作，工未竣，武帝身舍矣！南唐易称"净居寺"，明洪武二十年始更名"鸡鸣寺"，土木大兴于敕建，香火更盛于一时。清季末叶，太平天国之役，又随浩劫而毁，乱定后虽获重兴，宏壮几不及昔之十一。世劫轮回，沧桑再变，而鸡鸣寺之昂然存焉，未始非佛日之辉所应也！

寺供观音大士，殿为北向，昔有联云："问大士何为倒坐？恨世人不肯回头！"普度众生，慈航永泛，惜凡夫迷离，遂不得彼岸同登耳。

山门石级，右有志公台，为武帝时宝志禅师施食处。寺位于鸡鸣寺山巅，筑景阳、豁蒙二楼以供朝山进香者之憩息，北眺玄武，东仰钟山，南瞰建康全城，历历如入方丈。风雨晦明，景色万态，西为北极阁，古之观象也。寺东有井名臙脂，乃景阳宫井，陈后主与张、孔二妃曾避难其间，《后庭花》曲犹存，臙脂水冷，凭吊者其亦伤兴亡之感乎？

上记是我在鸡鸣寺里做和尚时候的拙作，时间是1938年旧历三月，也就是南京陷敌的翌年春间。我当时在乱纸堆中找到了一张宣纸，就用寸楷写了一张横幅，上款是"写给二空师兄住持两教"，下面是题着："戊寅三月二觉敬撰并书"。这幅字一直存在寺里，直到八年抗战胜利重新寻获，现在还存之我的行箧中。

稽查史册，鸡鸣寺前身同泰寺是建于梁武帝大通元年。但是以我个人的推想，在同泰寺之前，或早已成为佛门的圣地，因此，王渔洋先生的诗才说："古刹尚传齐武帝，风流空忆竟陵王。""竟陵王"是梁武帝尚未称帝时候的封号，可见在梁武帝之前早已有庙，而他于登极之后又改建了而称之"同泰寺"。

在抗战前后，若是没有登临过鸡鸣寺的诸公现在看到以上史料，一定会感到鸡鸣寺是一所极大无比的丛林，其实不然，鸡鸣寺古则有之，大则未也。若以狭义来说，连"古"恐怕也靠不住。……太平天国之后，又随浩劫而毁，乱定后虽获重兴，宏壮不及昔之十一……可见得现存的鸡鸣寺都是在太平天国之役以后所建的。若以景阳、豁蒙二座楼来观察，可能是民初的产物，因为那二座木楼是不中不西，平凡得像一所茶馆，哪里能符合王渔洋诗中所称的"绀宇"那两个字？

现存的鸡鸣寺虽不说是小得可怜，可是格式完全脱离了中国大庙的形态，尽管也有雕梁画栋，其俗不可耐，大可与香港的虎豹花园相媲美，焉能和西湖的灵隐、普陀的法雨寺相提并论？

观音正殿北向，也许是为了可以一览玄武湖，完全是因地制宜。可是山门朝东，实在是不合庙宇的体制，是否与所谓风水有关，则不得而知。我当时还年轻，阅世不久，所以没有深刻的体会，也许由于当时战争的余悸，更无此闲情去仔细研究。

不管鸡鸣寺是如何的不登样，可是由于它历史的悠久，而且是久矣乎形成了游览的胜地，所以成了家喻户晓的名刹。

在半山中还遗留了许多旧宇的遗迹，虽然不能像罗马、希腊那种古代的石柱林立，但是在蔓草中遗留的石础，其大小与间隔都使我们可以想象得到当年的宏伟了。

为僧八月

我在南京一共为僧八个月，其中有五个多月是挂单在鸡鸣寺。鸡鸣寺，无可否认地，在我这一生的感情中，占了极其重要的地位。可是我对鸡鸣寺却嫌其不够一个庙宇的性格。若有人问到我，鸡鸣寺比上元门的永清寺怎样呢？这二座庙宇都是我出家的地方，我的回答是我更喜欢永清寺。

进门便是佛殿，右为柴仓，左为灶屋，殿后仅有的一间禅房却早为散兵所毁，虽然是败瓦颓垣，却隐现在六亩的石榴园中，不要说是一所庙宇，即使是一间茅屋村舍，也有超然出世之感，何况是庄严佛土，朴素得来，所谓"无我相，无人相，无众生相，无寿者相"，纵然不做和尚，但能居于其间，也可与世隔绝，回复到无怀、葛天之初民，一箪食，一瓢饮，人纵不堪其忧，而自己却可以不改其乐。

当初二空极力主张我去鸡鸣寺的时候，当然是为了守印师叔的需要，可是我自己的师父守志师父却十分地反对。在某一段时间，我还误会了守志师父是在吃醋，其后我才体会到他是要我永久出家，以承继他的衣钵。以《金刚经》经义来看人生，应当是"无我相，无人相，无众生相，无寿者相"。连我、人、众生诸相都没有，何必要有徒弟来承继衣钵呢？在佛学的精义上，这本是一种矛盾。可是守志师父毕竟还是一个人，以他的性格来看，与其说是一位和尚，不如说是一位隐侠，最多也只不过是像日本所谓的"虚无僧"，由武士而洗手不干的行脚者。所以当他发现我还有入世之念，他就毅然放手让我去鸡鸣寺。

"师父！你也去鸡鸣寺好不好？"在我们师徒二人单独做最后决断的时候，我这样地劝过守志师父，说："永清寺已是破箕烂筐，粮食也不够，何不一同到鸡鸣寺去住？"

"我才不去鸡鸣寺呢！"他一口就拒绝了。

"为什么？你不也住过鸡鸣寺吗？"

"是我一手交给二空的。"

"我常感觉到你对二空并不太喜欢……"

我还没有说完，他便抢白地说："那个不成器的东西。"

"既觉得他不成器，为什么要将鸡鸣寺交给他？"

"因为鸡鸣寺也不是一所成器的庙宇，所以我才交给一个不成器东西。"

我对二空的成不成器根本不感兴趣，因为我觉得他是被迫出家的，在和尚当中之不成器，倒是很自然的现象。至于说鸡鸣寺是一所不成器的庙宇，当时真使我闻之吓了一跳。所以我马上反问道："为什么鸡鸣寺是一所不成器的庙宇？"

"那是茶楼酒馆，哪里是一所庙宇！"

"茶楼酒馆？"我觉得守志师父越说越不成话了。

"阿弥陀佛！说是酒馆，未免过分！茶楼则当之无愧。"

"真的吗？"我还在怀疑。

"还会是假的！鸡鸣寺有二座楼，一座叫景阳楼，当然以陈后主的景阳而得名的，还有一座叫豁蒙楼……。"

守志说到此，打了一个盹，说不下去了，因为他根本说不出"豁蒙"这两个字的意义，但是他马上接着说："景阳楼和豁蒙楼都摆了许多的茶桌，人们哪里是来拜菩萨，还不是来看玄武湖的风景！"

守志师父说的完全是实话，我记得我第一次游鸡鸣寺大概是1932年底，我骑了一辆摩托车，后面还挂了一位小姐，那可不是我的女朋友，而是我的妹妹。戎装马靴，我偕着小妹妹，一脚跨进了鸡鸣寺，尽管我出身于佛教家庭，大概我连对观音大士都没顶礼，便跑到景阳楼去，所见到的是一班善男子、善女人们在那里嗑瓜子，品茶远眺，优哉游哉！

出浊世而不出红尘，这便是鸡鸣寺不成器的原因。在这里我也得学守志师父口吻，先宣念一句"阿弥陀佛"的佛号说："庙也何罪，只是守庙的一班和尚却靠这些来托钵化斋。"

"鸡鸣寺只有二个地方才是古迹。"守志师父曾这样地告诉我说："那便是胭脂井和台城。"

胭脂井坏

谁都知道梁武帝是饿死在台城，所以章孤桐先生送我的二句诗说："却笑台城饿天下，命输江右少年僧。"这意思是说，同样地是受敌人所围攻，而我的命却比梁武帝还来得大些。

十五世纪前的台城是否即今日之台城？沧海桑田，我始终有些怀疑，因为南京现有的城郭应当是建于明初，而又一度毁于曾九帅（曾国荃，1824—1890年）的九年围攻，恐怕古之所谓"台城"也并不一定是在现存的台城那个地方。

但是我却不敢妄加论断，因为在鸡鸣寺后，真有与全城无关的一段城郭，大家都叫它是"台城"。

至于说到寺东的胭脂井，我敢百分之百地武断说："那绝不是景阳宫井，更不是张、孔二嫔妃所避难的地方。"因为那口井既小得可怜，更浅得可以，何能容三个大人？

《南畿志》云："景阳井在台城，除后主与孔贵嫔、张丽华投其中，以避隋兵。旧传栏有石脉，以帛拭之，作胭脂痕，故名'胭脂井'。"

萨天锡（萨都剌，1300—1355年）的《满江红》词上说："玉树歌残秋露冷，胭脂井坏寒蛩泣……"那是金陵怀古，并不是一定指鸡鸣寺。所以王渔洋的诗只说："古刹尚传齐武帝，风流空忆竟陵王。"根本没有提到写后主的事。文人弄墨，果真胭脂井在鸡鸣寺的旁边，大诗人还会轻易地放过？

沧海尚且会变桑田，一千四五百年前的一口井真能存至今日，岂非怪事！最可笑的是，井旁居然题了"胭脂井"三个斗大的字，是我的同乡佛学大家欧阳竟吾（欧阳渐，1871—1943年）先生的手笔，竟吾先生在抗战初期尚未作古，当然是近人的墨瀚，文人的戏笔，或许是聊以解嘲而已。李义山（李商隐，约813—858年）的诗云："地下若逢陈后主，岂宜重问后庭花？"既然如此，那么将胭脂井放在鸡鸣寺的范围内也无所不可，能为和尚多讨一点儿斋饭，未始不是陈后主临死积德之处。

鸡鸣寺在景阳、豁蒙二楼开茶馆，本是广结香火之缘，固无可厚非。我对鸡鸣寺最难忍受的是因为鸡鸣寺题名为"鸡鸣禅寺"，这个"禅"字用得似乎不大适当。

佛学的基础有三个字，即戒、定、慧。"戒"是戒律，用以规范宗教的生活；"定"是定禅，用以稳固学佛思想；"慧"为知慧，是用以研究佛学的奥堂。

禅定的宗旨是"内观静虑"，谓之"禅定三昧"。远在佛教以前，古印度的波罗门教（Brahmanism）即以此意旨为实修，释迦牟尼也据此而悟道。但禅宗的宗派却始源于达摩祖师。达摩来自天竺，梁武帝请他到白下来讲经，问何为圣谛？祖师答以扩然无圣。武帝不懂，便没有再问下去，而达摩也就一苇渡江到嵩山少林寺去坐禅，这就是著名的所谓面壁九年。

学禅的和尚应当面壁九年，而鸡鸣寺的和尚却临楼卖茶，岂不大相径庭。

由一祖达摩传至六祖慧能（638—713年），这是南禅的正宗。六祖的偈语是："菩提本无树，明镜亦非台，本来无一物，何处染尘埃？"这便是"色即是空"的论证。

"鸡鸣寺到底是什么宗派？"有一天我和二空都坐在守印师叔的房里，

我直率地问二空师兄。

"净土！"他直截了当只说了这两个字。

"净土宗？净土宗是以念阿弥陀佛为原则（所谓'出口轻，入耳深'）。但是禅宗却说是：什么叫作阿弥陀佛？是以不空文字为标榜，以内观、静虑为真谛，岂可以念阿弥陀佛？"

我这一问，真问倒了二空，瞠目不知所对。

那时，瞎子守印师叔正盘腿坐在床上，突然念起《金刚经》上的偈语："一切有为法，如梦幻泡影，如露亦如电，应作如是观。"

据我对守印师叔的了解，他是八国联军时清兵的军官，升华后为江湖的大哥，卒为仇人所暗算，打瞎了眼睛，才洗手隐匿于寺宇之间，所以我从不与他谈佛学，虽尊之如长老，却没有把他看成僧侣。但是我和二空在理论上有所争执的时候，他用"一切有为法，如梦幻泡影，如露亦如电，应作如是观"的偈语来解决了我与二空之间的问题，我这才意识到他真正是一位和尚，同时也是一位好父亲，为儿子二空解了围。

鸡鸣寺的宗派不明，还有二个实例，在西边有武圣殿和送子娘娘的塑像。关公一生公忠体国，为我们军人的永式，是我毕生所景仰的。可是神与佛不同，尤其是那送子娘娘，真不知出源于何处，也供奉在佛殿旁边，我总觉得是不伦不类。

在观音殿的旁边塑有二十五尊诸天菩萨。据诸天的定义，佛经言欲界有六天，色界有十八天，无色界之四处有四天，其他尚有日天、月天、韦驮天，总共是三十一天诸天神。可是，一般庙宇都塑二十四尊诸天菩萨，中国最喜欢数字成双，所以庙宇里前有哼哈二将，中有四大金刚，旁边有十八罗汉，除了正中是西方三圣外，二旁总是成双的，以示均衡与对称。可是鸡鸣寺的诸天却是成单的二十五数，当然又惹起了我的疑问，不得不问道于瞎子师叔。

这回他却没有用经典的偈语或佛学的故事来答复我，而说道："那一尊多出来的诸天便是你的化身，这叫作因缘。"

鸡鸣寺里的诸天菩萨，有一尊是我钮先铭的化身？岂不使我闻之不寒而栗，受宠若惊。所以十年后，我在三十六岁的自寿诗上曾写着：

妄说诸天现是身，修罗饿鬼证前因，

谁谈明镜尘埃满，只剩征衫血泪频，

未免有情难遣此，本来无怨岂尤人！

行年卅六虽非晚，惟恨迷离已失真。

我自从走出鸡鸣寺之后，一直都在下三道里徘徊，直等于是修罗、饿鬼，仅未当到畜生道而已，哪里能谈得到上比诸天？正如我所撰的《古鸡鸣寺小志》里说的一样："普度众生，慈航永泛，惜凡夫迷雕，遂不得彼岸同登耳。"

这首自寿诗，我用行书写了一张小条幅，一直挂在我书斋里。1948年初，章孤桐先生来台过访，看见了这幅字，便随手取下来在空白间题了一首诗。

最小偏怜自谢公，周郎亚婿更英雄，

通家双方平添我，祭日双修各告翁，

天设困衡元有意，人规战伐尽先殂，

决辰屐齿诗无数，为尔留题意态融。

孤桐先生与先君及先岳均为刎颈之交，所以这首诗可以说是文情并茂！

那座死城

我在鸡鸣寺做和尚一共约半年之久。我出家为期共八个月，从1937年12月13日南京沦陷之日起，迄1938年8月11日止，"八一三"周年纪念的前二天才到上海。在这八个月之中，前二个月是在上元门的永清寺。于鸡鸣寺期间，我真正出过庙门的只有二次，一次是南京城内打防疫针，这不得不到临时的卫生处去；另一次便是离寺去沪，逃出陷区。因为我本是一个假和尚，虽然有一袭僧衣来掩护，可是年龄才二十七，正当壮年，又是当兵的出身，怎样地装腔作势，也去不了那赳赳武夫的模样。在郊外的永清寺也一样，有一个庙宇，庙宇里当然一定有和尚，故不易给人看出破绽来，一旦没有菩萨的掩护，那么，我这个假和尚，一眼就可能被人看穿了。所以我拿定宗旨，不到万不得已，我决不出鸡鸣寺的庙门。和尚虽假，而菩萨却是真的。

我虽然没有出过庙门，可是鸡鸣寺原是建筑在鸡笼山上，古云："欲穷千里目，更上一层楼。"鸡笼山虽仅是一座小丘，但比一层楼总高些，当然可以俯览南京全城，所以我撰的《古鸡鸣寺小志》里这样地写着："北眺玄武，东仰钟山，南瞰建康全城，历历如入方丈。"这并不是咬文嚼字，凭空在写文章，而是身临其境，句句都是写实。

可是我所写的还不免有些囫囵吞枣，根本没有写出动态来。我为什么不写动态呢？这里又有一段悲愤的回忆，在南京沦陷之后，有一段时间简直等于是死城，根本没有活态可述。我忘记了我到底是哪一天到鸡鸣寺，可是我留存着一个印象，大概是在阴历的二月十九日的前几天，系照佛教的俗习，二月十九、六月十九和九月十九是观音菩萨的生日。我用"俗习"两个字说明，也许不敬，可是，上述的三个十九日若说是观音菩萨的道场固无不可；若说是生日，真是荒谬绝伦。《心经》的首句是"观自在菩萨"，"观音"是"观自在"的缩写。《清华经》上说："苦恼众生，一心称名，菩萨实时观其音声，皆得解逃，以是名'观世音'。"《法藏疏》上也说："于是理无碍之境，解达自在，故立此名，又观机往救，自在无阁，故以为名，前释为智，后释为悲。"

说实在话，观世音菩萨根本是一座心佛，你一看就在你的面前，你一想就在你的心里。既然是一座心佛，何来有三个生日？岂不怪哉！

我们回到鸡鸣寺不几天，正恭逢着二月十九日，在鸡鸣寺来说，是应当有一次盛大的道场，可是当时除了我们几个和尚以外，并无任何的香客来临，其寂寥的情形并不亚于永清寺。可是再过了四个月，到阴历六月十九日，居然来了许多居士进香，我们才意识到南京城开始在苏醒，算是有了点活气，在那以前，处于敌骑之下，南京等于是一座死城，因此我根本无法写出南京的动态。

阎应元有二句诗云："露齿白骨满疆场，万死孤忠未肯降。"前句是战败的惨痛，后句是写意志坚强，尽管是在敌军的铁蹄下，也许是已经失去了抵抗的能力，可是士可杀而不可辱，以沉默无言来做抗议，决不与敌人合作，这便是沦陷后南京城内所遗留下的人民的心情。

我因为没有出过鸡鸣寺，所遥望的孤城是那样凄寂，所以我对鸡鸣寺以外的情况，可说是毫无所知。距离鸡鸣寺最近的房屋恐怕要算考试院了，据二空告诉我，考试院与鸡鸣寺却有一段姻缘。

国府奠都南京后，各部、院、会都大兴土木，其中如铁道部、交通部都是琼楼玉宇、雕梁画栋的大厦，当时的考试院长戴季陶（1891—1949年）先生为了寻求考试院适当的院址，曾多方地勘察，因为所看过的地点甚多，各具优劣，所以反而无从做取舍。有一天，戴先生到鸡鸣寺游览，或许是来进香，因戴先生是一位极其虔诚的佛教徒。他老人家刚一爬上山坡，正要走进鸡鸣寺的山门，一眼就看到山门上所树立的一座魁星点斗的塑像。戴先生灵机一动，朝着那魁星所持的铁笔望去，便决定以那笔所指的一片田园来做了考试院的院址。

"魁星点斗"本是世俗所传的民间故事，也是金榜题名的吉庆语，戴先生因缘际会，据此而取决了考试院的地址，倒成了一席佳话，使得鸡鸣寺与考试院相映增辉。

这段故事颇使我也为之向往不已，所以我在鸡鸣寺的期间，几乎每天我都要到那山门去望望那座魁星。有一天，我正在寺前漫步，远远走来了一个日本兵，手里携着一架照相机，正寻找各风景在拍照，我向他指指那魁星的塑像，他就"咔嚓"照了一张。在我随二空等回居鸡鸣寺之后，日本军人来游，几乎是每日的常事！过了几天，那个不知姓名的日本兵居然又重来鸡鸣寺，将他所照相片印了一套给我，内中就有一张是那魁星的照片。

我因为对戴先生与那魁星的因缘故事，一直都非常地向往，所以后来我离开鸡鸣寺的时候，在携出极少的对象中，还带着那张照片，几经转战，竟保存了七八年之久，一直到抗战胜利。

胜利之日

1945年9月8日，受降的前一天，我随侍何公应钦上将乘坐"美龄号"、飞到南京，那是一架DC-4的座机，当时是最优良而且是最豪华的飞行工具，可是自芷江飞南京却费了四小时的时间。因为我主管的就是受降幕僚作业，所以在那飞行时的四小时之中，何公上将一一指示我下机后应办的事情，其中包括着要向敌将冈村宁次（1884—1966年）大将去下达的一道命令。

"你下机后，就将这道指令送给冈村去。"

"是！报告兼总司令。"何公当时是以参谋总长而兼任中国战区的陆军总司令官，所以我们都称他为"兼总司令"。我接着说：

"部下有点小要求，希望兼总司令能给予批准。"

"什么事？你说说看。"

"我下机后，我想先去一趟鸡鸣寺，然后再去送达冈村的命令。"

"为什么要那样地急去鸡鸣寺？"何公上将笑着问我。他当然对于我在鸡鸣寺落发为僧的经过知道得很清楚，可是却不知我为何一下飞机就得先去鸡鸣寺不可？

"报告兼总司令，在七年前，民国二十七年八月十日的下午，我离开鸡鸣寺的瞬间，我曾向菩萨顶礼许愿，说我一旦胜利回京，一定先回到鸡鸣寺，所以我请求兼总司令能让我了这份心愿。"

何敬公并不是佛教徒，然对我那"万死孤忠未肯降"的故事却非常欣赏，所以上将一口就批准了我的请求。因为所需要的时间有限，并不会耽误公事。

我一飞到南京，便一直奔到鸡鸣寺的山门，9月8日下午3时左右，南京那样热的天气，却令我是一身的冷汗，因为那魁星不见了，真使我无限地失望。我为了对这件故事印象太深，所以后来我出资又重塑了一座魁星点斗的塑像于鸡鸣寺的山门头上，其形态就是依据七年前日兵所照的那张相片。这才使魁星点斗重新再指向着考试院。此举颇为戴季陶先生所嘉许，而我也认为是毕生的光荣。

但我和戴公的因缘故事并不止此。

我们自上元门回到鸡鸣寺不久，日军开来了一些部队进到考试院，兵临山下，当然令我们感觉到非常的麻烦。可是我们并不太恐惧，因为日官兵来游寺，日必数起，最多的时候可能过百，那与在永清寺的情形迥然不同，鸡鸣寺的佛像都完美、齐整，即使是凶神恶煞的敌军，一进入到庄严佛土，似乎也不敢妄为，有的甚至于还合十顶礼，所以我们已经司空见惯，不再那样怕鬼子兵。

我与二空约好，凡是鬼子兵来寺，无论是游览，抑或是拜佛，都由我出面来接待。我当然从没有说过一句日本话，可是鬼子兵说什么我都懂，自然比较易于应付。

中国有句俗话说："横心进衙门，直心进庙门。"鬼子一进庙门，倒也老老实实，不像沦陷初期在永清寺那样地凶神恶煞，所以我倒也应付得自如。有一天，从考试院来二个日兵，既不是来观光，也不是来参禅，而是要来拉夫，要和尚去帮点忙，搬点东西。

起初连我这懂日语的和尚都被吓唬住了。在永清寺，我们有过这经验，我和老农为鬼子兵抬过柴，虽然并没有遭受任何虐待，可是后一二天便来了一次大湾子的大屠杀，这次莫非又是历史重演？使我们余悸犹存。可是奇怪的是，并不要和尚"心焦"些什么东西抬送到日军去，而是要和尚去抬东西到寺里来，实际上是要"心焦"些什么东西给我们。

我和鬼子兵假装用笔谈，才弄清楚，原来是考试院里藏了许多的佛经，要我们抬到庙里来保存。盗亦有道，这倒是出于我们意料之外。

"师兄！不要怕，你跟他们去，我是不出庙门的。"因为我曾和二空约法三章，凡出庙门的事都归他去办。

那时候，鸡鸣寺里除了守印师叔、二空师兄及我以外，二空还在山下别的庙子里找来了二位真和尚，一位法号是道原，另一位是弘道。因为鸡鸣寺比较大，瞎子师叔既不管事，守志师父又不肯来，光是我和二空，实在照应不过来，所以二空才去找了二位同道，而道原、弘道二位大师也乐意来此挂单，因为山下的庙宇反而不如鸡鸣寺来得安全。

二空带着另外二个和尚，以及前来的日本兵，经过了三天的时间，往返了十几次，才将考试院的藏经都搬到了鸡鸣寺来。搬来的是以日本印的"大藏经"为主，但经我整理之后，发觉业已残缺不全，因为是日本印的"大藏经"，所以日军要我们搬到寺里来保存。此外，还夹杂其他的中文书籍，经、史、子、集，各种的书籍都有一点，而以诗词最多，像《宋六十一家词选》《明词综》《清词选》，都完整无缺。

我以留下来照顾瞎子师叔为理由，虽然我自己从没有去搬过那些书，可是却鼓励二空和另外二位和尚能尽量地将那些书籍搬到寺里来。经典固为和尚所珍视，二空虽俗，但对书籍却也特别地爱好，所以他们虽然出了几身大汗，然却乐而为之。

那些书此后都成为我最好的读物，我对于佛经多少有些知识，都是在那鸡鸣寺中所得以进修。自从一出庙门，我连想看的一本《释迦牟尼传》都只拜读了一半，世俗所羁，心为形役，我自也觉得惭愧万千。

那些经典和善本书，无疑都是戴公季陶的藏书。除书籍以外，还有多书法用的纸张，其中有些还贴了小红纸条子，写着"敬求墨宝赐呼某某"等字样。最值得珍视的是戴公自己用的，刻有"孝园书翰"的格子小楷用纸，我曾借用它恭录过几部经。

大江东去

后来在重庆，张恨水为我写了本《大江东去》，崔万秋学长为我写了一本《第二年代》，关于我的故事当然就不胫而走，不知何以传到了戴季陶先生的耳里，他派了一位姓张的简任秘书来访问我，要想看我用"孝园书翰"所恭录的经。

我也曾将在鸡鸣寺所写的经带出了一部，可是到沪后就放在上海的家里，那时上海尚有租界，日军还有所愿忌，当时觉得不安全，所以就没有随带着去武汉。

戴先生虽然没有能看到我用"孝园书翰"所写的经，但我们却认了一门亲戚，因为戴夫人姓钮，当然是我们钮氏的宗亲，我们虽无从叙谱，但以年龄计，我就称戴夫人为姑妈。这一门宗亲一直都有来往，我与戴先生的哲嗣戴安国还是以表兄弟相称。

我与戴夫人是否真正是同一宗族，已无从稽考，但姓钮的实在太少，相遇时总比较亲切些。我与戴公的叙亲，还有一个缘故，因为当年的考试院副院长为钮永建（1870—1965年，湖北武备学堂）先生，而在考试院所遗留的书籍中，除佛教经典外，据戴先生告诉我，几乎都是季老和惕老所共享，并不是戴先生一个人的藏书。因为惕老是江阴钮家，而戴夫人是湖州，虽然有江、浙二省籍的不同，但二地相却很近，所以夫人与惕老叙过谱，认为是同一个支系。

我家与惕老也有过一段渊源，1919年、1920年，先父息影沪滨，居处与惕老相邻，由于大家都姓钮，而钮氏又是一个少姓，所以也认过这一门宗亲。先君从惕老府上取来了一套绍兴的家谱，这本家谱叙述了我们姓钮的家族的来源。可惜我当时才八九岁，对文字的了解力不够，所以我只记忆着一个梗概，但我的印象却非常的深，迄今感觉的是我钮氏姓光荣。

据家谱上所叙，钮氏是成吉思汗（1162—1227年）的后裔，随元世祖忽必烈（1215—1294年）到中原，我们有一位祖先是将军，驻节于浙江的绍兴，因和一位汉族的女子恋爱，便回到燕京去请示世祖，希望忽必烈能批准这一门子婚姻。蒙古当时是征服者，对汉族是相当藐视，所以当时在蒙古族里定了一条法律，凡与汉族通婚者，即降为汉人。尤其我的那位祖先是一位贵族，身为将军，焉可冒大不韪而与汉族联婚？可是他却情之所钟，宁可牺牲他的爵位而完成他的爱情。

"你知道我们蒙古的法律吗？"当我的那位祖先晋见世祖，说明来由之后，忽必烈这样地问着，到底我的祖先和世祖是叔侄，抑或是弟兄，我连名字都不记得，迄今已无从再稽考。

"我知道，要降为汉人。"

"你不觉得是一种耻辱？"

"不！我爱她。"

"好吧！你既知道，那么，你就去结婚。"

因为双方所说的话都抵住了墙，元世祖纵使感到不快，也只好免予批准了。

蒙古人向是有名无姓的，像我的始祖铁木真、忽必烈，到底姓什么，似乎历史上都没有记载，因此我那位祖先便更进一步请示世祖，要求世祖赐他一个姓。世祖便指指他的玉玺上的老虎说："你就姓这个吧！"

《汉旧仪》上说："皇帝六玺，皆白玉螭虎钮。"因此这位祖先和汉人结了之后便姓钮，否则我们也许就要姓虎。

钮姓的渊源倒不始之于我那位蒙古祖先。东晋有钮滔，隋有钮回，钮姓原是中原的旧族，因为我的祖先总不能姓虎，所以只好寻找一个旧有姓氏来袭用，这就是蒙古系钮姓的来源。

我写这一段记载，也许会有人讥笑我是攀龙附凤，自己向脸上贴金。但我的自豪并不在于我是成吉思汗的后裔，因为中华民族原是来自于蒙古，大家都是蒙古族的后裔，本无所谓珍奇，何况我自日本士官毕业之后，在留学巴黎之前，我一直在绥远和张北一带的军中服务，我接触过蒙古王公甚多，其文化水平和生活方式并不如我们汉人，可以说我对我们蒙古贵族根本不怀着任何的憧憬。

可是我所欣赏的倒是我那位祖先的风流，其不爱江山爱美人之心，大可与温莎公爵相媲美，也是开五族共和的先河，这益发是值得我们钮家自豪的。

由鸡鸣寺而考试院，由院长而扯到了钮氏家门，文章似乎是出了题，可是我与我那位认亲的姑父戴公季陶先生的因缘还不止此。

未能免俗

我本不想到鸡鸣寺去，这句话的意义并不是说我喜欢永清寺，而是说我最终的目的是逃出陷区，既然都是暂时性的，则一动不如一静。理由也很简单，永清寺搜查和大湾子的屠杀，风险都已经过去，在我离开永清寺的当时，已再没有鬼子兵来骚扰。我所处环境已十分的熟悉，当然比较容易应付。鸡鸣寺在我是一所陌生的地方，城里不比乡间僻静，预料驻防的日军更多，我又何必进城去自投罗网？还有一个很大的原因是我的师父守志大和尚有一股子江湖大哥的气息，要么不和你交朋友，一旦真交上了，那么，哪怕是三刀六眼，白的进，红的出，都不在乎。二空却不够此格，年纪轻，没有担当，在没事的话，他当然也很够友善，一旦出了问题，他到底有多硬的肩膀，我实在是有些担心。而守印师叔呢！一个瞎子，又弱不禁风，尽管心肠不逊于守志师父，可是任何事，他都无法担负起来，连他自己的亲生儿子而又兼徒弟的二空，他都左右不了，遑论其他？

我实在不愿意换一所新环境，一个假和尚，万一弄巧成拙，岂非前功尽弃。但我非去鸡鸣寺不可的理由，第一是守印师叔非常地需要我。我到永清寺去本是一位不速之客。在那露骨白骨满疆场的时候，原是不受欢迎的人。可是我狼狈地逃入寺中，要求二空予以收容，二空请于守印师叔，马上就获得了允诺。这个决定为时没有超过五分钟。说起来，二空和守印师叔未免有些过分的草率。敌军兵临城下，庙里的神龛都被阿兵哥拆散了去当渡江工具，大殿上东倒西歪的一大堆散兵，唯一保持着佛门圣地的就算是那一间柴房，岂容兵大爷再行侵入？然而收容我竟是一诺千金，焉能不说是一个奇迹！在佛学上来说谓之因缘，可是在我看来，完全是基于儒学的忠孝仁爱。大家都是军人出身，所谓同泽、战友的精神有一股生死与共的潜意识存在。哪怕他们已经是方外人，可是同仇敌忾，则此心不泯。论到中国佛教的宗派本不太显著，中国的佛学思想每每掺拌了儒学的理论。俗语常说"未能免俗"，这个"俗"字，其意义本有正有反，有广有狭，可是无论如何地解释，在佛学上对于这个"俗"字，总应当是否定的。一个和尚居然未能免"俗"，极端走向人情味的途径去，在和尚自己，只有用"因缘"两个字来解释了，在我这个假和尚来看，完全是出于中国儒学思想。

关于我在永清寺由不速之客而变成重要的一员，这是我个人创造的成果。原因有二，一是我能对付鬼子兵，二是我能伺候守印师叔。也因为以上两个理由，二空才拼命地争取我去鸡鸣寺。

尽管守志师父不齿鸡鸣寺的风格，不喜欢二空这位承继衣钵的人，可是鸡鸣寺毕竟是他们传统的本山，当然不肯轻易放弃，所以他也怂恿我前去。同时他认清了我不肯放下屠刀，与世隔绝，那么想出陷区，也只有先进城去。

进城的部署却是煞费周章，在这一点上，倒颇能显出二空的能耐，也很表现他的机警。他先率同老农做了一次侦察，马上在鸡笼山下丹凤街的某寺院中（我已忘了这所寺宇的名称）找了二位和尚道原和弘道一同去清扫。他所推测，认为守志师父决不让我进城，也怕我根本没有胆量穿过这道日军的防线，所以他就准备了二名预备队，以壮其阵容。丹凤街的某寺院与永清寺地位相等，同为鸡鸣寺的下院，所以这二个小庙都仰止鸡鸣寺为本山。

"本山"是日本佛教中的术语，我还不知道在中国的佛教中到底怎样地称呼为适当。例如说日本奈良的东大寺是华岩严宗的本山，高野山的金刚峯寺是密宗的本山，中国佛教的宗派向来不太分明，所以不大用"本山"这两个字，而以"上院""下院"这个名称来区分庙宇的等级与统系。

二空万没有想到守志师父竟能一诺千金，居然放手我同去鸡鸣寺！这当然是出于他的望外，为了我肯一同回鸡鸣寺，那么，进城的那一关则又不得不大费周章了。

守印师叔既是瞎子，又是年近七十的高龄，当然无法步行。所以我们就用旧藤椅扎了一顶临时的轿子，由我和二空、老农三个人轮流地抬着。

我们是由中央门进城的，二空之所以不选定上元门的原因是因为中央门是出入南京城的要道，来往的老百姓很多，虽然同样有日军驻守在城门口检查，但因为出入的人们比较多，反而容易混得过去。

果然不出二空所料，驻守城门的鬼子兵只注意到瞎子和尚，以及那顶轿子，对于我便轻易地放了过去。可是我却出了一身的冷汗，简直是等于伍子胥（前559—前484年）过昭关模样。

古鸡鸣寺

鸡鸣寺在南京防卫战中是被征用为军用通信中心，但不仅在战火中毫无所损，即我军撤退，也仅仅搬走了通信器材，并未加以破坏，所以鸡鸣寺是全然保持着它的完整，一经我们四个年轻的和尚加以清理，马上就恢复了旧观，可以说是一无所缺。

据二空告诉我，只是缺少了些名人所赠的字画。其中有一付是陈霭士（陈其采，1880—1954年）先生所亲书的对联，他还记得他所写的对联是：

风景不殊人已往，江山无恙我重来。

霭士先生为中国留日士官的第1期学生，所以我们士官同学会都拥之为会长，在抗战期的重庆，我常常请教于这个前辈，也将鸡鸣寺这副对联的事求证于他，当时他曾豪语地对我说："打回南京去，我一定照样地再写一副送到鸡鸣寺去。"

以那副对文来看，"风景不殊人已往，江山无恙我重来"！也早有打回南京的预兆，可惜收京不久，我便被调到北平的军事调处执行部去服务，没有人去催陈先生重写，所以这副对联的事一直成了悬案！

我们回鸡鸣寺不到二天便有朝山进香的人，可是并不是中国人，而仍是鬼子兵，日本是一个偏重于佛教的国家，所以到鸡鸣寺的日军倒没有在永清寺那样横强霸道。大都是来向佛祖顶礼，以祈求保佑不要战死。

日本军人被召出征的时候，亲友常常共同赠送一面签名的日章旗，有时还写着"武运长久"等字样，这是含带着祝福的意味。所以这面旗常为日本出征军人所珍视，视为一种护身符的象征。

他们一到鸡鸣寺来，很多鬼子兵却打开这种旗子，要求和尚在上面加写几个字，或者是盖一枚鸡鸣寺的印信。可是因为我们根本没有鸡鸣寺的图章，所以常使他们失望。

我们并无意胁肩谄笑来向日本兵拍马，可是为了减少我们应付上的麻烦，我觉得这枚鸡鸣寺的印信实在有其必要。

"为什么我们连一枚印保都没有？"我问道二空。

"寺庙也不是衙门，未必还要有关防？"二空顶了我一句。

其实海内的大庙宇也都是有它的印保，大概是被二空搞丢了，所以他不服气地顶了我一句，因为他是鸡鸣寺的住持，住持便是方丈，等于官厅的首长，哪能印信都丢了去？

"你去找一块印石来，我来刻一个。"

"你也会刻图章？"二空问我。

"我看到书架上有一本《六书通》，那是中国文字变迁的一本说文，只要再有一块印石和一把修脚刀，我便能试试看。"

在西式的修指工具尚未发达之前，修脚刀几乎是民间日用品必备之物，所以寺里也不例外，现在所缺乏的倒是一块印石，不知到哪里去找？

真是无巧不成书，居然在乱物堆中，让我找到了一盒印石。

普陀山前寺（似名"法雨寺"）的前面有一条小街，排列着栉比相邻的小商店，专卖佛珠和纪念品，在台湾则名之为土产店，这是袭用日文的"御土产"而来的。在那些土产店里，最多是青田石的雕刻物，例如石头的小猴子和一盒一盒的印石。青田距普陀甚迩，所以普陀山成了销售青田石的市场。

所谓"一盒一盒的印石"是用一个二三寸见方的石雕盒子，里面装大小不同由几块而拼成见方的一盒印石。我在鸡鸣寺乱物堆中找到的就是装这种印石的石盒子，盒子的盖和内部的印石都不知去向，只剩了一个石盒子的盒底。就是这个石盒子的盒底却派上了我的用场。

我平生好墨，但是，对金石却完全是外行，"古鸡鸣寺"这颗石印是我平生所刻的第一颗图章。一个石盒底、一把修脚刀、一套《六书通》，我便完成了这颗印。因为我对于金石素无研究，尽管有一本《六书通》可以依葫芦画样，可是书法和排列都不成章法。尤其是一个石盒的盒底，每次取出来盖印的时候，我都觉得为之汗颜。尽管对手都是我们的敌人——鬼子官兵，可是从鸡鸣寺的立场来讲，以石盒底作印，未免有失尊严！所以后来二空到考试院去搬大藏经的时候，一并将"孝园书翰"和其他的书画用纸及笔、墨、图章一网打尽地都搬到了庙里来。

我为鸡鸣寺刻的第二印印文是"金陵敕建古鸡鸣寺印"。比较第一枚，我自问是刻得进步多了，当然我是将自己比自己，若谈到金石，仍不足以登大雅之堂。我一共为鸡鸣寺刻过三枚印，第三枚是用钟鼎文刻的阴文。

因为在考试院里取来了很多的石章，所以有一段时间，石刻就变成我在鸡鸣寺中的消遣与嗜好。那些石章是否都是田黄，我当时没有金石的辨别力，而且当时我与戴、钮二公都无渊源，所以我都没有注意到印文究竟是刻的谁的名字，只是磨去原文便另派用场而已。就这一点，迄今我对那二位长亲都还表示无限的歉疚！

关于刻图章，我还有一段插曲，某天有一位日军的尉级军官来到庙里，看见我正在刻石章，便给了我十元日币，要我为他刻一个图章。我们用笔谈了很久（因为我不肯说日本话），他说明要我刻"中井石松"四个字。关于字体，我曾将《六书通》取出来任凭他挑选，他选择了半天，还是莫衷一是。最后他写了"御胜手"三个字交给我，意思是说随我的便。既然是随我便，我就将"中井"二字刻成钟鼎，而拿"石松"两个字用《芥子园画谱》的初描法刻了二个象形。后来他来取印的时候，高兴得来又加了我十元日币，二十日元足够我们和尚们十天的开销，当然是一笔大收入，可是那块石头也是取之于考试院，到底能值几许，我自己也无法估计，不知是蚀了本还是赚了钱？

我在鸡鸣寺总共不到六个月，至少刻过十个图章，假设我能基于这种偶尔的机缘，加上兴趣和工夫，我相信我对于金石这一行应当有点成就。可是我平生最大的毛病就是无恒，自从出庙门之后，一共才刻过二个图章，一个是为内子承美，另一个是闲用的书画章，一曝百寒，所以我连金石这一门迄今还是没有踩进。

我亦挥毫

自从我用石盒盒底刻了一个"古鸡鸣寺"的印章之后，这简直成了鸡鸣寺一份家当。每逢一个日军兵来要求盖一个图章，总得自动地付几文钱，多则二角，少则五分，集腋成裘，变成我们生计的工具。

有一天，来了一个日本兵，一定要见住持。鸡鸣寺本不是大丛林，谈不上有严密的组织，可是二空是当然的承继衣钵人，我是个假和尚，守志师父不来，守印师叔是瞎子，道原、弘道二位和尚是客，那么，二空自然是唯一当家师了，而我呢！最多只不过是一名"知客"。这是和尚组织的名称，若用俗话来说的话，我是交际科长，时髦的说法叫作公共关系室主任。

日本兵既要见住持，我只有请二空出面来挡了，而我还是站在旁边支持二空来应付。这位日本兵不是要盖图章，而是要鸡鸣寺的住持赐一幅墨宝。当然，我没有用日本话来通译，但假装用笔谈来了解他的来意。二空听了，甚为得意，马上安排出文房四宝，用宣纸写了一个大"佛"字送给那位日本兵。

和尚写"佛"字倒也算是恰到好处。可是二空写那个"佛"字是左右开弓，立"人"边用左手写，"弗"字用右手一刷。刷得来东倒西歪，简直像永清寺菩萨倒在地上一样，看去可能连他自己都认不得。那个日本兵总算好说话，丢了一角钱在桌上，居然将那不成字样的"佛"字收了去，还算没有发脾气，可是我却捏了一把汗。日本兵走后，我对二空说："师兄！不管日本是不是敌人，他请求大方丈赐一幅墨宝，乃是出于至诚，像你那样用霸道的写法，恐怕会搞出乱子来。"

"日本人不是喜欢草书吗？"他顶着我的话。

"不错！日本人是喜欢草书。你知道唐朝有位和尚叫怀素（737—799年）的吗？那恐怕要算是我们和尚写草书的始祖，俗话说：'草字不落格，神仙都认不得！'你若有志于草书的话，总得好好地练练。"

二空倒还算有自知之明，从那以后，凡是有日本兵请求写字的，他都委之于我。我还是用住持"二空"两个字落款，因为大多数的日本兵都非要加上"住持"这个头衔不可，所以我只好冒名顶替地用着"鸡鸣寺住持二空"来题书。

谁知一以传十，十以传百，在日本军中谁都知道鸡鸣寺有个二空的和尚会写字，于是敬求墨宝的就越来越多，大有门庭若市，应接不暇之势。

最初题字的内容都是由日本兵自己来指定的，一个大"佛"字，我当然是乐意驰书，可是像"武运长久"那种字样就不得不使我头痛。对方虽然不知道我是中国兵，若是日本兵能武运长久的话，我还搞个啥子？所以我绝对不愿意写那些歌颂战争的文辞，为了采取主动，我就先写好许多的条幅，等候日本兵来选，顶多到时候再加上一个他所要的上款。

我除了写一个大"佛"字以外，最常写的是二首唐诗，这二首因为我平生所爱读，也正应鸡鸣寺的景色，这二首诗是：

其一

江雨霏霏江草齐，六朝如梦鸟空啼，

无情最是台城柳，依旧烟笼十里堤。

其二

十里啼莺绿映红，水村山廓酒旗风，

南朝四百八十寺，多少楼台烟雨中？

我为什么不写王渔洋那首咏鸡鸣寺的七律？

原因是我在鸡鸣寺的前期，根本还不知道有王渔洋那首诗。自从考试院搬来了许多书之后，我才在藏书中读到那首七律，身临其境，所以我特别地爱好它。戴、钮二公的藏书在那短短的岁月中予我裨益不少，所以我当时曾有二句诗说：

乘偿前世为非罪，补读今生未看书。

古人也说过，书到今生读也迟。就是今生来补读，似乎都已经迟了！

我为日兵写字，而没有写王渔洋的那首诗，还有一个原因，那便是七律比七绝句多了一倍的字，在我的成本计算中，似乎有点不划算。

凡盖一次鸡鸣寺的章，大概，我们的收费价格是五分到一角钱。这个价格是谁公定的呢？当然是日本兵自己，他们以一传十，十传百，于是他们就认为这是一个合理价钱。

自从由盖印到写条幅，当然也就随货而涨，一个大"佛"字，普通不会超过三角日币，而一首诗也不会超过五角。当然，兵与官所出手也不同，但能付价一元日币的却寥寥无几。

　　不要嫌那个公定价格太低！就是三角到五角的日币，我每天可以写到二十日元左右，换句话说，除了盖印费之外，我每天至少得写四五十张条幅才够应付。假说每张条幅的字数都加上一倍，由七绝改成七律的话，在我的时间和经济的观点上，都有些划不来。所以我对于王渔洋那首律诗，只作为我个人的爱好，却从不肯轻易地供之于我的顾客——日本官兵。

　　在为日本兵写字的时候，我在心理上却发生了一个极端的矛盾。一面是了全寺僧俗的生计，我不得不竭力以赴，另一面是我是一个中国军人，打败了仗，假装和尚，每天为日本兵写字，甚至于还得写“武运长久”，这种内心的痛苦是可想而知。所以我写字的落款都是用二空的名字，当然，因为他是住持，另一原因是我不愿意与日本官兵为对手，哪怕是用我的法名“二觉”，我也不愿意。

　　在永清寺的时间，虽然我是一个败军之将，可是我换了一袭僧衣，仍然是在和日本兵战斗，当然那仅是在斗智和斗法而已。可是一到鸡鸣寺，生活比较正常，对敌忾之心就不免有所松懈，所以我无时不得不在自责和觉惕之中。为了压抑我自己烦躁的心情，我尽量抽出时间来恭录各种经典。

　　《金刚经》中，持经功德分第十五：“闻此经典，信心不逆，其福胜彼，何况书写、受持、读诵、为人解说。”故抄录经典亦乃佛学修行之一道。可惜我能抽出的时间并不太充裕，因为我一天若是要应付四十张条幅的话，每每要挑灯夜书，根本没有空余的时间做自己的事。所以我所手抄的经典并不太多，《心经》和《弥陀经》本不太长，而寿春本的《金刚经》也不过是六千多字。

　　佛教中的戒定慧，儒学中的定静安虑得，这个“定”字是很不容易做到的。我一定要能定才能够一笔不苟地用楷书来抄经。可是正如放翁的诗说："心如老骥常千里，身似春蚕已再眠！"我身似春蚕，而心却缭乱，幸亏还能抽出时间来抄经典，才压抑住我那不能定的心。

《孝经》空白

有一天，我看见日历是戊寅年的五月二十五日，正值家母的诞辰。我就开始恭录一部《孝经》，这也用"孝园书翰"的格子纸所抄写的，也许是孝园这个"孝"字启发了我，才用《孝经》来以志孺慕之忱。

因为有这样一个值得纪念的原故，所以在我离开鸡鸣寺的时候只带了这一部《孝经》，以及日兵为我所照的几张照片逃离陷区。本想是将这部手抄的《孝经》呈献给我的母亲，可是当我到了上海，才知道家母正避寇于牯岭，由于溯江而上的水路已为敌兵所遮断，我已无法再到匡庐去定省晨昏，所以这一部《孝经》便保留在上海的住宅中。

这是1938年8月间的事，当时抗战才开始整一周年，谁也没有预料到这一个抗日战争竟会延长到八年之久，而我的这一部《孝经》因为没有能带到后方，所以不仅不能呈正于戴公季陶，即对于家母，我也无法捧献。

1945年的中秋节后一天，随着何公上将从杭州视察返京，一下座机。士官同班同学曹士澄走近我的身边，轻声地对我说："老钮！我有一件不好的消息要告诉你，可是请你不要太难过。"

"什么不好的消息？"我当时还没有太在意，因为那正是抗战胜利的不久，高兴的心情可以说是达到了巅峰，还有什么不好的消息？

"伯母在重庆去世了。"士澄吞吞吐吐地说出了这个噩耗，几乎使我就昏倒在停机坪上。

我弱冠就负笈东瀛，抗战军兴后才从巴黎兼程返国，承欢膝下的时间实在是来得太少。1943年，家母才从湘西辗转来到陪都重庆，而我当时却转战于滇缅战区，所以也未得定省晨昏。总算熬到了胜利，想不到还是天违人意，连我手抄的一部《孝经》竟不能见到。这件事成了我终身遗憾。

这部《孝经》一直到我到台湾才加以装池的，这是1947年夏、秋的事。因为还剩了张空白的"孝园书翰"，我就将它付裱在册页的前后，以备诸前辈得以挥毫奖饬，可是最大目的是希望戴公季陶有所应证。所以虽然有于右老（于右任，1879—1964年）、居觉公（居正，1876—1951年）、李石曾（1881—1973年）老伯为我题词，梁鼎铭（1895—1959年）先生为我画佛，可是我还保留着最前的一页，以待我那位姑父季陶公能赐予墨宝。

可惜戴公竟以悲天悯人之心绝世于黄花岗畔，使我这部《孝经》第一页终成了一张永久的空白！

老僧圆寂

我幼年承欢膝下，从母亲的口授，我就学会了《心经》，后来在上元门乡间的永清寺里，鬼子兵为了检查我是否是真正的和尚曾逼我念经，而半卷《心经》竟救了我一命。《心经》上说："无有恐怖，远离颠倒梦想，究竟涅槃。"

"涅槃"这两个字是梵语的音译，本来是"涅盘那"三个字的发音，传到中国来，译为"涅槃"，或"泥洹"。学习日语的先生、女士们最头痛的便是日本的外来语，用正楷的字母片假名写了一连串的发音，横读也不行，竖读也不行，怎么读法都弄不清楚它的意义，这不仅是难为了外国人，即使是日本的土生土长，一样摸不到丈二的和尚。所以日本有外来语辞典的刊行，而且每年都在增版，以便于对外来语有所解释。我们中国的文字里也并不是没有外来语，像"尖头鳗"（Gentleman）、"肥洋伞"等。可是中国却缺少一本外来语辞典，弄得来你译你的，我译我的，这不打紧，却使读者糊涂得来要命！

中国的文字实在太微妙了，因为每一个单字都含有它的意义，一般外来语全靠长期的习惯来了解。其中还有许多地方性的，例如广东人译出租车为"的士"，而名书画家溥心畬（1896—1963年）先生译为"太可惜"。假设我译我的老祖宗成吉思汗为"诚极思汉"，其意义或许比"成吉思汗"来得更好，可是读者却会弄不清楚了。

"涅槃"或"泥洹"都是梵语的音译，但也有二个意译的名词，一为"灭度"，二为"圆寂"。《涅盘经》上说："灭生死，故名为'灭度'。"意思是灭烦恼，度生死海。"灭度"虽然从字面上就可以明了它的意义，但这个译名反不如"圆寂"来得普遍。许多与佛教稍微生疏的人都以为"圆寂"和"涅盘"一样都是出诸梵语，殊不知"圆寂"却是"涅槃"的义译。《宝积经》上说："我求圆寂而除欲染。"《般若波罗蜜多心经略疏》上也说："德无不备称'圆'，障无不尽名'寂'。"

"涅槃""灭度""圆寂"三者都为和尚死亡的名称，而且只有和尚才能专用。像我这个佛教徒，还做过八个月的假和尚，假设我死了，我的儿子发讣文时不写"罪孽深重""寿终正寝"等字样而写"我的老子圆寂了"，岂不是滑天下之大稽？基督教所用的"主召"则不同，教友和牧师都可以通用。这是什么原因？习惯当然是原因的主体，其次，"圆寂"的意义本是非常的严格，德无不备已非易事，而障无不尽则是更难。最基本的真谛是死者乃其幻身，至于本性，则不生不灭。这也不是凡人所能做到的条件。

《涅盘经》分为小乘、大乘二部，而大乘《大般涅盘经》分为北本四十卷、南本三十六卷。换言之，在佛学之中，对于"涅盘"的义释，从某种角度，各有其不同的观点。我对于学佛仅不过知道一点皮毛而已，在此，自也不敢班门弄斧，免得来贻笑大方。

师叔守印大和尚圆寂的时日，我已无法记忆。但我有一个印象，应当是在1938年旧历的五月二十五日以后，而又在六月十九日之前。因为五月二十五日是家母的华诞，而六月十九日是观音菩萨的道场，守印师叔便是在这二者之间的时期圆寂的，我恭写《孝经》是在家母生辰前后，那时守印师叔尚未圆寂。而六月的观音道场时，因为守印师叔业已西归，我们还为他做了佛事。

守印师叔的圆寂对于我的离寺赴沪是有密切的关连。我从永清寺到南京城内的鸡鸣寺是在旧历二月十九日之前，自从我随同守印师叔和二空来到鸡鸣寺之后，虽然同样地是在做假和尚，可是生活的方式却有极大的转变。从几种角度来说吧！在永清寺时，我们对于鬼子兵是十分的恐惧，大湾子集体被屠杀的战友总数约在二万人以上，即以六亩大的寺园中，就有四十六具尸体，那种残杀战俘的行为不仅是有失人道，且违反国际法中的战争法。所以我们僧俗一同，当时，无时不在恐怖之中。到了鸡鸣寺之后，情形就不同了。来到鸡鸣寺的鬼子官兵大部都是为了观光而来，而且还带着份求神问道的性质，例如说他们要盖一枚鸡鸣寺的图章，或者再加上"武运长久"几个字，无非是祈求佛祖保佑不要让他战死。因此他们来到鸡鸣寺当然不再那样的横强霸道。这并不是说日本官兵受到菩萨的感召而放下了屠刀，而是因为争城夺地既已告一段落，剩余的便是如何使用怀柔的政策来笼络着陷区的人民，以遂其统治者的欲望。

摆出噱头

鬼子兵既不杀人，还要送我们和尚几个钱，我们当然是欢迎之不暇。或以为我们是在媚敌，其实不然，杀人之血未干，复国之心何变？可是，鸡鸣寺里一共有四个真和尚、一个在家人，连我这个假和尚，一共六名，凭一枚印色盒底所雕刻的图章和我那一手不登大雅之堂的丑字，居然能骗鬼子官兵几个钱以养活僧俗六口，我们当然不肯随便放弃这种最简单的谋生方式。

在我个人当然还是一种痛苦，首先是何时才能脱离这个苦海，逃出虎口？其次，一个弃甲丢盔的军人每天来为敌军卖字，而且有时还被迫写"武运长久"那些不悦目的字样，焉得不令我耿耿于怀？！可是从另一角度来看，我也有我的乐趣。倒不是为了我未被俘、被杀，得以偷生为快，最要紧的是我能运用我的机警，永远不为敌人所识破。可惜我从事于情报工作二十年的事都是在鸡鸣寺之后，否则我倒可以夸耀像我那样能掩护于敌后，是值得大笔一书的成绩。我一天能逃避过敌人的耳目，便是我一天的乐趣。

在鸡鸣寺中，虽然鬼子官兵再没有过用军刀架在我的脖子上，可是我也有过几次的受窘。一次来了一位日本军官，非常像我在士官学校的教官，那时我毕业士官才几年，双方都没有多大的改变，万一被他识破，岂不是前功尽弃，所以吓得我脸都变了色，幸亏对方倒没有十分地注意，总算逃过了这一关。我敢肯定地说他真是我的教官，不过他万没有想到我这个和尚竟是他的学生，所以这是他的疏忽。

另一次是我和一个日本军官在笔谈，他问的是有关南京的历史，那当然是我很熟悉的故事，虽然我们只限于笔谈，可是我一时忘形，竟从口中发出了一个"Hai"的发音，这是日本语中的"Yes"，虽然这仅是一个单字，却是一句真正的日本话，这也几乎使我露出了马脚，可是也因为那个日本军官的感觉很迟钝，使我又逃过了一关。

我在南京陷敌后的八个月之中，始终没有说过一句日本话，只是由于一时的疏忽，说过一个"Hai"字。

在鸡鸣寺中，我见过的日本官兵实在太多，其中曾有一位日本的高僧来访问。我为什么知道他是一位高僧呢？首先，他由一位尉级的军官所陪同来的，而且对他是十分的恭敬。其次，他口口声声地提到他是从日本京都的西本愿寺来的。西本愿寺不仅是日本的名刹，而且是名人辈出，有过封爵和尚——大谷光瑞，并与日本维新政治有关。已故的日本女流名作家九条武子夫人便是他家的小姐，这是日本佛教中可以结婚的一派。

这个和尚的气派确真不小，先用日本佛教的礼节膜拜了佛祖，然后正襟危坐着要我和他谈论佛学上的问题。当然他并没有用怀疑的眼光来考问我，可是想考验我对于佛学根底却是一件事实。

　　我也和他摆出噱头来，先叫二空取出大红袈裟来披上，又叫另外一位和尚——大概是道原师替我搬了一把太师椅，和那和尚对面坐着，然后才和他笔谈，最后使他十分满意而去。这与其说是我们在比佛学的高低，毋宁说是在比派头，被我这二虎子一唬，他也觉得很够味道。其实他那股子阵仗也是摆给那位军官看的。那个小小的尉官连坐也没有敢坐下，真是所谓随侍在侧。

　　可是不久却来一位钉头，年纪相当的大，阶级大概是上士或者是准尉，这在日本军中叫作"特务曹长"，是非官又官的阶层，而且是日本军中的基干，也是最难缠的一种军人。他是个基督教徒，当然不会向菩萨顶礼，一来就问了我许多古古怪怪的问题。我对于佛学本只有一点浅薄的知识，对于基督教更是隔行，虽然我对于任何正当的宗教都是一样的敬仰，可是身穿海青（和尚的法袍），就以这一个立场，既不能卑，也不敢亢，倒真使我有些为难。所幸我对于他的所问，总算还能草草地敷衍过去。最后他问我说："为何佛教只讲'空'字，未免太不合乎人生的实际。"这个问题真是非常难答复，因为我说深了，他不会懂，说浅了，使他看不起。忽然我灵机一动，记起了从考试院所取来的书堆中有一本基督教的圣诗。这些藏书中本以"大藏经"为主，这是属于戴老的，而那本圣诗大概是属于惕老所有，因为他们二位长者的宗教信仰并不相同。

　　我在接受那位基督教徒的问题之后，马上到书架前取出那本圣诗，翻到短歌第五首。我指给他看，"在救主荣耀恩典大光中，世上事必然显为虚空"。虽然这是一本中译本的《圣经》，可是，"世上事必然显为虚空"，他也看得懂，何况这一本书的排列和装订，他一看也就可以看得出那是他所

163

信仰的宗教的经典之一。

由于我很能对付日本人，当然，全寺的和尚都对我另眼相看。守印师叔是瞎子，他待我倒是始终一贯的。他由于庚子之变而联想到军人战败之苦，才决心地收留了我，这完全是出于同情，假设从佛学的某种狭义观点上讲，未许不可以说是违反了"是非心不可得"的定义，可是在那兵临寺下，不顾自身的生死而肯超度一个弃甲丢盔的败军，这倒是"我不入地狱，谁入地狱"的观念，正符合佛教的法则。那位老僧对我最初并无任何的要求，至于我一直侍奉着他圆寂，连马桶都愿意为他倒，那是在他收留我之后所发展的形态，并不是他所预期的收获。

二空在永清寺那一段时期中，对我多少有点嫉妒。他有一种好胜性格，二位师长都是当兵的出身，可能像二空那点学问都不具备。二空五岁便随着亲生的父亲守印师叔为僧，当然也没有进过什么正式的学校，听说他的读书只是在私塾里读过几年而已。可是二空的佛学程度不能算是太差，常识更是相当丰富，足证他的天资并不太坏，也许还高人一等。可惜遁迹空门，并非他的志愿，所以结局是相当的惨。二空是一位非凡的人才，就看他听从老父的指示，在兵荒马乱之中收留我的瞬间，为我换僧衣，为我剪和尚头，为我埋藏唯一留来的钞票，那种机警都不是一个平凡者所能及。

二僧一俗

可是，既生瑜，何生亮，我也不算是一个笨人，突然插进到他的生活圈中，就不免有些酸溜溜的味道。不过，我们两个到底还是青年人，也有我们年轻人的共鸣，尽管他时常对我反唇相讥。

我能被他说服得回鸡鸣寺去，而且这种说服并不只限于对我一人而已，他的谋略的成功十足表现了他的天才。当然，他也是看中了我还有剩余的价值，一则是能代替他伺候老父，二是我会应付鬼子兵。

天地良心，二空对我一直不能算坏，可是他想压制我，想我在他面前臣服，这是他处处所表露着的现象。在我呢！人家救了我一命，强敌当前，既同舟焉能不共济？即使给我一点小气受，多差使我一点，我不仅应当忍受，而且是我所乐于接受的。

可是自从来到鸡鸣寺不久，二空对我的态度完全改了观，这绝不是因为我能赚钱养活他们，而是因为我到底多喝了点墨水，二空就自愧不如。以天资来论，我相信二空绝不逊于我，后天修养的差别，应当说是环境使然。有一段时间，二空也很肯跟我学习，例如说练字吧！当我挑灯夜书的时候，他总是经常在旁观摩，有时也来上二笔。一直到我离开鸡鸣寺之前，居然也斐然成章，不至于再左右开弓，写得来连神仙都认不得。

由于二空对我有真正的认识，也对我发生了真正的情感，所以我在鸡鸣寺才能够很安全地待下去。

鸡鸣寺一共有三个生面孔，二僧一俗。二空为了打扫无僧居的鸡鸣寺，曾到丹凤街的下院请了二个客师，法名道原、弘道，一位是豫南，一位是皖北，但说的都是北方话。俗话说"和尚吃十方"，这反映出和尚倒无所谓省界，所以原籍湖南的二空也和他们处得很好。在离开永清寺之前，二空是否曾将邀请客师的事告诉过我，我没有十分的注意。等我来到了鸡鸣寺，才发现了有二位生面孔，当然不由得不使我为之一怔。

"师兄！你怎样告诉那二位客师的？"

"我只说守志师父收了一个新徒弟，还没有受戒。"

"这样的说法妥当吗？"

"你放心，我要没有把握，我也不敢这样地做，因为当时收容你的是我而不是他们，我不会自己开自己的玩笑。"

"你和他们素来有交情？"

"倒不是，第一是和尚与世无争，他们用不着出卖你。第二，和尚虽然是出家人，可是国家观念还是存在。"

这二个理由本都不太切乎实际，可是回想起永清寺当时的三僧二俗也是素昧平生，居然共了那种生死的患难，鸡鸣寺已比永清寺来得安定，只要敌人不来严查逼供，或许也不会有问题。这样的想法只不过聊以自慰而已，却仍不得不使我提心吊胆。虽然如此，同仇敌忾却是事实，这才是抗日战争真正能胜利的因素。不久之后，那二位客师完全知道了我的来历，却没有打算出卖过我。

二位客师虽然没有打算出卖我，可是对于我却相当地欺负，因在早、晚的功课时，我不会唱经，有这一点缺欠，当然是比他们矮一截。

我笃信佛经，但我却反对唱经，我觉得一句具有极其深奥哲理的佛经，拿来一唱，似乎就俗不可耐。我当时才二十七岁，正是"天不怕，地不怕"的年龄，尽管寄食庙中，而且还靠一袭僧衣来掩护我的性命。可是我硬是不学，甚至于二空想教我，都为我所拒绝。

我觉得我当时想法还是有偏差。唱，自然是有腔有调，于是才能使集团合唱一致，而且唱比读诵更易于记忆。最主要的还在嘴里唱，耳朵听，可以使心不二用，正符合净土宗的所谓"出口轻，入耳深"的原则。我当时太年轻，只知其一，不知其二，由于我不肯学唱经，因此至今我所能背诵的佛典实在太少。

我既不会唱，又不肯学，而为那二位老师所讥笑自是理所当然。自从"大藏经"从考试院搬来之后，我除了写字之外，每天就将我自己埋首于那书堆中，这倒惹起了二位客师的敬意。所以他们就常说："二觉师才是真正的在学佛，我们不过是在做一个和尚而已。"

人必自侮而后人侮之，我当时以一个假和尚而能为真和尚所尊敬，或许是由于我无时不在战战兢兢以图上进。生于忧患，我倒是真正地体会过。

尽管我为诸僧所推崇，但我从没有敢妄自尊大，尤其是对守印师叔的侍奉，在鸡鸣寺的初期，守印师叔的马桶还是我倒的。

"二觉！你太辛苦了，像倒马桶那些粗事，我不想要让你再干。"二空有一天私下对我说。

"不！伺候师叔是我的乐趣，何必假手于人？而且假如叫客师来做，也许会引起反感。"

"那么，我们再请一个佣人来好不好？我们这里也得有个人磨墨。"

僧俗一同

当时我一天要写几十张条幅，磨墨便成了一件最苦的差事。因为已无墨汁可买，而从考试院里却搬来了许多上品徽墨和端砚，所以磨墨的工作全落在二位客师的身上，有的时候还觉得赶不及。

磨墨成了我们庙里重要工作之一，所以二空主张多用一个人，我也就没有反对，因为，以我写字、盖章的收入，在经济方面并不发生问题。我所顾虑的还是又要让多一个人来知道我的底细。

可是二空还是极力地保证，他想新用的人是他的旧识，和我一样也是当兵的出身。连逃避敌人的经过，都和我大同小异，所以以他自身的利害关系就不敢出卖我。这个姓刘的弟兄，年纪已有四十多岁，一向在军校当伙夫，当军校内迁，由于他年纪太大，就没有带他走，或许是他自己愿意留在南京。总之，当时并未实施兵役制度，退伍还不那样的严格，所以一脱了军服，便变成了老百姓。在南京沦陷之前后，他就随着难民避难于西山路所指定的难民区。到了我们回到鸡鸣寺的那个时期，难民都陆续地回家，所以老刘反而弄到无栖身之处。有一天，二空下山买菜，邂逅于途，就要求二空收容他到鸡鸣寺。这并不是为了逃命，而是为了生活。

二空和我商量，仅不过是一种形式而已。其实二空早已答应了他，第二天老刘就带了一个小包袱来到了山上，就是我想阻止也来不及。

老刘来寺之后，我仔细地观察，是一位极其忠厚的人。据他说，西山路一带虽经指定为难民区，可是日军并没有十分地尊重这种国际法。所以花姑娘与当过兵的人，纵使在难民区里，还是不肯轻易地放过。有一个年轻的女孩子就在天花板里住过三个月才逃避了日军的搜获。这与尔后荷兰少女躲避德军的故事可以媲美，可惜老刘太笨，语焉不群，而我当时也没有打算写文章，因之也没有详细地追问。总之，那次日军的奸淫掳掠为举世所周知，也用不着我再来画蛇添足。

也就是说，所谓"俗"并不指我自己，而是指老刘。在永清寺时是三僧二俗和我一个假和尚，在鸡鸣寺则是四僧一俗与我一个二栖人物。

所以当时真正知道我底细的一共有八个人，萍水相逢，又非亲朋故旧，而能够如此保密，不能说不是一件奇迹。其实还不只这八个人，日子一久，丹凤街的下院，以及与鸡鸣寺略有来往的人一看我这个二十六七岁的壮丁，说是和尚吧！又没有受戒，八九不离十，早已看透了一半。归根结底，还是"国家至上，民族至上"这意识所支持，中华民族伟大之处就在此，用不着喊口号，贴标语，几千年的历史文化早已有所养成，而且这种养成的基础全在民间，不易出现利欲熏心的行为举动。

自从有了老刘之后，不仅是磨墨有人，而倒马桶的事也一并为老刘所管。我呢！清晨随着和尚班朝课——其实我连朝课都不会做完，因为我根本不会唱经，我是我行我素，一早先向佛祖顶礼，然后马上就到守印师叔房里去写经。

守印师叔的身体是日益衰弱，不仅不能起床，到后来连一日三餐都得靠人来喂。尽管我不用为他倒马桶，可是他的饮食起居，我还是不愿意假手于老刘。瞎子的听觉一向是敏感，从脚步的声音，他就早已辨别出是谁。

"二觉！你又来写经啦！"

"是的，师叔！"

"过来，和我谈谈。"

有的时候，我也会回答他说："不要打扰我嘛！害我总是写错字。"恭录经典，希望一笔不苟。而且也只有清晨在九点钟之前才是我自己的时间，一过此时，鬼子兵就川流不息地来到，一直要等到黄昏后，我才可以歇下来。晚上尽管还有时间，可是被剪断的电线始终没有接火，一灯如豆，我除了写大字外，实在没有办法录经，所以清晨片刻，我非常珍视。

传家之宝

恭录经典，我是秉于庭训的习惯。1953年夏初，我出差韩战，路出东瀛，从一位昔日的女友森三千代（1901—1977年）的手里取回了二十余年前先严所赠的手迹，归台后，我曾写过一篇随笔，题名为《传家宝》，其中有这样的一段：

先严本不是一位书家，但对于临池却非常的爱好，一日之间，无论忙逸，写字几乎成了他老人家的日课。1922年至1926年之间，正值他在政治生活中的一段空闲，息影沪滨，在上海的闸北辟了一个半亩之园，供奉了一座家庙的佛堂，名其斋曰"师陶轩"。印了"师陶轩书翰"的小方格宣纸，每日在书斋中恭录着各种经典。正如《金刚经》中"持经德分第十五"所说的，"闻此经典，信心不逆，其福胜彼，何况书写、受持、读诵、为人解说。"写经已为学佛者的一种课程，其目的倒不仅在练字。

我当时才十一二岁，在放学归来，承欢膝下，或牵纸，或磨墨，趋庭侍侧，很受到一点感染。可惜我十六岁以后即负笈东游，尔后又流浪到欧洲，学的是军事，提起毛笔，简直看成了绝缘体。对于过去一段家学，不仅未承衣钵，连这一点渊源也都付之东流，迄今回溯，真有不胜惶疚之感。

我虽然不懂书法。可是对先严的墨宝，虽只爪片鳞，无不珍惜备至。而于留学期间，总带着先严手抄的寿春本的《金刚经》，以为读诵之张本。纵不能奉晨昏于万里，也足以表孺慕之忱于朝夕。可惜这一本手抄的《金刚经》在我从法国归来的时候，因为要赶赴京沪的战场，就交给了家姊保管，不意日军深侵，马当一战打到了我们的家乡，当时认为能保存于后方的一本写经也不获幸免。

淞沪抗战，闸北的师陶轩首当其冲，半椽茅舍毁于炮火。所以胜利后收复了失地，却找不到先严的遗墨，真使我抱憾终生。

想不到战后再度游日，却在森三千代那里找回了先严一幅遗墨，这种欣慰真是不可想象的！

可知我在鸡鸣寺的写经，完全是出于先严的感召，而"师陶轩书翰"与"孝园书翰"也同出一辙。所以我于携出来的手抄《孝经》外，当时在寺里还恭录过一部寿春本的《金刚经》，时间是1938年旧历二月初九，也正是先严的诞辰。可惜同样用"孝园书翰"用纸所写的那部《金刚经》却为二空所索取，留存寺内，战后就再也没有找到。

写经是我家庭的传统，所以我不希望守印师叔打扰我。可是有时为了解除他的寂寞，偶尔也搁笔来和他谈谈。

"二觉我告诉你，二空是靠不住的，我要一死，鸡鸣寺就完了，顶好你不要打算离开。"

"你老人家一时不会归西的，何况还有守志师父在。"

"你不要看他是吃肉的和尚，他才是真正出了红尘的人，他不会来的。"

这一类的话，我时常在写经的时候搁下笔来，和守印师叔闲聊着，日子一久，却变成了老生常谈，我也不在意。可是知子莫若父，知兄也莫若弟，守印师叔对于二空和守志师父真是太清楚了。

有一天晚上，我去伺候师叔就寝，觉得他的呼吸很急促，我去叫了二空来。二空学着医师的式样，用耳朵紧贴着师叔的心脏听了一阵，他对我说："没有什么！这是他的老毛病。"

我想这也是实话，正打算和二空一同退出师叔的禅室，守印师叔一把抓住二空的手，嘴巴扭了一扭，我就靠近了过去。他用另一只手也抓住我，将二空和我的手重叠在一起，紧紧地捏着。

我倒为之一怔，觉得有一种预兆，守印是行将灭度，可是二空还是补上了一句："这是他的老毛病。"

于是我们同时抽出了他所捏着的手，轻轻地退出了禅房，好让他可以充分地休息。

第二天早上，老刘第一个发现了守印师叔业已归天，当我们全员集结在他的床面前时，看见他紧闭着眼，抿着那没有牙齿的嘴唇，像是一股笑容，他的遗容是非常安详的。

"油干灯熄！"二空首先开了口。他没有一点悲哀，这是对的，究竟涅槃，这是老僧的超度，连我与其他的二位客师，以及老刘，都没有哭。

我马上屈膝地跪了下去，先念了一卷《往生咒》，其他的僧俗也跟着我同样地朗诵着。

地水火风

德无不备称"圆"，障无不尽名"寂"。守印师叔的圆寂是否真能办到？我很难下断语，盖棺论定从某一种狭义的角度来看是似是而非的。

守印师叔在庚子之变是管带，管带是等于现在军中的营长，也就是我在南京防卫战中当时的职位。当然在军中是末将，谈不上是高官，可是也是五百之众的领导者，究竟不能视为一个走卒。其后在他"退伍"与"在家"之间的一段时间，他又纵横于江湖之上，达十年之久。到了民初，二空五岁的那一年，在镇江为仇人所暗算，一个石灰包打瞎了眼睛，才带着二空出了家。那时他已经是四十出头的人。假设守印师叔从二十岁从军的话，那么到出家为止，约二十年。这二十年，可以说是男人的全盛时代，他到底做了些什么？守印师叔是缄口不言，而二空所能知道的也极少，所以我所能探悉的更不多。

败军之将不言战，好汉不话当年勇，守印师叔的三缄其口本是无可厚非的。可是我拼凑他一生的零碎数据来看，与"德无不备"的定义似乎还有一段距离。可是从另外一个角度来说，"放下屠刀，立地成佛"。人，每每心为形役，在四十岁的盛年尽管是受到了打击以致残废，而能大彻大悟，拿得起，放得下，不谈佛学哲理，以一个男人的性格而论，守印师叔可真算是一位了不起的人物。

自从他当和尚以后，在他的前一段是他不肯说，在他的后一段是我不用知道，所以我没有太问他，即使问过，我也没有留存在记忆之中，总而言之，他当和尚这一段，一个瞎子，先靠师兄守志师父维持他，二空长成后就靠这位儿子而兼徒弟，平凡得一直到灭度。

放翁有二句诗说："老病已全惟欠死，贪嗔虽断尚余痴。"在我和他短短的五个月中，若用这二句诗来形容，可以完全包括在内。佛学上认为贪嗔痴爱是人类的情欲，尽管守印师叔是万念俱灰才出的家，可是还是"贪嗔虽断尚余痴"。这个痴便痴在他对二空始终是不够放心，所以在弥留之际还得拉着我的手和二空的手互牵着。当时一口痰壅在他喉管里，已经说不出话来，但我深切了解他的用心，无非要我与二空相互提携着，大有托孤寄命的意义，虽然在年龄上，二空比我还大几岁。

德无不备固属不易，障无不尽却是更难，从狭义上来讲，所谓"圆寂"，连和尚也办不到，仅不过是"死"字的别名而已。这个死是由生老病而来的，所之"生老病死——苦"，后面这个"苦"字是形容生老病死的过程。后来我集佛语的警句做了一副对联：

生老病死苦
地水火风空

上联是论人，下联是论物，而苦与空是形容词，都是形容前面四个字的。"地水火风空"来源于何处？据我浅薄的记忆，是说"金木水火土"这五行，金、木、土都包括在"地"字里面，是静态的东西，而水、火、风是属于动态的。"风"字意义却非常深奥，我们若用现代语来解释的话，应当说是"空气"，地球上有了空气，才产生出动态，使得人与物都在"动"，而这个"动"，结局是空的。

佛学中每每用"空"字形容一切生物的动态过程。像《心经》上说："色即是空，空即是色，受想行识亦复如是。"而《金刚经》上说："一切有为法，如梦幻泡影，如露亦如电，应作如是观。"李太白的《春夜宴桃李园序》中也有："夫天地者，万物之逆旅也；光阴者，百代之过客也。而浮生若梦，为欢几何？"这种哲学观念，都是同出一辙。

物理学上的"物质不灭"的定律也与"不生不灭，不垢不净"的意义完全吻合。守印法师的生死不过是一件事物与过程的形态而已，与任何东西都无关，所以二空与我都无所谓悲哀。其所谓"圆寂"，其所谓"灭度"，只不过是活着的人思想上的一种安慰。超度西方极乐世界，从真正的佛学观点上来说，都还是一种错觉。

和尚之死是要火化的。守印法师的火葬却使我们煞费周章。和尚的火葬叫作"火化"，而火化必须要坐化。许多大和尚在弥留之际，他们的门徒辈们都将他们扶起而盘腿坐着，甚至连海青袈裟等僧衣都给他换好，只等待他断气。这样的做法，即使是一位高僧，在临终之际，还得吃一番苦头。因为死即是一种痛苦，最后顶好是让他能极其安宁，在将死未死之际先为他换僧衣，又要他坐着断气，岂不是苦上加苦，可能是促使他速死。但是一个人死了之后，不消个把小时，尸体便已经僵硬，到那个时候，若再用人工来将他盘腿坐起，实在得费一番功夫。

守印师叔的圆寂推算应当是在午夜，而老刘第一个发现，也在第二天的清晨，所以他的尸体业已硬化。我们这批真、假和尚为了使守印师叔的肉身能做到莲座的姿态，还烧了几桶热水，先将他的关节用热敷的方法让它软化过来，再用人工的强力，勉强来校正成莲座的姿态。

火化和尚

和尚火化的工具是相当的原始，用一口底层有孔的大缸，下面敷满了木炭、松香和檀香木末等，然后才将肉身抬放进去，这座缸等于俗家的棺木，放置在一个砖头垒成的架子上，下面再用柴烧，火力既不能使其旺盛，通风的系统也不可能太良好，所以得烧上七八个钟头，才能够火化完成。

一口大缸倒是鸡鸣寺的旧有，木炭、柴火甚至檀香木屑还不算困难，可是为了松香，在沦陷后的南京，二空和老刘就跑遍了半边城。

葬仪是在鸡鸣寺的山坡下举行的，连同丹凤街下院的和尚，以及从永清寺赶来的守志师父，一共有六七位僧侣围绕着那口大缸诵经。只有我和老刘除了一度去参拜以外，并没有参与诵经，因为老刘是俗家人，而我这位假和尚又不会唱诵，跟着似乎也没有用。同时，庙丧也不能写一张"勉当大事"的字条贴在庙门口，更挡不住鬼子官兵的来游，所以也还得我和老刘来应付。从景阳楼上可以看得见葬仪的会场，因此倒招揽了许多鬼子兵来观光。

在守印师叔圆寂以前，我自己的师父守志法师很少来到鸡鸣寺。假设不是因为我在鸡鸣寺的话，可能在那一段时间，他一次也不会来。

守志师父的性格非常特别，以他的辈分，以他的健康状况，他应当主持鸡鸣寺的，而他却让给了二空，同时对二空并不满意。他正如守印师叔所说的，"你不要看他是吃肉的和尚，他才是真正出了红尘的人。"守志师父在哪一年将鸡鸣寺交给二空的？我不知道，似乎远在抗日战争之前。在那承平时代，他都愿意离群索居，处兹乱世，他哪里还会回到鸡鸣寺来。

"师父！你为什么不常来看看我们？"大概在我们回到鸡鸣寺半个月之后，他来过一次，我这样地问他。

"过城门还得向鬼子兵鞠躬，我就讨厌。"这就是守志师父的性格，所以他不大到鸡鸣寺来。

可是他也来过几次，据他自己说，完全是为了看我，同时也是为了生活，因为永清寺的生活本来是靠石榴，当南京沦陷前后，谁还有钱买石榴吃，何况石榴树枝早被鬼子兵砍了，去叉屠杀的死尸！所以他不得不来鸡鸣寺拿几个钱去买米。

鸡鸣寺的经济，我可以说是大权在握，那也很简单，因为完全靠我一支笔和我雕刻的那枚鸡鸣寺的图章。二空在这一方面倒从不揽权，收进来的钱，他完全听我支配，我俨然是鸡鸣寺事实上的住持。

守志师父第一次来鸡鸣寺的时候，我只给了他十块钱。在最初，鸡鸣寺还没有生产，生活是靠我从部队中所带的那一点钱过活，那一点钱由二空为我埋藏在永清寺的花钵下面。

依照旧恶习，一到打仗，所有的薪饷、公款都集中在主官的身上，即使是放在军需手里，而那位军需一定是皇亲国戚，与主官有裙带的关系。教导总队是现代化的部队，我也忝为洋学生，当然一切都是照制度行之，所以我身上的钱完全是我个人的积蓄。当年薪饷，中校是一百二十四块，所以我身上的存款并不在二百元以上。这点钱，我曾想完全送给二空，请他给我换一点僧衣来买命的。

"到现在，钱有什么用处？"

这是二空和我第一次见面的第一句答话。他给了我僧衣换，而没有收我的钱，反而为我埋藏起来。自从鬼子兵搜去了瞎子师叔的一百零八块袁大头，我们到鸡鸣寺，就全靠我所剩余的一点钱来维持生活。想不到我们尔后竟有很多的收入，一百多块钱，我用不到一星期便可赚进来。可是无论如何，二空不是一位贪财的人却是一件事实，所以他虽然是当家师，而财务却由我来支配。

离开永清寺的时候，我记得我留了一点钱给守志师父，大约是五十块钱，以当时的币制，以当时的生活，守志师父和老农可以维持一个月的生活，所以当他半个月以后来看我时，我只给了十元的一张钞票予他，因为我所剩的已不太多，其中有三十元，我缝在一件僧衣的下摆里，预备离寺归队之用。这三十块钱，我打算饿死也不再拿出来用。

过后，守志师父再来看过我几次，那时我手边已有了几个钱，我便一把一把的钞票给他，所谓"一把一把的"也不过三五十元而已。守志师父从来没有婉拒过我，但也从来没有要过，收到手，便往僧衣里一塞。二空都知道，我也不瞒他，他也一句闲话都没有说过。

还俗记

摩登姑娘

也许我给守志师父的已超过他的需要，因此他反而来鸡鸣寺更少了。不愿向日本兵鞠躬，或许也是原因之一。他每次来时都是在上午10点钟左右，以步行的速度计算，他大概在8点钟就得从上元门出发，他一来，二空必叫老刘去买一点鱼肉，一方是招待守志师父，一方也为此给我们打一次牙祭。

在永清寺时只有守印师叔一个人吃素，后来鸡鸣寺的客师中也有一位是真正吃素的，我不记得是道原还是弘道？和尚是非常自由的，吃荤与吃素悉听尊便，谁也不干涉谁，谁也不笑谁。

守志师父来得极少，而我们二人说话的机会更不多，因为当他10点钟来和下午二三点钟走的这一段时间，正是我忙着应付日本兵写字的关口，无法静下来和他聊聊。连吃一顿中饭，我有时也得放下筷子二三次，周公三吐三握，想不到我在做和尚的时候也尝到了这种滋味。

"师父！有什么话要告诉我吗？"我当然每一次都得这样的一问。

"没有！只是来看看你。"他也是千篇一律的答复。

好像对我的还俗归队的事简直忘记了一样，反而不如在永清寺时那样的关切。

"我总不能就这样地待下去吧？"我有时反而逼着和他谈。

"不！现在他们还需要你，等等再说。"

"连你也需要我，对不对？"尽管我没有这样地说出口，可是我真这样地想过。

当守印师叔圆寂之后，是我们请丹凤街下院派人去找守志师父进城来的。他是鸡鸣寺的长老，丧仪应当由他来主持。和尚的丧仪也有些繁文缛节，整整的就搞了二天。守志师父也就住了二三夜，永清寺是交给老农看守着。

在他打算第二天清晨回乡的前夕，守志师父把我们都叫到景阳楼茶座里，开了一次鸡鸣寺的"大公会议"。他对于鸡鸣寺的现况垂询得极为详尽。我们每个人都有一段报告，他闭着眼睛，拈着他那山羊胡子，仔细地听着。

他突然睁开眼睛，望着我说："二觉！你得准备离开这里了。"

"是的，师父！可是我还没有打听出来怎样地走法？"

走，是我的心中思想，可是真一谈到走，我反而有些犹疑，因这不是一件简单的事，几个月的匿居，绝不能功亏一篑。

"二觉现在不能走，现在全得靠他。"二空当场就提出异议来。

"你想靠他一辈子吗？"师父瞪了二空一眼。

"我是说现在。"

"现在你们存了多少钱？"

"大概三四百块。"

其实守印师叔圆寂，二空又多了二三百元，这是瞎子和尚缝在僧衣里的。

"二觉一个月可以赚六七百，为什么只剩了三四百块？"

他知道，庙里每月的开支不会超过二百块钱。

"师父圆寂，也用了一些，而且，真正能卖字也不过这二个月的事。"

"好，你们省吃俭用，到二觉为你们储蓄到一千块的时候，我来接他走。"

"师父是不是又得将二觉师父领回永清寺去？"这是二位客师中的一位问的。

"怎么？我未必还要他去为我摘石榴？"守志师父给了那位客师一个钉子碰。

"我怎样的走法？师父！"我倒是想讨论讨论如何走法。

"这，你交给我，我自然会为你安排。"

"那么师父说说看。"

"到时候，你自会知道，现在说了也没有用。"

"我有些害怕！"这是我的真心话。

"既害怕就不要走，不走的话就到永清寺去摘石榴。现在的鸡鸣寺比永清寺更危险。"

"为什么？"二空问着。

"你刚才不是说已经有中国人来庙里玩了吗？二觉这假和尚虽唬得过日本兵，你看他这股神气哪里唬得过中国人？"

我们的"大公会议"在"教宗"的裁夺下就这样结束了。第二天早上，守志师父什么也没有说，便回到乡间去了。临行的时候，我又塞了二三十块钱。这回他却拒绝了。

"留着，快凑满一千块钱，我现在不要。"

他将钱向桌子上一丢，看也不看一眼就走了。

是真的，鸡鸣寺的游客是越来越多了，我们又将豁蒙楼也整理了出来，大致是招待鬼子兵在景阳楼，而招待中国的香客则在豁蒙楼。当然这也不能严格地区分，不过，我的纸墨笔砚都放在景阳楼，日本兵是来买字的，自然就会到景阳楼来，而中国的游客谁还愿与日本兵凑热闹，也就自然而然地上了豁蒙楼去。

可是有一次却来了一批汉奸的新贵，还带了几个穿高跟皮鞋的摩登姑娘，大摇大摆地进到景阳楼来。其中似乎有一个还会说几句蹩脚日本话，来和日本鬼子兵搭讪。

在那一段时间，我和二空又重新区分任务，他带着一位客师在豁蒙楼招呼，而我和老刘在景阳楼磨墨写字。应付日本人，我是绰绰有余的。当我看到了一批汉奸新贵，我却有点慌了，于是我对老刘说："有贵客来了，你快去请当家师来。"

观音道场

我一面吩咐老刘，一面还是埋着头，为日本兵写字。

二空来敷衍了一阵，汉奸大人们不但不想走，还要吃素面，老刘本来是伙夫出身，只好叫他去搞。就在这个空当，汉奸大人们干脆就靠近我来看我写字。

"这位大师，请教你的上下？"

"小僧释名二觉。"

"出家几年了，受过什么教育？"

"出家有五六年了，只读过私塾。"

"字，写得不错，好像很下过几天功夫！"

因为我也得伺候汉奸大人，当然不得不搁下笔来应付，幸亏日本兵瞪了他一眼，他才识相地退了过去。

汉奸的嘴脸比日本人更难堪，这是天经地义的事。

沦陷区曾有过这样一个故事：

一个小汉奸狐假虎威地欺负一个老百姓，那个老百姓也不甘示弱地说："我们都是中国人，你为什么帮日本鬼子来欺负我？你又不是日本人的儿子？"

那个小汉奸却答复说："我是日本人的儿子，你是日本人的孙子，你还不听话？"

沦陷区的老百姓只够做日本人的孙子，至少得比汉奸矮一辈，这倒也是事实。

那时的南京出现了一个所谓"大道政府"，既不属于华北的伪政权，而头号汉奸汪精卫（1883—1944年）还没有来到，这个"大道政府"是日本军部夹带中过渡时代的伪组织，头目是保定军校出身的任援道（1891—1980年），后来还做过汪记伪府的海军部长。

我与任援道早就有过一面之雅，这是"九一八"后不久的事。那时我刚毕业士官，正闲居在天津的家中，一天，有一位客人来访家严，而家严又不在家，我只好出头来应对一番，这位访客便是任援道。

他说他是代表胡展堂（胡汉民，1879—1936年）先生从香港来的，临行时，胡公叫他来看家严，说天津最好的绍酒在钮府，所以他要家严请他吃顿饭。候家严回来，我当然一五一十地禀告堂上。

"再来不要理他，是骗子。"家严对我说。

"您不是认识胡展堂先生吗？他说他是胡公的代表。"我回问着家严。

"胡汉民先生，我怎能说不认识？不过我从来没有和胡公喝过酒，他怎知道我家的绍酒好？"

果然不出所料，任援道就以胡公代表的名义在天津大行招摇撞骗之事，也骗到了日本人，六年之后，他就做了南京大道伪政府的头目。

自从有了伪政权，沦陷区的老百姓就又矮了一截，做了日本人的孙子，当中还有一位汉奸的老子。

"师兄！今天这一幕戏是不能再唱的。师父真有眼光，他老人家早就说过，中国游客多了，比日本鬼子还难伺候。"当天晚上我和二空商量着。

"有什么关系？司马懿的兵临城下，诸葛亮的空城计还敷衍了过去。"

"你要知道，诸葛亮的空城计，一辈子也只唱过一次，我不能天天唱呀。"我知道二空的心理，因为还没有积攒到一千块钱，他倒不是看钱比洗脸盆大，而真是怕鸡鸣寺这个家当不下去。

旧历六月十九的观音道场来了，居然有许多善男人、善女人去进香，挤得鸡鸣寺满坑满谷，而且也有人来做佛事，所以收入就不尽靠我来写字了。

中国游客越多，而我的处境也就越危险。所以有一段时间，我和二空的心情都非常的恶劣，随时都有发生冲突的可能。

说一句不中听的话，守印师叔之生存本无剩余价值，可是他之死，却使得二空像个没头的苍蝇，而与我之间也失去了一个平衡的作用。就以我来说吧！自守印师叔圆寂后，我就再没有抄过经，因为鸡鸣寺中再也找不到那样一个宁静的房间，换句话说，再没有一位瞎子的长者来做我的屏障。二空看到这个情形，也知道我实在无法再待下去了。

又进红尘

一天晚间，我和二空私下地恳谈着。我将利害得失都剖解得非常清楚，居然打动了二空的心。

"好，那么我们去请守志师父来，请他为你计划一下，他曾答应为你设法的。不过我怎么办呢？"

"你？好好地守着鸡鸣寺，生活既不成问题，而且鬼子兵也来得少些了，大概都开到上游和我们打仗去了。"

那时的敌酋是松井石根（1878—1948年），只留下些留守部队在南京。

"我不是说生活，我是说，我根本不想做和尚，这完全是为我那瞎子的死老子。"

"那么，你想还俗？"

"我想跟你一同去后方当兵，打日本鬼子。"

"那我倒也赞成，不过鸡鸣寺呢？"

"有了庙，你怕没有和尚来住？"

"可是，我不知我上海的家还在不在？因为那里只有我一位庶母曹太夫人住在那里，万一也搬到了内地去，那么，我连上海落脚的地方都没有，我怎样带你去？不过，南京，我也还有一个家，是我二叔的，在城南的小西湖，明天我开一个地址给你，据我所知，还有一个老家人在守着，你去问问他，有没有上海家里的消息？"

我上海的家是在旧公共租界的新闸路，料想不会有多大的变动，可是为了事前周密计划起见，我想先去南京叔父的家去打听一下。

可是，第二天，二空自城南回来，据附近的老百姓说，钮府已被日军烧掉，而那位老家人也被杀了，于是，这条线路就被割断了。

另外还传来一个最坏的消息，说南京水西门有一个庙子，像我一样，收容了一位警察老爷，不久被日军识破，连和尚都一齐杀死。这个消息是真是假无从证实，可是使得我和二空都下了最后的决心，想赶快逃出这个虎口，所以我马上就去找了守志师父进城来商量。

"出城这一段都包在我的身上，不过听说买车票到上海非日本宪兵队的许可证不可，这一点我办不到。"这是守志师父的结论。

"宪兵队？"我惊叫着。

前几天日本宪兵来了一位上尉军官，并不是来求墨宝的，是来调查有没有日本兵带着中国女子到庙里来"罪过罪过"，因为他们发现有日本兵带了一位中国女人在志公台白日宣淫。志公台就在鸡鸣寺山下的上坡处，虽然在鸡鸣寺范围内，却离了一大截路，根本无僧看守。是否有日本兵借志公台来做了阳台？我们根本不知道，而宪兵却来调查这件事。那位上尉军官留下了一张名片，还送了一担米来给鸡鸣寺，说如有任何的事都可以到新街口的宪兵队去找他。

我们就利用了这个机会，我要二空和守志师父去一趟，就说我们鸡鸣寺的地契都保存在上海，老和尚要带一个小和尚去取回来，因为"大道政府"公告，要老百姓去税契收租，这是汉奸政府敛财的一个方法。日本宪兵居然中了我们的计，发了一张许可证，写明老、少僧各一名，允许购票赴沪。

"师兄！你呢？"我问着二空。

他对我摇摇手，他似乎动摇了，根本再没有提他想跟我还俗，一同去当兵打日本鬼子的事，二空永远是一位思想矛盾的人物。

1938年8月10日下午3时，这是我拿到通行证的准确时间。守志师父马上就催着我走，我心乱如麻，只将一本手抄的《孝经》、几张日本兵为我照的相片，还连同一件海青（僧衣的一种），打了一个小包。

"快点走，我们到下关去过夜，明天一早的车，我送你去上海。"守志师父又催促着我。

"不！师父，请等一等。"

我拿了一本《金刚经》，在大殿的观音佛像前跪了下来，我沉着气，一口气念完了一卷《金刚经》才跟着守志师父走出了庙门。一群和尚都送到山坡下，每个人的眼眶都是红的，比守印师叔的圆寂还来得悲伤。

从此，我又踏进了红尘。

将军一误

非将曹沫宽心迹，百折何尝壮志休？

敢誓孤忠盟日月，岂甘宿命寄蜉蝣！

将军一误千秋恨，白骨成堆万世仇！

触目尽多肠断处，伤心偏过旧碉楼。

——《重过下关》

这是我在南京做和尚所作的诗中最后一首。我不是诗人，对这一方面的天分也很低，但我却非常喜欢中国的旧诗词，所以，有的时候也做无病呻吟地哼哼几句，可是在永清寺也好，在鸡鸣寺也好，更是我一生最易呻吟的时间，所以就写了许多的诗，可惜有一段时间根本找不到纸笔，因此也就没有记录下来，也许以我的诗并无记录的价值。

可是我离开鸡鸣寺最后一首在南京的诗，我还是得献丑拿出来。以诗论诗，也许是连边儿都没有摸着，但，这是写实，是反映战败后心理的一幅写真，我自认为并不是无病呻吟！

这首七律的前四句是写我自己，也是八月为僧，结束的最后写照，不必再详加注释。将军一误是写唐生智，一位临危受命的主帅，上对国家领袖，下对孤军的数十万守军和人民，而一开口便说要守六个月，结果只比六天多了一天，这是杀无赦的罪。他个人的功过不谈，三十万民被虐杀，这一门子账都该写在他的身上。

胜败本是兵家的常事，何况还在抗战的第二回合（第一回合是淞沪），判断假设不发生错误，下关、浦口虽有一江之隔，但这是我军的大后方，江阴早已封锁，船只并不缺乏，即使是想背城借一，也该将老百姓多疏散一点，何至于会弄得来"白骨成堆万世仇"呢？

唐生智是官拜上将，我当时只是一个少校、中校军官，当然是无从来和他接近，所以可以说对他是一无所知，尔后在后方倒也见过面，可是我一向不搭理他，正和我工兵营的同人在南京笼城战后从没有搭理过我是一样的心情。乃弟唐生明（1906—1987年）却是我们的"白相道里"。生明于抗战期间曾附汪记伪府，胜利后却以潜伏分子的身份照样活跃于上流社会。我们既是要要的朋友，当然也从没有向他去追根问过底细。

唐氏这一对宝贝兄弟是墙上草，见风倒，只怪我交错了朋友！我假设早知道将军之为人，只要加一点警惕，那二十三艘橡皮舟应就有所戒备了，哪里会让我做八个月的和尚？我当时率领的工兵营本有二十四艘橡皮舟，因为唐生智的命令是要破釜沉舟，所以被别的部队烧掉了。

我在南京削发是为期八月，应分为二个时期。前三个月是在江边的永清寺，后五个多月是随着守印师叔和师兄二空归回到台城的鸡鸣寺。

当我们计划从乡间迁进城的时间，一方面是为了瞎子师叔的行动方便，另一方面是想转移驻守城门敌兵的注意力，我们特别找了一把旧藤椅，临时扎成一顶轿子，抬着老和尚进城的。

和尚虽假

我从永清寺抬着守印师叔的轿子从中央门进入南京城，当时进入城门必先在城门口扎一针防疫针，对于扎针，一般老百姓都觉得有点儿痛，因为这一张防疫证明书同时也可以当成通行证，所以大家也就只好忍受了。其实我能安全进城已经够了，来到鸡鸣寺后，根本没有打算再出山门。和尚虽假，而菩萨却真，离此我就会失去保护，这是守志师父对我的训示，也是铁定不变的法则。

可是在4月、5月间，又有警察来通知所有的和尚去打防疫针。为了这件事，我和二空不得不重做缜密的考虑，防疫注射证既有通行的效力，若是不打，万一有事，我便丧失了机动性。去打针吧！若因此被发现我的伪真，岂不糟糕！但我们研讨的结果，还是决定去扎一针，因为我得随时打算逃出陷区，必须保持着最高的机动性才好。为了以策安全，我们制订了一个周密的计划，在我个人的伪装上，必须先下一番功夫。时令已届春和气暖，若再戴一顶僧帽，似乎是有此地无银三百两之嫌，但若脱帽而头顶上又无戒疤，那会不会使人生疑？那都是很大的问题。在众僧的计划下，要我先理了一次发，但不要剃成光头，而是略为保留一点长度，在感觉上虽是一个光头和尚，却又像很久没有理发的模样。然后再在头顶心中，用拔毛的钳子钳去一些头发，隐若地使它类似有些香洞。这样在一眼看去，便不会使人生疑。然而我们对这种做法并不能完全放心，所以二空又先派了丹凤街下院的一位和尚去打头阵，做了一次斥候的侦察，然后我才夹在诸和尚中间去接受防疫注射。

其实我们这种费神的工作都是多余的事，因为执行注射的人员根本没有鬼子在内，大家既是中国人，谁也不愿找谁的麻烦，扎一针本可以很容易地过关的。可是，因为当时的南京在财力和物力上都无法有相片，为了防止注射证的冒领和冒用，因此在注射证的一栏里必须要填明年龄和特征。假设我果真拐了一条腿，或瞎了一只眼，甚至于脸上有个大疤，那倒反而容易写了。可惜的是我五官端正，头角方圆，平凡得来丝毫找不出一点特征来，使得那负责填写的人员无从下笔，就不得不多看我两眼。这却使二空和其他的和尚都急得来变了脸色，生恐我被看出了纰漏。所幸，大家都是中国人，何必为日本鬼子卖死力，能马虎也就马虎过去了。

鬼子兵在南京为什么一而再地要注射防疫针呢？是那样地重视沦陷区的人民卫生吗？当然不会是如此的简单。我们不要忘记"南京大屠杀"，非正式的统计是近三十万人，大湾子黑夜的扫射就有二万多个尸体，这仅不过占总数的十五分之一而已。其余在南京城的内、外，可说是无处没有被杀害的军民。这些被杀害的尸体纵使已加以善后地处理和掩埋，却也是极为草率的，"大难之后必有瘟疫"，这是中国的老话，鬼子在南京驻有重兵，当然生怕受到传染，所以才一而再严厉地施行着防疫注射，哪里是为了中国老百姓的死活！

我之所以非冒险以去接受注射不可者，无非是为了保留尔后的行动自由。其实我们还估计错误了，守志师父偕约我逃出南京城，确实是需要一张通行证，可是那张正式的许可证是日本宪兵队所发的，而并不是防疫证所能代用。

奸淫掳掠

我随同守志师父走出了鸡鸣寺的山门，一转弯便进入到成贤街的大道。鸡鸣寺的山门有二道，一道是庙宇的大门，在山顶上，那便是鸡鸣寺庙宇的大门。王渔洋先生的诗说："鸡笼山上鸡鸣寺，绀宇凌霞鸟路长。"这可以说明鸡鸣寺是建立在一座小山上，而这一座小山，昔人名之为"鸡笼山"，但是"鸡笼山"这个名称到现代已经失去，仅不过是留存在王渔洋的诗中而已。庙既建于鸡笼山，而上山又有一段鸟道，这段鸟道的入口还竖立了一个石制的牌楼，这便是鸡鸣寺真正的山门，以这道山门为分野，入内则登山鸟道，出外则是成贤街的柏油马路。

"山门石级，右有志公台，为武帝时宝志禅师施粥处。"这是拙作《鸡鸣寺小志》的中间的一段，这个志公台便在入山山门的入口处。志公台是以砖石所建筑成的，可以说是相当的坚固。当然我绝不敢相信那便是梁武帝时代的遗迹——一千四百年前的建筑，可是却一定比现有的鸡鸣寺来得古老。这一所志公台因为建筑得相当的坚固，一切佛像，以及供奉的桌台和香炉，都是石质的，所以既无人偷用也用不着和尚去看守。

毛病就出在这里，鬼子兵就将志公台当作了阳台，拖了些民间妇女到那里去强奸。说也奇怪，日本宪兵队会禁止士兵强奸中华民国的妇人吗？果真如此，那么，根本不应当发生所谓奸淫掳掠的事。侵略军最高目的也就是掠夺，对于部队的小掠夺根本是抱着睁一只眼，闭一只眼的作风。宪兵队之所以来调查"志公台事件"，其目的是在防止性病，换言之，无一不是利己主义，正和防疫注射一样，岂有为中国老百姓着想的道理？

宪兵队长来到鸡鸣寺的用意，是要我们和尚随时都到志公台去巡逻一下，以便使强奸民妇的鬼子兵多少有点顾忌。其实也是空话，鬼子兵曾有过当其父母以强奸其子女的实例，焉是和尚巡逻便可能阻止其暴行，宪兵队长之前来鸡鸣寺，照我看来，仅不过是例行公事而已。

由于宪兵队长留下了一张名片，要我们和尚随时可以和他取得联系，我们就利用了这个机会向他去要了一纸的通行证，使得我和守志师父得以成行，就此逃出了陷区的虎口。

我和守志师父一走出山门，再也看不见二空那一班送别的和尚们，顿时一股说不出其所以然的情绪就涌上了我的心头。能逃出沦陷区是我八个月来无时无刻不在追求的目的，可是自从去年12月13日的下午，我一头钻进了永清寺的柴房以来，几经患难，历尽艰辛，养生送死，休戚相关，我真是和那一班和尚们发生了不可分离的感情，所以我一出门，反而站定了脚，回顾那一石制的牌楼，久久都不忍离去。

"怎样？不想走吗？想做和尚的话，不妨跟我回到永清寺去，这所庙子是不值得你留恋的。"送我出寺的守志师父本是驻节在永清寺的。

守志师父永远不会解除他那种高度的幽默感。自从守印师叔圆寂后，在"大公会议"席上，力主我逃出陷区的是他，向宪兵队挺身而出，去领通行证的也是他，自动愿意陪同我突破陷区的更是他，而他在下山的瞬间，立即这样的调侃我，这并不是他有意来挖苦，而是出诸于他那幽默的性格。

临危收容我，患难庇护我，逃亡相伴我，固然是发之于菩萨心肠和国家、民族的意识。可是，这对守志师父本身来说又有何裨益呢？尤其是从走出鸡鸣寺山门到上海这一段途中到底会出什么岔子？谁也不敢逆料，我是当事人，只有硬着头皮去撞，而守志师父，以个人的利害来说，根本没有这必要。而他却那样的见义勇为，一直要送我到上海，这是要具备有"智者不惑，仁者不忧，勇者不惧"的精神。他那种高度的幽默感，是出之于极其自然的，我根本不以为怪，可是我无言以对。

"有点怕吗？那么你就一路念《心经》吧！记住！《心经》救过你的命，'无有恐怖，远离颠倒梦想……'。"

他没有来拉我的手，而却从我的手中取去了那头小包袱，头也不回地向西走着，我也只好闷着头跟了上去。

过了中央大学，再走到鼓楼附近，这区域曾是我工兵营的防区，有一所碉堡是我的工兵营所筑的。我瞬间所感触就是：

触目尽多肠断处，伤心偏过旧碉楼！

触目惊心

我一面走一面哼哼着，想把这二句构成二首七律的形态。

"你还是念《心经》？"守志师父问着我。

"不！我在作一首诗。"

"又在作诗？也好！你有作诗的心境就过得了关的！"师父笑着对我说。

"不，师父！不是这样的说法，您看看那个。"我指着那座碉堡说："那是我做的！"

"你从前打过麻将吗？"他枉顾左右而言他地扯到了题外。

"很少，师父！我不太喜欢赌钱。"守志师父的这一问，真弄得来我莫名其妙。

"大赌一次吧！我送你还俗，便是希望送你去再赌一次，赢它回来。输掉了个把碉堡算什么？我们还有的是赌本！"

"谢谢师父的金口玉言，我们一定要赢回来才是，否则，我宁可跟您回永清寺去做小沙弥。"

"因为你有这股志气，我才冒着极大的危险送你的。守印死了，我老了，二空不中用，一切都寄望于你。"

195

"打仗与阿弥陀佛也有关系吗？"我奇怪师父的说法。

"怎么没有？永清寺的石榴园中就有四十六具被残杀的死尸，我们怎对得起死了的人！"

守志师父毕竟也是吃粮的人出身，这一股子气，他也一样地咽不下去。听了他这句话，我的胆子才壮起来，说真话，我对于这一次走，是相当畏缩的，也可以说是相当地害怕，硬着头皮冲，毋宁说是很受到守志师父的鼓舞。

"师父！今天还有夜车到上海吗？"

我想起了我们不光是要出鸡鸣寺的山门，还得坐车到上海，而现在的时间已经是下午四点多了，虽然夏季的昼间很长，但等我们走到下关，也得在黄昏的时候。

"要坐明早的车了，哪里还有夜车？这条道常常会中我们的埋伏。"

"埋伏？我们还有兵在前线打仗？"

"不！是埋伏，不是正规的部队。"

第五纵队、游击部队，这些字眼都是尔后才流行的，不说守志师父不懂，连我这个喝过洋墨水的留学生也都似乎没有学过，我们在兵学上只学过"奇袭"而已。

"那是奇袭，怎能说不是正规的部队？"

"不是就是不是，我比你知道得清楚。前些日子还挖掉过一段轨道呢！"

"您怎会这样地清楚？"

"为了你的安排，我已去过下关好多次了。"

"那么，我们在下关要过一夜？"

"当然。"

"住在哪里？有旅馆吗？下关不是全都烧掉了。"

"山人自有妙计！"守志师父打着官腔。

我们行行复行行地走到了挹江门，这更是触目尽多肠断处的地点。去年12月12日的夜里，我就是在此失去了我部队的掌握，而成了一个光杆儿的败兵。

后来，据我所知，我的大舅老爷谢承瑞团长也就是在此地殉了职的。《华严经音义》引《珠丛》云："凡以器斟酌于水，谓之'挹'。"弱水三千，竟给了我一瓢饮，让我苟延残喘！可是这挹江的一瓢水可以谓之为苦水。

挹江门因为根本没有发生过真正的战斗，所以并无多大的破坏和变迁，连新生活运动的大标语都没有变更，只是换了一面红饼饼的日本旗！站在城口守卫的则是耀武扬威的鬼子兵。中国老百姓走过这里都得要脱帽鞠躬，我和老和尚当然也不能例外。

"这就是我不愿时常进出城门的缘故。"当我们学着其他老百姓行礼如仪而走出城门之后，守志师父轻轻地对我这样的说。

我当时非常恍惚！大退却时，我在此阻于自己的部队，而现在竟得向鬼子兵鞠个躬才能跨出这道门，这道门毕竟是地狱与天堂的分野线嘛！因此，我虽然与守志师父有同感，而其分量则不同，所以我仅做了沉默的抗议，并没有响应他的话。

在大退却时，为了坚壁清野而火烧下关，历时业已八个月，但并没有任何的复元的现象，最多只不过在败瓦颓垣上临时盖了一点茅草，使没有逃亡或没有被杀的老百姓以避风雨。

夏昼很长，天没有太黑，在路边人们所摆的地摊还没有收场，当然尽是些破铜烂铁，为求一饱，倾其所有的想换几文买米的钱，强烈地显示着战败的萧索。

"易饼市傍王殿瓦，换鱼江上孝陵柴！"我突然记起这二句古诗，无头无尾的，也仅只记得这个片段，可是，这真是为这些日暮途穷的人们在写照，更强烈地反映出国家的兴衰。

守志师父正携同我走向废墟的一条曲巷中。

劫后下关

"师父！我们到哪里去过夜？"我又再度地问着，当然劫后的下关已经证实不会再有旅馆，连鸡鸣早看天的歇店也找不着。

"我说过，山人自有妙计，你还不够放心？"他反讯了我一句。

"为什么我们出城也不查防疫证？"

"全都打过针了，还查个啥子？"

"那么，我们的通行证有啥用？"

"那个是为了明天买车票用的。"

"……"我没有再说话。

"又害怕了吗？"

"不，师父，天快黑了，我有点着急。"

"鬼子兵的刀搁在你头上，我不是看你很镇静的吗！"他靠拢我一点，用肩膀顶了一顶我的背说："你推推那个门看！"

那是一座楼房，屋梁和有木料的地方都已烧去，只剩了四面砖墙。本来就是红砖的，烧过火反而变成黑色的了。石库的门框应当是配上一对对开的黑漆大门，可是只有一片薄板掩蔽着，而且大小还不太合缝。这便是守志师父用肩膀指示要我去推的门。

我愣住了，连屋顶都没有的房子会有人住吗？我们或许要靠在墙脚边过夜吧！

门突然自动地打开了，里面漆黑，我一眼看去，看不清内里的人。

"请进来！"一股很熟悉的口音，但一时想不起是谁？忽然间觉着背后有一股力量向我一推，我只得顺势地先钻了进去。守志师父也随着跨前了一步，就手掩上了那片薄板门。

只听到一声擦洋火的声音，燃着了桌上蜡烛，才使我看清楚了，原来是施施主，也是永清寺时代的难友的一员。

"很奇怪吧？我没有被鬼子兵杀死！"他先开了口。

"施施主！你怎么在此地的？师父！你也没有告诉过我！"

施施主也曾是我们在永清寺里的难友，自从他不告而别地回到八卦洲去后，我久已不闻他的消息，这位地头蛇，甚至于我怀疑他已被鬼子兵杀掉。

"告诉你干啥？施施主叫我不要说的。"

"坐下，坐下！慢慢地谈。"

施施主先接下我手中的小包袱，哈哈地大笑着说："二觉师父！你没有想到吧！老夫还有这一手！就凭我二撇仁丹胡子，料想鬼子兵也不敢杀我。"

这是一所钢骨水泥架子而镶以红砖的旧式楼房，二楼的屋顶是木梁，所以被烧掉了，但一楼与二楼之间是水泥顶板，还可以遮蔽风雨，从外面看来反而看不出是有人在住着。屋里当然谈不上有什么摆饰，可是一床、一桌和几把凳子并不显得太寒酸和局促。

八仙桌上放了三碟小菜和一瓶高粱酒，杯、盘、碗、筷都很齐全。守志师父首先坐了下去，用手先拈了一条猪耳朵塞在嘴里，"格拉、格拉"发出那细嚼的清脆声音。

"施施主！你真是洪福齐天。"我和施先生也一并地对面坐了下来。

"你为什么不说是菩萨保佑？对了，你明天就得还俗了，可是不要忘记了你曾经是佛门弟子！"

我们一面喝着高粱酒，一面就开始聊着。记得自从江面上有了一只日军的小汽艇巡逻之后，本来是早来晚归的施施主就此没有再来过永清寺，我当时曾为他和他小姐很担心，却没有料到今天逃出南京的第一步，先做了施先生的座上客，焉得不令我是又惊又喜！所以我先举起了酒杯说："施施主！我先借您的酒敬您，以祝您福寿康宁。"

"不！应当我祝你这一次去，旗开得胜！"

"不要这样酸好不好？我们三个人一齐喝。"守志师父自斟自酌地先干了一杯。

施施主话一开头，便叙述着他如何的机警，当他一听到江中有了敌军巡逻艇，便直觉地感到江心洲上再也待不下去。所以他就带着他的小姐来到了下关。因为下关是他的山门码头，只要有人，他便有办法居留下去。最主要的着眼是下关的大难已过，而江心洲却是方兴未艾，所以他们把握时机，宁可搬到敌人的窝里来，反而会安全得多。

"您为什么不教师父告诉我们一声，免得我们那样的挂念您。"我偶而在他的谈锋中插问了一句。

"枉空你还是个军人出身，连军事保密都不懂？"他又浮了一大白眼说："可是你要知道，你来下关都是我和你师父为你布置的哟！"

"那我当然得谢谢您，施施主！"

"那你得先谢谢你的师父，他本是江湖上的大哥，不过早就洗手了。"

"施施主！不要再宣我的底好不好？我们大家再干一杯。"守志师父又一饮而尽。

乱世姻缘

"那么，施施主！您的小姐呢？"我问着。

"她已经回洲上去了，现在已经安全了。"

"怎么？你一还俗便想当施家的女婿。"守志师父又调侃着我。施施主原有二位小姐，为了避免鬼子兵，曾匿居于芦草舟中，历时二月，我在永清寺，他们曾戏言将施小姐许配给我。

"我们施家有这福气？二觉师父！不，你俗家到底姓什么，假设你不嫌弃的话，我叫我闺女等你，等你打胜仗回来。"施施主将酒杯放下，很认真地对我说。

我突然地站了起来，向施施主鞠了一个九十度躬，这回我没有合十来行佛教的礼节。我一面说：

"施主！您不知道中国还有一位假和尚的祖师叫作'曼殊大师'吗？"

"我知道，好像他姓苏。"

"就是他，他有一句诗是仿唐人的句子的，'恨不相逢未剃时'。我现在又得仿我这位假和尚的祖宗说：'恨不相逢未娶时。'"我怕施施主和老师父都不懂，所以我最后又补充了一句说："我是结过婚的人。"

"那怎么你在永清寺的时候没有谈过？"施施主脸都红了，幸亏他已经喝了几杯酒。

"这也是军事保密。"我笑着说。

"我说嘞！一个洋学生，哪有二十六七岁不结婚的。"老和尚又夹了一块猪耳朵。

"师父！"我转过头去望着他说："您怎说我是洋学生？我几时告诉过您吗？"

"你发誓，你懂不懂日文？你瞒我的事太多了。"

"是的，师父！我也有我不得已的苦衷，今晚是我在南京最后的一夜，我愿意将我的身世都报告你们。"

"用不着，还太早。"老和尚制止我再说下去，他说："假设我们不出岔子的话，明晚，你到了上海后，再告诉我，现在连我也不想再多知道。施施主，请你也原谅。"

大家都太认真了，谁都没有再开口。守志师父的高度幽默感也使唤不出力量，还是我再度发难来打破这种沉寂，我说："施施主！您既然在下关这样的有办法，您为什么不设法送我过浦口去，免得我还得折腾到上海，而上海又不是我们的后方。"

"哼！浦口呀！早已有了敌人，哪里还过得去？不过我可以告诉你，今年3月至5月，我们在鲁南打了一个胜仗，杀死了好几个师团的敌人，我们称之为'台儿庄之战'。"

"您怎么知道？"

"我当然也有我的情报，鬼子搞不过我们的，凡是中国人都会为我做情报的。假若能过浦口的话，我早就叫你师父接你来下关了。"

"谢谢您，施施主！我虽然无福做您的女婿，可是我愿意做您的徒弟，出家的师父算他，在家的师父算您。"

"不！我们洪门不讲这一套，假设能开香堂的话，我愿意收你做弟兄。"

施先生突然站了起来，拉出了一个江湖上的信号，拐了一个双龙头。

那一晚上，我们三个人，施施主、守志师父和我谈得很晚，等我们灭烛就寝，大概已经到午夜了。因为我们都没有表，所以根本不知道是什么时间。

江滨赠表

关于表，倒使我回溯到一段小故事。1936年的圣诞节前后，我和名作家徐吁（1908—1980年）还有几位朋友从巴黎一同去日内瓦度假，因为慕名于瑞士产的表，同行几位朋友几乎是各买一只，我当然不会例外，也选了一只附有六七根针的航空表，价值是多少，我已不复记忆，只记得当时同去的有一位姓朱的同学却在身边对我说："买这样贵的干啥子？可以在巴黎过二个月的生活。"

当时我们在欧洲的留学生每月的生活费大概以二十英镑为标准，那么，那支航空表约莫有四十英镑的价值。以一个学生的身份论，不能不说是一项很大的支出。可是我平生最好新奇，就以那备有六七根能按能跳的针，已经令我爱不释手了，所以我并没有听从那位朱同学的劝阻，而咬紧牙根地购买了一只。手表应当是终年不离身的，在我一身的装备中，也许那支表是贵的东西。

1937年11月底，也可以说是南京笼城战的前夕，前妻孙经仪（1913—1967年）突然突破江阴的封锁线而来到了南京。

军事行动上为了阻敌海军的溯江而上，曾将我们最大的军舰"海圻舰"和最新的"海平舰"自沉在江阴的水道上。照理说，这条长江的航路从上海到南京是不能通行了，可是我方浅水轮艇却仍能畅行无阻。前妻便是由这一条路而突然地来到了南京。

前妻孙经仪并没有随我到欧洲，其原因何在，我也说不出个理由来。以我们二家的经济情形来衡量，她出国本不是一件难事，何况她的兄弟也是后我而去巴黎的，在行前，大家都怂恿她同行，而她却没有照办。

我不能武断地说她当时是别有用心，总之，书信的往返，尽管屡次都提到出国的事，但只听楼梯响，不见人下来，其实当时领一本护照和签证几乎等于到文具店去买一本拍纸簿一样容易。

我回国是由于"七七"事变的发生，一个学军事的留学生不谈国家的管制，即以个人的同仇敌忾之心也想插翼而归。可是等我航行到了香港，已经是9月中旬，"八一三"后的上海根本无法使我由上海登陆而再去首都南京。所以我就由广九、粤汉，再顺流而下地到达金陵。前妻本是住在她平津的娘家，那是远在"七七"后即为敌军所占，所以我虽然回了国，夫妻却无法见面。大禹治水三过其门而不入，我何敢与先贤相比？然而我却是直奔战场的。

前妻孙经仪能突破江阴的封锁线而到战场上来会晤，我当然是十分的欣慰，可惜的是南京保卫战即将开始，因之只住了二天，便随着最后一艘眷属疏散船只溯江而去了武汉。蜡烛有心还惜别，替人流泪到天明，当我送她上船的时候，我就解下了我那只手表，做了临别的纪念。

军人时常争取的是时间，往往是以秒为单位的。虽然我当时只是一个小小的营长，连表都没有也不像话，可是当时南京城的商店都已关闭，同时也没有时间再去求谋，所以我只好将办公室的一只小闹钟放在干粮袋里以备用。

在中国的军队里有一句类似笑话的成语叫作"操场上对表"。谜底的解释："听大官儿的。"因为操场上演习的时候，指挥官每每有想定的假设。例如，明明是上午或清晨，而指挥官却说现在假定是二十点整，而季节则假定为冬季，所以现时已是进入暗夜，再过五分钟，我们就得出发。现在对表，是二十点整，也就是下午八时整。于是乎所有的官兵都将自己的表拨到下午八点整。为了配合演习，时间是听大官儿指定，所以军队中常常用"操场上对表"的这句话。在战场上也常常对表，这倒不一定要听大官儿的，也不会用假想时间，但大家的表却须一致，行动才不会有差池。

在南京笼城战中，有一次在光华门附近，我的团长杨厚彩上校问我说："你的表几点钟了？"我没有表，因为那只表已送给前妻孙经仪，所以我只好从干粮袋里取出了那只闹钟来看。团长觉得非常的奇怪，他问我说："你的表坏了吗？我还有一只备用的，你几时到团部来取。"他的盛意是可感的，可是我却始终没有拿到，因为战争已开始了，大家都太忙，根本忘了那件事，而我还是用那只闹钟。体积虽然比手表大了百倍以上，但放在干粮袋里倒也并不太妨碍行动。

感慨系之

这只送孙经仪的表后来到了她再度结婚的赖光大（1911—？年）手上，因为那是男性的用表，妇女来用，根本就不适合。

赖光大是我士官的同学，只晚我一期。因为赖光大也是军人，所以同在重庆大本营工作时，我们常常晤面，而在军委的防空洞里（称为"第二洞"，是设备和坚度最高的一个），我们所被指定的席次正坐在对面。重庆被敌机轰炸频繁，而我见到那表的次数也逐渐地增多。能说没有一点感触吗？当然是人之常情，可是我却有另外的想法。那件与英皇爱德华八世（即温莎公爵）同花样的毛衫不是也丢出永清寺的墙外了？假设这只表不送给孙经仪，还不是"心焦"了鬼子官兵！能戴在赖光大的手上，至少是没有资敌。何必要酸溜溜的？这倒不完全是阿Q的想法，真是我的心意。

在永清寺也好，在鸡鸣寺也好，僧俗一同，似乎谁都没有用过表。关于时间，都是在臆测，成了习惯，但也相当的正确。

从鸡鸣寺"奔向自由"，在第一站施施主的下关行馆里，由小酌而到秉烛夜谈，生活的方式既已变动，在习惯上已无法来揣摩时间。但睡眠时间虽然不足，却睡得很好。照理，心情上既兴奋，进入新环境又不免感到惴怖，应当是夜不成眠的，之所以能熟睡，我想是借力于施施主那瓶高粱酒，最大的原因还是对施施主的信赖心。

被一阵低声说话所惊醒，天还是粉亮，在盛夏的江南应当是清晨5时左右，室内却增加了一位青年，我看到生人，当然就一骨碌地坐了起来。

"不要怕！"这是施施主破喉咙的沙声，他还是在床上，接着说："这位是我们的兄弟，来带你们去车站的。"

所谓"兄弟"当然是施施主江湖上的蟹脚，而他用"我们"二个字似乎也将我入了山门之内，说者无心，而听者有意，倒令我更加强了信任。

"您不送我去吗？"我又发生了疑问和一股新袭来的恐慌。

"我？"接着是施施主的大笑，笑声大于话声的数倍。他坐起来说："就凭我二撇仁丹胡子，鬼子兵不向我敬礼，便是将我逮捕。"同时他用手搓搓自己的仁丹胡子。

"有我！你还怕吗？出了事，我们师徒是一命！这回是守志师父的声音，湖南音比南京官话还要沙得厉害些。

"有我大哥在，没有走不通的路，你老可以放心。"那位青年终于发言了。不用"您"而用"你老"，当然不是京片子，却也不是南京的土音，大概是皖北的人。

以我的年龄而素昧平生，他无须对我用敬语，这"你老"当然只是对待老和尚的。是不是还没有踩进山门的我，又被扔了出来？

我也曾经踩进洪门的香堂，可是那是以后在重庆的事。但不久军中即有通令，战时禁止官兵参加这种民间组织，所以我原已是进去了的，而自己又走了出来。尽管有一度之缘，因为没有接触，正是等于门外汉。洪、清二帮会听说都是在明亡之后，民间用以抗清的组织，果尔，这倒是带有民族的意识，固无可厚非。

忆昔巴黎

我为什么在重庆会参加洪门呢？这当然是受了施施主的影响，同时，这里面还牵连到在巴黎的一段往事。

1936年春，我在巴黎邂逅了一位中国朋友。巴黎的中国同学，百分之八十，我都认识，即使没有来往，面孔总是熟的，可是这位中国人却是生面孔。既非留学生，亦非观光客，深问他的时候，却以微笑来做答复。年龄约莫在三十岁以上，瘦高个子，眉清目秀，穿着高级料子的上海式的西装，虽没有土气，而与巴黎的式样不同。因为带点神秘，反而引起了我的兴趣，不久就做了好朋友。他只想在巴黎住一小段时间，进进补习学校，而却不打算长期留学。汉诗作来很有点韵味，偶尔送点作品给我看，颇具清新之感。此君姓顾，名德钧，字行之。他有曲趣癖，囊中羞涩，但一杯在手则谈笑风生，为了引他讲故事，酒钱常常是我结账。

"你知道'FreeMason'这个字吗？"在一瓶白兰地行将现瓶底的时候，他问着我。

"不知道，是什么意思？"我不是学英文的，记的英文生字也极少。

"FreeMason是中世纪欧洲一种秘密集社，目的是为了互助、友爱和自由。中文译为'共济会'或'美生会'，与我们的清、洪帮是大同小异。"

"这倒很有趣，我还是头一次听说。"

"我就是为这个而来欧洲的。"

"你要参加这种团体？中古时候的组织，你想当圆桌武士？"

"圆桌武士是君王的御用者，我们要当的是侠盗罗宾汉。"

"中世纪的组织现在还存在吗？"

"不仅存在，跟着'五月花号'而到了美洲。""五月花号"（May Flower）是英国殖民美洲的第一艘航行的船名。

在半醉状态之下，顾德钧说出他是杜月笙（1888—1951年）的弟子，到欧洲是奉师命来考察美生会的组织情形而且是予以联系的。当年我还是学生，对社会的经验并不足，美生会也好，清、洪帮也好，根本就不关心，所以也就没有深问。后来回溯到那次的把酒长谈，觉得是一件传奇的故事。果真如顾德钧所说的，那么，杜月笙之想联络美生会，真是开拓国际路线之先河。顾德钧不久就先我回国了，到底是否与美生会取得联络？我全然不知道。

我从沦陷区逃出后，由沪而港，由港而汉，再由汉回粤，在敌军登陆大亚湾而广州沉沦时，我几乎再度陷敌。余汉谋（1896—1981年，保定6期）将军答应派船送我走的，但是我怕迟了又会去白云寺（广州名刹）做和尚，所以我就先乘中央社撤退的船只到了国父的故乡中山，然后再澳港，经海防、河内、昆明而到重庆。

重逢旧雨

1940年在重庆遇到了顾德钧，旧雨重逢，当然另是一番欣慰。他是从上海来的，又是为了杜师傅的事。在沪时因传闻我已阵亡，而太太也以未亡人的身份而改嫁，于是他在《大美晚报》发表了四首悼念我的七绝，兼具悲愤、凄清，连我自己读了都流泪。

其一

白城春色浩无边，锦绣楼台咽管弦；君作主人能醉客，低徊往事更缠绵！
注：巴黎有"白城"之称。

其二

咽鸣咤叱弃儒冠，烽火家山不忍看；热血一腔和泪洒，古来忠孝两全难！

其三

伤心国事泪难干，话到庭闱意更酸！一战成仁千古恨，秣陵江水为君寒。

其四

春回故国铜驼泣，血染山河铁骑横；万里还来悲永诀，转因君死哭平生！

我也有四首步他原韵的和诗，

其一

当年惜别赛河边，锦瑟骊歌五十弦；后会不期风雨际？余生锋镝恨绵绵！

其二

吴官花草晋衣冠，六代豪华久不看；遗恨背城输借一，早知多易必多难！

其三

百战山河血未干，剑南剪烛备辛酸；萧萧白骨春闺梦，江汉无情水自寒！

其四

热肠古道明肝胆，生死相关涕泪横；国破常羞身尚在，更因哭我愧贪生！

我参加洪门就是他为介的。

"你是杜先生徒弟，不是清帮吗？"

"先清后洪，大家一同，先洪后清，剥皮抽筋。"

这便是我参加洪门的故事，不久，德钧又首途返沪，当时太平洋尚未开战，上海租界是孤岛天堂。他有他的任务，我也不便去追问。临行时，我有二首七律惜别。

其一

天涯一别感商参，颠沛流离故国心，百战关山悲弃甲，十年人海幸知音，聊将诗句酬肝胆，岂望文章撼古今？客馆孤灯风雨夜，叮咛珍重各沾襟！

其二

江城同客欲飘零，未罄离怀别恨生！夜夜孤灯思故国，年年芳草念王孙，南船北马频流浪，剩水残山绕梦魂，后会有期宜记取，桂花香里再迎君。

帮会中人

德钧本告诉我说中秋前后再来重庆的，可是，哪知自1940年4月一别即杳无音信。胜利后，我曾追随何敬公做分区受降的视察，沾了大将的光，名字也常常见报，可是德钧没有和我再联系。"桂花香里再迎君"从没有实现，而"参商别后各天涯"却成了谶语，岂不惜哉？

我从来没有以帮会的身份接触过帮会的人，可是我对帮会之所以有好感完全是由于施施主的感情，可惜是他始终没做到我的拜兄！

我和守志师父在施施主下关行馆里过了一夜。施先生因为认识他的人太多，怕被敌军识破，所以才安排了他的小兄弟来护送我们。一起床，我们就各人吃了二个鸡蛋和一些馍饼。这些东西都是那位小兄弟所带来的。

"快吃，好去占位子。"施施主自己并没有吃，却催促着我们。

"几点钟的车？"我问。

"八点。"那位小兄弟答复。

"那么，应当还有二个钟头。"我们虽然都没表，但以日出来推测，应当相差不远。

"但是要依队买票，而后又得排队进站台，差一点就会挨枪拐子的。"这又是那位小兄弟所做的说明。

"可是还是得多吃点，吃不完的馍，二觉带着，到车上去吃。"

"……"我没有接腔，可是我心里在想，"京沪路要不了几个钟头路程，中饭还不在上海家里去吃？未必还要在火车上啃硬馍？"这句话我并不敢当面说出口，不是怕谁！而是施施主和师父听见了，岂不觉得我太狂？还没有飞出笼子便已妄自尊大，连硬馍都不屑啃了！

"本来，要我去拿出几张车票也不算一回事，可是鬼子兵的事就难办。"施施主在自言自语地道着。这句话要分二段来解释，前半句是表现他的势力，后半句是说鬼子兵的麻烦，到底麻烦到什么程度？当我听到施施主的口气时，还没十分地体会到。

守志师父将吃的馍用报纸包着，塞在我的那个灰色的小包袱里。这里面是几张鬼子兵为我照的相片、一部写经，以及一和尚的礼服"海青"，但并不是袈裟，连同灰色的包袱皮，也都是僧侣的专用品。

一切都定当好了，这时施施主才从床上跳了下来，将他那白粉底儿的缎子鞋扱着。鞋已经很旧了，鞋后跟倒了下来，我当成了拖鞋在用。

他翘着八字形的二撇仁丹胡子，脸上显露出一般严肃的气象，正和我初入永清寺柴房时所见着的一模一样，可是那是惶惑性的，而这回却是带着正气。

他突然紧拉着我的手叫着"表弟！"这回他一反常态的没有叫我二觉，他说："南京的收复就靠老弟你了，我是土生土长，当然不用多说，即以你亲眼所看到的，亲身所受到的，这口气，你忍得下去吗？我和你师父都老了，等不等得到，我不知道？假设到时候用得着我们的话，我会带着弟兄们去响应你的！"

施先生的性格特征是豪放，又是江湖上的大哥，这一段话不仅是气壮山河，而且是一言九鼎。我听了后，心直跳着，一时发呆了，不知从何答复才好。

"还不快点跪下，向施施主叩一个头，不说将来当你的丈人，还不当你的拜兄？"洪门不像清帮以师徒相称，而拜兄是龙头大哥。

守志师父提醒我，要我拜施主提携之恩，那是正确的。然而这位老师父却永远脱离不了高度的幽默感，明知我已结过婚，还一再地提到施家的小姐，倒真有点使我脸上很不自在。

我当然是遵从师父的指示，腿就跪了下去。本还想说几句什么的，可是喉咙有什么东西哽着了似的，一句也说不出来，而眼泪却像开了自来水管似的流了出来。施先生急忙欠了一个身，右腿也弯曲了一下，是还礼，抑或是为了牵我一把？一手将我拉了起来。

四只眼睛一相对，从没有表示悲伤的施施主，我看见他脸上的皮肉也在牵动。可是那只是一瞬间，他马上就强颜欢笑地说：

"当兵的只准流血，哪可以流泪？你真打回了南京，应当我向你跪的。走吧！老弟！一路保重些。"他说着又偏过了脸去。

"施施主！我决不会辜负你的厚望！"我总算想出了这样一句。再想说一句什么的时候，守志老和尚却将我推出了门。

太阳从东边射过来，我们既无洋伞，又无僧帽，连纸扇也没有一把，光光的头皮直冒着汗。8月11日的盛夏，即使是清晨，也已经是够热的了。

小兄弟在前面走着，头都没有回过一次，在旁人看来，似乎根本不和我们是一起，我却和师父并肩地走着。

"我说了那么多的笑话，你们却还要对哭，真叫我没法子了！"

"师父！这时候，我们还笑得出来吗？您想想看！"

"那倒也是实话，当我听到施施主说'不知道等不等得及到你打回来'的时候，我也想哭了，所以我才开玩笑。呀！我们都七十岁了，二觉！你到底什么时候可以打得回来？”

"我想，大概总要二三年吧！"这本是随便猜猜的。

"二三年！我们总要能等着才好。"接着他又叹了一口气，幽默感似乎一点都升华不起来。

"师父！你们那样暴露我的身份，不要紧吗？"我点前面的那位小兄弟，我一直都对他有点儿顾忌。

"江湖上保守机密的程度比吃粮的更高明些，三刀六眼，那才严格呢！你大可放心。"

"师父！您所说的吃粮时代与现在的时代不同了。"

"不见得！我看是半斤八两。"

"何以见得？"

"要像相信菩萨那样信法，才会从心眼儿里来服从的，否则，防人之口甚于防川。"

守志师父也懂得许多，旧东西知道得不少，只是不会用，"信仰宗教化"那类新名词而已。

走路的人已不少，当然还谈不上熙熙攘攘，因为行人一多，我就不敢再多话了。

距离车站本不太远，一出大街，人更多了。正街上的房子当然不再像曲巷中那样的破败，可是，即使是重予修葺的，也仅属于临时性的模样。距客岁下关大火业已八月，由撤退而陷敌，在坚壁清野而不资敌的原则下，火原是自己人放的，加上敌人侵入后的骚扰与掠夺，下关是受过二重的浩劫，即使现在已能喘了一口气，幅度是极为有限的，何况还仍在刺刀之下！

人一多，转眼就没有看见那位小兄弟。我拉着师父的衣襟，生怕再有所失。

"那位兄弟呢？"

"不用管他，你跟着我走。"

守志师父当时并没有详加说明，后来到了我上海的家里，他向我解释，才使我明了这一段布置的经过。

从守印师叔圆寂之后，守志师父就已开始为我计划着逃亡的工作，也许还要在更早一点，当施施主进入了下关地区，他们曾商量过送我渡江，那时正值台儿庄之役，敌我双方的戒备都十分的严厉，所以，即以施先生之力也无十分的把握。京沪铁路重兴客运，似乎是始于6月，这条路虽然是比较安全而易行，但必须有通行证才能买得到车票。这张所谓"通行证"当然不是二空师兄错觉中所认定的防疫注射证能充当的。铁道既已在管制限度下开放，这张通行证照理是不应当太难取得，但申请通行证必须有正当的理由，而且要本人亲自去相相面。以一个和尚的身份，又要我亲自出马，师父觉得太冒险，所以他忍住了，一直不愿过早的来和我商量。可是他从上元门的永清寺来回于下关之间则不下十次之多，竭尽所能地总想解开这个困难的死结。看到我和二空在鸡鸣寺已取得了与日本宪兵队的联系，才真算是水到渠成，一拍即合。其实申请通行还有一个伪府的机关主管，当然还是受着日本特务的控制，但表面上却完全是中国人。有了汉奸夹在当中，我们的老百姓便成为了日本人的孙子，欲求为儿子而不可得，事情反而更难办。

在车站上的布置是这样的。买票、排队都非得亲自不可，施先生的门徒只是散布在四边，假设突然发生了乱子就一拥而上，使我可以脱离现场，或者是声东击西来转移目标。这位小兄弟之来引接我们，是为了识别我们，我固不说，即使是守志师父，施先生的门徒也未必个个认识他。因此，待我们还没有到车站之前，那位小兄弟已经消失在人群之中了，仅仅在远处观察着我们，并用眼色来和各个岗位联系。这种布置的方案和经过是到了上海，完全安全后，老和尚才告诉我的。为什么不事前让我知晓呢？据他的解释是我事前若是知道，必会四处去张望，或许会破坏他们的布置。这也许是太小看了我，可是无论如何，施先生的布置是够周密的，诚使我无任感激之至。而保密的程度也是使我愧弗如也。

也因为此，我才对帮会产生浓厚的兴趣，但我毕竟是一个军人，服从已经养成了天性，战时既有命令不准参加，我就再也没有与这个团体接触过。抗战中，政府却也充分地运用过这种民间组织，杜月笙、王晓籁（1887—1967年）几位首领先生也有过一份良好的表现。军人之所以禁令参加，是为了使军人的思想和行动都要一致，倒不是对那种民间组织有所歧视。

噤若寒蝉

我和师父一走进车站，就觉得内、外的情形是迥然的不同。虽然里面也有许多人，可是静得来却鸦雀无声，而且一行一行的，整整齐齐地排着队，一共有三四列，其先头都向着购票的窗口。沪京线的南京总站到底有几道门，我已记不太清楚，大概是有五道出入口。因为每道出入口的二旁都站有日本宪兵，一进了门也就是进入到鬼子兵所监视的范围之内。无怪乎中国老百姓噤若寒蝉，连每个人呼吸的微音几乎都怕被日本宪兵听见，屏息得像窒息了似的。

我本是跟在老和尚后面的，但一踩进了车站的玄关，见到那一番情况，便不知不觉地用细步追赶了几步，过犹不及的，几乎赶在老和尚的先头去。

"跟到我的后面去，我们现在要排队去买票。"守志师父用眼色指挥着我，同时轻轻地向我说着。

老和尚似乎很熟悉此间的情形，毫无考虑地走向一队的排尾，我紧贴着他而跟在后面。他为什么要选择这一队呢？是否也有头、二三等之分？我不知道！可是观察各排队行列中的服装，一时却分不出来他们在社会阶层的身份。同是被征服者，纵使以前各有不同的环境，而现在却同样变成了奴隶，根本没有什么分别。

我转头看看车站中心所悬吊的大钟，清晨的时间还不到七点，距开车的时刻还有一点钟以上余裕。而我们的到来已不是最早者，正可以说明老百姓在京沪在线的行路之难。当时的京沪在线到底能对开几列客车无从查实，我也似乎无心去研究，但至少是与老和尚所说是相符的，那便是并没有夜车，因为怕中我们的埋伏——游击。

站里除了排队等待购票者外，当然也有人在穿梭地来去，但大致都是鬼子兵，极少是中国人，即使有也是被迫的奴役者，那位去接我们来车站的小兄弟早已没有看见了，他根本没有进入到车站，据老和尚尔后的说法，他是一段一段将我们递交给另一组的人，而那些被鬼子兵所拉去的民夫中一半以上都在帮会的组织里，所以情报的传送是相当的迅速与灵活，鬼子兵一切的举动，几乎他们都完全可以观察到，但是他们对军事的知识不足，纵使有所察觉，却不能做正确的分析，同时政府也没有充分地加以组织和利用，使得许多有价值的情报都成为浪费，最主要是没有通信系统，一瞬间便又成了明日黄花。

车票发售开始于7时，是开车前的一个钟头。售票窗口用了一层不透明的色纸隔绝着，内里是否有日本人在监视，我无从观察。总之手续还算相当的简单，票钱和通行证一并地塞进去，很少有用语言上的问答。可是当时的照相行业还没有完全恢复，通行证上没有贴相片，和以前的防疫证上一样，还是在注记栏内记载着特征。照这样看来，张冠李戴、调包并不是一件太难的事。我们的通行证直接向日本宪兵队领的，如向伪组织的机构去领，到底是怎样的情形，我和老和尚都没有那种体验。

买车票法币或日币都通用。在被占领的地区使用敌币是必然的现象，可是当时我还没有见过鬼子兵的军用票，那大概是尔后才发行的。

鸡鸣寺由于鬼子官兵的来游与"购字"，我们每天都有相当的收入，完全都是日币，而日币的兑换率到底是多少，我已经不复记忆，但日币高于法币，同时也超过法币的通行信用，那我还留着很深刻的印象。

我与老和尚所用来购车票的也是日币，这当然是我鬻字或香火钱所得的一部分。我于去年12月13日逃亡到上元门永清寺里，第一便是要改头换面，当二空为我换僧衣的时候，曾将我所随身携带的一叠钞票藏匿在永清寺柴房后院的花钵底下。那笔钱，尔后我分了一部分给守志师父，从永清寺到鸡鸣寺的初期，也用过我这笔钱来维持生活。但其中有二三十法币，我却缝在一件下摆里，以备尔后逃亡之用，当时的打算是纵令饿死也不再去动用它，用会计制度的术语来说的话，那等于是专户存款，不可以变更项目。可是等到我可以大量卖字的时候，收入则日有增益，当然，二三十块的法币已失去了它的重要性，同时我离开鸡鸣寺比预期来得较晚，时值盛夏，那件缝有法币的夹僧衣已不能再穿，所以我又将那二三十块钱转缝在一件僧衣礼服——"海青"的贴边里，这便是我携带那件"海青"的理由，当然也有保存着以后纪念的用意。可惜在八年抗战中，我上海的家庭曾遭受到诸多的变迁，那件"海青"根本不知去向，仅仅遗存了那部我所恭录的《孝经》和几张相片。

耀武扬威

由于日本宪兵队所发的通行证是硬底子，车票很快地就购到了手，可是并没有马上允许我们进站，又得来一次第二度的排队，这一次是改向着入闸口。同时改为二行列队，因为有二个闸口可以剪票进站。而在剪票前又还有二道手续，第一道是检查行李，第二道是用喷雾式的喷筒来向每个人全身消毒。

在售票将接近尾声的时候，一个类似班长阶级日本宪兵突然大声地叫着："叫他们整齐地排列起来。"

他的声音很大，虽然这并不是一句军队术语的"口令"，可是他用口令的音调和方式叫着。因为他用的是日语，当然有许多中国老百姓听不懂，由于他的叫声尖厉，使得许多人都感到震惊和恐怖。但谁也没敢乱动，生怕危险马上会临到自己的头上。这情形和心情几乎和八个月前上元门里被俘的官兵一样。

我当然听得懂日语，马上就明了了那鬼子宪兵班长的用意。最奇怪是我那位守志师父，他虽然并不懂日语，可是鬼子班长叫唤的同时，他已开始行动，拉着我就向闸口去排队。

老和尚对于车站的事，事先对每一过程都研究过，可以说是驾轻就熟，也足证这位出身于吃粮的和尚宝刀未老，反应还是那样的敏捷，不愧为江湖上的大哥，在僧侣中也是方丈级的人物。

老和尚与我动作迅速，这回，我们就排在前面，很靠近那检票的入闸口。其他的老百姓——乘客，是要等到通过翻译后才排队的，已经是落后我们一步。

那些翻译人员是被迫而来的吗？抑或是雇用而来的，我一时无从揣测。以我当时的判断，大概都是伪组织中的一批小喽啰。一件白衬衫，仅戴了一个黄布的臂章以区别，但臂章上根本没有缀字。

语言是含着很重的北方口音，至少不带南京的语尾。可能是日本宪兵队从北方罗致来的人？当时南京的伪组织并不与北平的伪组织相串联，即至尔后汪精卫来粉墨登场，与北方的王荫泰（1886—1947年）也是唱着对台的傀儡戏。日本人即使是同样运用汉奸，也有轻重、缓急与厚薄之分。换言之，除了孙子与儿子不同外，嫡子与庶出也有所分别！对汪精卫是远不如对王荫泰来得信任，或许是因为汪比王多了三点水，走狗的忠实性就分了等级。

汪精卫曳着尾巴逃离重庆是发生于1938年11月，经过海防的一段时期中，几乎挨了我方人员的一枪，所不幸的是曾仲鸣（1896—1939年）却做了替死鬼。

打那一枪的射手是王鲁翘（？—1974年）兄。鲁翘与我同期受训于实践研究院，我们曾当面质疑于那件事。可是鲁翘却不肯详细地为我们这班同学来说明，只是叹了一口气说："惜乎！击之不中。"

据我所知道的史实是汪精卫与曾仲鸣等自昆明飞越南之后，即匿居于海防的一所花园洋房里。楼上共有二间卧室，左为汪居，右为曾氏下榻，汪为逆魁，他住的房间当然是大于曾仲鸣的。在定居后不久，曾仲鸣之妻不知从什么地方也来到海防探夫，由于曾仲鸣来了一位太太而汪妻陈璧君（1891—1959年）并没有在身边，所以汪就将那较大的房间让曾氏夫妇住。这一段换房的经过未被我方情报探悉，所以我们的人员侵入之后，还是照着预定的计划，隔着房门（也许是因为内部已上锁）就用手提式机关枪向里面扫射。在那瞬息之间，只听见一个广东女人的口音叫着"仲鸣呀！你死莫得啦！"

在广东的口音，仲鸣与兆铭非常容易混淆，所以鲁翘便以为已经得手而离开了现场。

上述的一段故事并非出自鲁翘之口，是我同学中有自称为"消息灵通人士"在"地下讲座"时所叙的，我们在受训期间，一有闲空便大摆其龙门阵，在这种龙门阵中的领导人物，我们都称之为"地下讲座"。

鲁翘对此事始终是守口如瓶，也是遵守着保密的规定。

"惜乎！击之不中。"在鲁翘是以咏史的口吻而并没有加以默认。可是，即使是"幸哉！击之已中"，而伪府还是照样会成立的，因为日本要的是一个傀儡，何稀罕于汪精卫一人哉？然而在汪精卫本人却大大的不同了，我记得有一首咏史的七绝诗说："周公恐惧流言日，王莽谦恭未篡时；向使当初身便死，一生真伪复谁知？"

假设汪精卫在"地下"有灵的话，他自己也会说："惜乎！击之不中。"他会恨死鲁翘，而不是感激鲁翘。

炸平汪墓

在此，我不得不加一段八年抗战胜利后有关汪精卫的故事。

1945年9月8日，我追随当时兼任中国战区陆军总司令何敬之上将回到白下，除了受降外，我们还有一件优先的事，便是拜谒中山陵，其意义正如放翁的诗云："王师北定中原日，家祭无忘告乃翁。"

拜谒中山陵，当然也顺道去看看明孝陵，在二陵之间的梅花山上，汪精卫的墓却赫然存焉，青山不幸，埋此奸骨，真是一个极为尴尬的场面。但不久军中有一批气儿壮的小老弟们在一夜之间，用了几个黄色药包将汪墓炸平了。既未呈报核准，事出自由，在行动上来看是逾越纪律的，可是炸的却是头号汉奸汪精卫的坟，公愤所集，上峰也不便严加追究。可是余波的灾祸却落在我的头上。

记得是一个严冬的傍晚，走了四十几天水路的妻子，行装甫定。当时从重庆来还都是一件大事，兼之冬季水枯，在长江的航运间耽误了一大段的时间。我正和妻子在整理南京的居所，这所小楼是大舅老爷谢承瑞的遗产，尔后当然是奉还了谢家，初回南京的时候，我却借用暂居。正在与妻叙别的时候，楼下忽报客来，还不容许我请教名字，那年轻的女客便号啕大哭，大闹大叫，真叫我丈二的和尚摸不着头脑。

仔细倾听，才知道是汪精卫的女公子，此行是专诚来向我做问罪之师，因为当时有关敌伪的业务全归我主掌的二处所处理。

突如其来的无名灾害，我却非常的冷静，对那个无理取闹的女孩子不便做正面的冲突，尽量让她去哭诉。在她一阵高潮过去之后，我燃了一支香烟，很平静地问她说："你不是有一位令兄曾在欧洲吗？记得我留法的时代，也有过一面之雅，不过我对令兄的印象却不太佳。听说他想买一辆汽车，这本是一件极寻常的事，可是他却问人家希特勒座驾的牌子，结果他买了一辆和希特勒一模一样的'奔驰600'，令兄要想与希特勒较量富贵，我觉得是未免有点儿作威作福！所以我对他的印象可说是非常的坏，尽管他对我们的交往并没有什么不礼貌。"

我又吸了一口烟，继续地提高声音说："今晚，你来见我，一开始就并不友善，但我却很钦佩你，并不是欣赏你的泼辣，而是钦佩你对父亲的孝心。"我将大拇指翘了一翘，换了较轻而亲切的语气再说："可惜你不懂得'大义灭亲'这四个字的意义！但愚忠愚孝总是值得颂扬的。汪小姐！我倒要问你，我姓钮的和你们姓汪的有什么私仇？偏要掘你的祖坟！你好生想想这个道理看！"当时我并没有申辩，这道掘坟的命令并非我下的，这种理由用不着详细去解释，尽忠尽孝，孰重孰轻？只有自己去体会与判明，我当时不好说得。

"战场上的厮杀不谈，日本无故活活地杀死了我们多少的老百姓，虽非此时，却是此地的南京，我就亲历其境过。你那位姓汪的老子不但不和日本算算血债，而附了敌，这倒是怎样一回事？"

当然，我和汪小姐讲道理也好，发狠也好，都是白费的，只有用亲切的安慰才能打发她回去，这样的，总算是平静地送出了大门。

可是我一回到楼上，发现太太的脸拉得比骡子还长，她以为在小别的期间，我闹了桃色事件，所以女人在她还都的第一天便打上了门。

"太太！这不是桃色事件，而是梅花事件。"

接着我将江精卫鞭尸的经过用轻松的口吻告诉了她，她在战前是生长在南京的，中山陵和明孝陵都不知去过多少次？却不知道有个所谓"梅山"，其实那不过是一个山陵起伏的小丘而已。

"你为什不叫人赶她出去，这种无理取闹法！"太太还是耿耿于怀，总觉得我对待汪小姐太软弱了。

"啊呀！太太！从另一个角度去看，人家的祖坟被掘了，她私人总会觉得有点气愤，我就权充当一次她的出气筒吧！不就完了。"这是我的答复，也是我的心情。

汉奸嘴脸

后来听说这位汪小姐当了修女，现在在马来半岛。终身未嫁，献身于上帝，以赎乃父之罪，倒比晚节不保的父亲来得道高一丈。回想在炸肃亲王（善耆，1866—1922年）的当年，汪何尝不是一条好汉？政见不同，自古有之，认贼作父，则品斯下矣，可惜他没有杀身成仁于刺杀亲王，又没有死于海防我方的防微杜渐，那真可以说是他的命运安排得太坏了。

1943年在重庆，为了一件情报的泄密，有了诬告我是伪府的奸细，使得当时的参谋总长何敬之大发雷霆。我的顶头上司杨宣诚中将却拍胸地呈覆着说："钮先铭若肯当汉奸的话，至少应当做汪精卫伪府的情报厅长，不会做我二厅的小参谋……"

我和汪精卫到底有什么渊源？何以遇事都牵涉到我？其实我与汪精卫是素昧平生，他固然是命苦，我也何其倒霉！城门失火，却殃及了池鱼。

我在南京落难的时期，汪记伪府还没有着手，那些为日本工作的译员应当是属于"大道政府"。我对于那些低级的小汉奸倒也未便严谴。当然，全民抵制，宁死不屈，这固然是我们所希望。可是沦陷区的人民手无寸铁，而且战争还未真分胜负，徒死又何补于国家？既要生存于敌区，通译是非常必要的，免得发生许多的误会。只是应当在态度方面好一点，不要怀着自己是日本人的儿子，老百姓却是日本人的孙子的这种观念，那也就够了。

由于通译者转译一叫，车站中已购得车票的人随即向入闸口排列得整整齐齐。

"将行李就地打开。"

这回不是鬼子兵下口令而转译的，而是那些小汉奸们自作主张地叫着。大概是由于每天的动作都葫芦一样，所以也就越俎代庖了。

人与人之间并未保持距离，一蹲下来就不免你冲我撞，多少有点骚动，排尾的人不得不递次地后退几步，让出一点空间来。

"不准乱动！"这又是那位通译人员的叫声。

所幸并没人是挑担抬箱的，行李既简单，稍为侧过一点身子，就地也就打得开了。检查行李也是中国人在执行，当然宪兵队的鬼子兵还是盯在旁边，有时也用那黄皮大马靴踢踢老百姓的行李，却没使出那些惊心动魄的狠劲儿来。检查行李的主旨似乎是在有无隐藏武器，对其他的东西却不太严格。当然，在这种非常而又兼痛苦的环境中，不用说，绝无观光旅行的乘客，即使有事，能省也就省了，这种心情下所携带的行李还会太多吗？更不会有违禁品，何况都恐惧着"心焦心焦"，连稍微值钱一点的东西也不敢携带，所以执行检查的过程也就非常的简单。

这一次的乘客到底有多少？我没有心情去暗察和暗计。大概总不会超过三百多人呢！照兵学《交通教范》上所规定，每一节车本是搭乘七十至八十个人，这是连同步兵自身所携带的装备。至于说一列车到底是串连着几节车厢？那要看车头的出力大小而有所不同。客车是要注意到乘客活动的空间，根本与载重无关，这一次只有三四百人，那么，这一列车大概不会超过四五节车厢。

检查虽然很快，但距离开车的时刻也只剩下十五六分钟了。鬼子班长示意着那个译员可以允许乘客进站了，就在这发令的同时，在入闸口剪票处出现了四个穿白的人，很像医师，又像是护士，各人手上提着一架喷雾，在剪票间隙间向着每位乘客喷射着消毒剂，从南京到上海所经的地区可以说都是战场，盛夏中，传染病的流行，在所难免。敌军能彻底地做消毒工作，从某一种角度来看，还是值得欣慰的。虽然敌人也是为了自己军队的安全，但沦陷区的老百姓到底比敌军的数量大得多，至少这是利人利己的事，而不是损人利己的事。

三少三多

我和守志师父因为在第二次排队占了先，所以我们一经剪票、消毒后，也是占先地进到了站台。列车早已停靠在站边，但不只四五节，至少有十节以上，先头几节是铁皮货车，我想，大概是属于物运或军运的范围，仅以乘客车来看，有四节车厢就够用了，我们占了先，当然就优先上车，位子也就由我们先选。

"就坐在靠车门的地方，上、下都方便些。"

守志师父在这一段时间也许是紧张过度了，但以他的性格不该如此，或许是因为到底有那把年纪，七十岁的老僧从昨日下午出鸡鸣寺起，在十六个小时之内，睡觉还不足四五个钟头。不必说到处奔波，既以那种提高警觉的情绪来说，也就够受的。所以他一上了车，便就近选了个座位坐下同时用手一指，将靠窗的那空位给了我。虽然我俩的行李一共才一个小包袱，可是我还是伸起手来，将它放进那高架的网篮内，然后我就和师父并排地坐着。

乘客都陆续地上了车，有条不紊地都坐了下来。火车准时开动了，我大概也和师父一样，绷紧了的情绪一下子就松弛了下来，久已闷在心头的一口气好像可以就此吐出。虽然离上海还有一大截路程，可是已经上了车，而车又开动了，岂不是等于过了关？可是正当我在想说一句话来和师父攀谈的时候，我突然发现在车厢与车厢的过道处，却站着一名武装齐全的鬼子宪兵。我调转向那一头一看，也是同样的有一名鬼子。无疑在每节车厢的二头都有鬼子兵在监视着乘客，以防中途发生任何不利于日军的行动。

这一次，我那位师父却打算错了，选择的座位离得日本宪兵太近，我们的一举一动，无疑的是最容易惹着他的注视，假设能选在那节车厢的中间，至少不必在那虎视眈眈目光下打寒噤。这也难怪守志师父，连同施施主那位江湖大哥在内，在他们所能打听得到有关乘车状况中，却无人有过开车后的经验，所以守志师父才无意中选定了那离宪兵最近的座位。

当时京沪沦陷已半载有余了，日军为了确保他们的统治权，宪兵当然已不便在公共场所明目张胆地杀人，可是我一看见他们便恶心，倒也不定是那么的害怕。我本想和师傅说句什么似的，可是到此却被那股恶心所阻了回去。

行车速度也不算太慢，我凭窗放纵着我的视线，深深地感觉到"空怅望，山川形胜，已非畴昔"！沿途真是有那么大的变迁吗？那倒也不见得。京沪战争是着重在上海与南京二地，尤其是攻打南京，是由金山卫登陆所迂回的作战，所以铁道沿线的村镇都反而没有太受到战火破坏，我所说的"山川形胜，已非畴昔"的这句话，毋宁说是心理上的感触，远胜过视野的直觉。

车子虽不是见站即停，可是一停却很久。此行既不是观光，更非公务，而是仓促的逃亡，当然，事前也无从去研究行车表，这一次车，到底是慢车还是快车，抑或在这种非常的时期中，根本就无所谓快、慢之分。沿途的停顿并不是为了旅客的上、下，自可断言。是为了错车或是忙于军运则不得而知了，只知道每隔多少站便更换另一批宪兵。就这样子逐站移交而监视着我们的行程。除了几个大站以外，车站都没有挂钟，正确的时刻在多变的环境中很难推测。

看了一阵子窗外之后，回转头来再看看车里的情形，我发现有三多与三少，第一是男人多而女人少，在这种时期谁还做不必要的旅行？沦陷区虽初告苟安，但日军暴行的记忆犹新，女人当然不敢随便出门。在我坐的那一节车厢里可以说没有一个女客。在排队、购票行列中，我倒也看见一二个女人，大概都是五十以上的年龄。第二是粗人多而知识分子少。第三是老人多而壮丁少。这二件事可以相提并论来聊聊。政府西移，知识分子随着内迁，壮丁不是从军便被迫害。这二种人少乃是必然的现象。还有一个因素是很值得注意的，一个暴力统治最顾忌的是被征服者的"智与力"，智是知识，力是力量，老、弱、愚民则毫无作用，所以在日军的骑蹄下，只有这种人比较容易苟延残喘，换言之，也只有这二种人的行动比较自由。施施主二撇仁丹胡子，粗眉大眼，目光炯炯，他到底有多高知识程度，我不敢说。虽然一眼看上去并不像是一个愚民，可是其所能幸免于鬼子兵者就是仗着他那七十岁的高龄。再以我这一次逃离虎口来说吧！骗取宪兵队的通行证是师父老和尚去出的面，而乘车赴沪，为我掩护也靠老和尚，无非都是针对日军心理上的弱点。

许多描写战争或间谍的影片对于沦区的火车和车站的镜头都不太切乎实际，只有我才真有这种亲历的经验。在鬼子宪兵监视下，我不敢过分地东张西望，因此我又收回了我的视线，闭上眼帘，一只手搓着颈项上所挂的佛珠子，以做念佛状，另一只手偶然地一按车座的坐垫，却又有一种新奇的发现。

荒凉冷落

我们坐的那一节车厢是一辆正式的三等客车。我国素因经济落后，车辆缺乏，所以常常用货车来改装客用。虽然也有座位，是像市内公共汽车似的，分成二排长凳，但正式的客车则不然，不论头、二三等，座位都没横列的。其等级的区分是在乎坐垫的软硬、空间的宽窄，以及靠背是否可以二面移动。一般，在战前，大陆上的三等火车很少有软垫的座位，而我们这次所坐的却像极日本国内的三等客车，连坐垫绿呢都是同样的材料。

钱塘江铁桥的落成正值抗战的前夕，使用期间虽短，但却发挥了最大的效力。那便是将所有的车头和车皮，经过这一道铁桥而转移我们的后方。当然我不敢说是全部而一辆不遗，可是像这样合乎标准的三等客车会遗留下来吗？同时又何以与日本式的三等车可以乱真？甚至坐垫的材料与颜色都同质。

日本本土所敷的轨道是1067公厘的窄轨，根本与我们所采用的1435公厘有所不同，所以我判断我们所坐的那节火车一定是南满铁路所转过来的。昨夜，在施施主的行馆里听到我军在鲁南的大捷，那便是台儿庄之役，我当时坐在车里想，假设我军还占有平浦线上任何的一点，那么，南满在线的车辆就无法经北宁线而驶入到平浦，再轮渡到京沪。交通是战争的命脉，敌人的血液循环既比我们流畅，那么，机动和补给都倍于我方的灵活。在抗战最艰苦的时期，许多人都相信这样一句口号："以十个打一个，也得打垮他。"这种信念固无可厚非，但是这种战术思想却是错误。因为十个人并不能只食一个人的粮食，补给十个人的粮秣而来打一个人，那么，我们赔本就未免太多了，可是，吃不饱的兵又如何能打仗。

当我发现所乘的这辆车是来自南满的时候，我真有点不寒而栗。

"饿不饿？我们还带了馍。"老和尚打断了我的思潮而问着我。

"我不饿，师父！你自己吃。"

"不吃也罢！又没有水喝。"

京沪在线的车站原是有许多小贩的。可是在这大劫之后，是乘客买不起，抑或是日军根本不准小贩进站？总之，沿途什么东西都没有得买。硬馍若没有茶水，当然是很难下咽。也许我在鸡鸣寺被养娇了，远不如在永清寺那样能吃苦。

"我们到了上海再吃吧！"这句话几乎是我与老和尚同时说出来的，这样，我们师徒又做了一次会心的微笑。觉得我们逃出虎口的胜利在望，顶多只要再忍耐二三小时就够了。

守志师父并不须要逃出沦区，而是专程地掩护我，由于具有这种佛祖拯救精神，所以他对于这次成功的切盼也并不下于我。

京沪间的快车最多不过行驶五六小时，这回却走了九小时才到，等我们到达上海北站，已经下午5点。从鸡鸣寺出发，到此已是整整的二十五个钟头。

上海北站是否曾经被破坏，抑或是修复？我完全没有心情去注意。从客岁1937年12月13日南京沦陷之日起，迄兹是八个月差二天。当天是8月11日，也正是"八一三"周年纪念的前二夕。在这二百四十天左右日子里，我是怎样过的？！当然，在永清寺的后段，以及鸡鸣寺末期，并没有受到任何的迫害。可是，挨一刀倒也无所谓，一天一天地来被折磨，在心理上却是一件很难忍受的事。所以等火车一进了北站，我的身体当然还是得随着许多乘客一致行动，可是我的心反而急速地跳着，恨不得马上插翼就飞到家里，然而事情却没有那样的简单。

购票上车，我曾经排过队，这回下车，鬼子兵也不会那样容易地饶我们。在上海车站里，又有和南京车站一样的那么一批译员，在鬼子宪兵的指挥之下将这些乘客分成了二组，一组是志愿进入租界的，一组是要留在上海陷区中的人。

天堂地狱

战前上海共有二个租界，法租界是单独的，公共租界本是英、美、意、日等共同组成，可是以苏州河为界，以北的地区全是日本的势力范围，所以虹口一带等于是日本独占的权力，在1937年"八一三"揭开战火之后，我军一度攻入这个地区，所谓"四行仓库"之战，与英、美的租界仅苏州河一水之隔。鬼子宪兵所要区分的就是要知道谁是进入英、美范围租界的人，虽然仅一水之隔，但是这是天堂与地狱的分野线，只要一踏过桥，日军就管不着了。

我上海的家是在公共租界的新闸路，所以我和师父并向那一组去排列。

"这是怎样一回事？"师父问着我。

"还不是又要排队。"

"不要紧吗？"

"有什么法子。"

到了上海，也就是超出了施施主的势力范围，所以老和尚就摸不着头脑了，一摸不着底儿，守志师父当然就有点着慌，所以遇事就问着我。我何尝不也一样，所不同的仅不过是用不着通过译员，先听懂了鬼子宪兵的话而已。谚语云："行百里者半九十。"最后的五分钟，我也只能强自镇静来应付。

这一次排队所费的时间比在南京车站还长，检查行李也比较严格，每一件衣裳都得抖开，每一本有字的文件都得经过翻阅。到此，我才明白，在南京车站上是检查武器和炸弹，怕的是中途发生袭击，而上海车站所检查的呢！目的在于有无间谍行为，所以对有文字的东西就特别地注意。我们所携带的东西当然不会有问题，而那本写经和几张和尚装的相片反而增强了我的掩护。

志愿进入租界的人比例较多，其中是否也有和我一样的只进不出的人在内，我无从探悉，可是谁也不愿志愿长期居处地狱乃是必然之理，根本不用去问。

行李检查就费了一个半钟头，我看见车站的大钟已是下午6点30多分，所幸是昼长，太阳还没有完全下山。

车站外面排列了十几辆"巴士"式的交通车，我们仍是被驱使着依次登乘。是否也曾收了我们的费用，我已不复记忆，总之，在译员的口中，我们知道这是真正开往租界去的，假设他们不是存心欺骗我们的话。

车子编队开动了。北站距苏州河边只不过三几公里，这一下子总该踏入天堂了吧！不要急，还不能有那样的快！就在这样一段短短的路程中，我们这一批来客经过了十次检查，有海军也有陆军，从军服上去看便一目了然。三步一停，五步一站，有的是上车来观察一番，有的是勒令全体下车，在路旁又重新检查行李。最奇怪的是没有随附译员，所以并没有用语言拷问，然而一切都是用枪托来指挥，自然是凶神恶煞，所幸是并没有伤人，也没有"心焦心焦"的抢夺事件。

十多辆公共汽车在白渡桥的左岸停下来了，从中国司机的口里，我们才知道这里可以自由步行桥。苏州河上有二个白渡桥，一个叫"外白渡桥"，而另外一座桥却没有顶上一个"内"字。我们便是在第二座桥头下的车。

桥面虽然很宽，而距离却不甚长，以横切线中央为分野，靠着虹口方向的是站着日本兵，而另一方向则为穿着裙子军装的苏格兰士兵所驻守。步行过桥时反而没有再受到检查，行经日本兵的面前，每个人都得行个礼已成了陷区被征服者的习惯，所以即使已走进苏格兰士兵的防线，大家也都照行不误，可是苏格兰的士兵却目不斜视，装着没有看见似的，当然不会像日本兵那样点头答礼的仪式。

我和师父一踩到左岸的陆地，一同吐了一口气。不！或许是深呼吸着，呼吸到了自由的空气。

师父劈头第一句问我是："你到底是姓什么？名谁？"

"我姓钮，叫钮先铭。"

"哪个钮字？"

"按钮的钮。"

"倒是个怪姓。"

"因为我祖籍是蒙古。"

白渡桥边

在太平洋开战之前，大家都称上海的租界为"孤岛天堂"。这一块蕞尔的小地区因为有错综复杂的国际关系，尽管日军再狠，却投鼠忌器，还不敢明目张胆地侵入。所以有这一段期间，在消极方面，做了我们避难的场所；在积极方面，也做过我们活动的基地。我不是租界的颂扬者，我常常说："南京沦陷是新愁，而上海租界是旧恨。"这是代表我对租界的看法。可是，这一次我却权宜运用，做了我逃亡的踏脚石。

租界本在藏垢纳污的地方，长存在这一块小小的十里洋场中的，因为接受了一点西洋文化，同时又受着帝国主义的掩护，狗仗人势，盛气凌人，这与汉奸所谓"我是日本人的儿子"与"你是日本人的孙子"之说并无二致。我和老和尚一过了白渡桥，虽然立即呼吸到了自由的空气，却马上被一批地痞、宵小所包围，彰明较著地伸手向我们要买路钱。我猜想，大概每天都有一批难民流入到这孤岛天堂来，所以白渡桥变成了"望乡台"的阶沿坎，谁都得从这里通过，于是乎便在这阴阳分界处培育了一批寄生虫。美其名曰来照顾你，为你安排宿食之处，其实几个人向你一拥，不说你所携带的行李可能就少了一件，即便是你口袋里的钱也会被乘机扒了去。

我们二人都是和尚，而且只有一个极小的灰布包袱，在这批小流氓眼里，照理说应当放过的，可是并不其然，一窝蜂地拥了上来，先从我的手里将小包袱抢了过去，口中念念有词地说："师父们！我为你们找一个清静的旅馆，又便宜又安静，还离庙子很近。"

"是离静安寺很近吗？"守志师父站住了，他掀着他那只有几根的山羊胡子，笑嘻嘻地问着。

静安寺，说起庙子并不算大丛林，可是在上海的名气却响亮得吓人。在公共租界中有一条主要的道路就叫作"静安寺路"，简直等于纽约的第五街。老和尚这一问，小流氓倒傻了，于是乎守志师父便拱了一拱拳说："兄弟们！我们是过路的客人，借码头弯船的，请包含一点儿吧！"

释家行礼是应当合十的，而守志师父却抱拳为礼，当然有他的名堂，就看他似伸非伸的三个手指，那批马路英雄已经是点头散开了去，而抢我包袱的那一位也就双手地捧了回来。

桥头照例有一段引道。着裙子的苏格兰士兵都驻守在桥面上，而引道上却只有中国籍的巡捕。"巡捕"这两个字在下一辈的青年们也许非常的生疏，这是清廷治安部队的一种名称，租界都是始于清季，所以租界上的警察沿袭至今还是叫作"巡捕"，而警察局则名之为"巡捕房"。

桥头引道间既有巡捕，那些马路英雄还能横行吗？那只是睁着眼和闭着眼，或许是坐地分赃的。

经过引道而进入到大路上便有黄包车在等着。黄包车是东洋车的后身，而又是三轮车的始祖。天津称之为"胶皮"，而上海则叫作"黄包车"，这成了这个都市间中产阶级的主要交通工具。我和师父各跳上了一辆，这种车是人力所拖拉的，除女客和小孩子以外，在当年上海，根本不许二个大人同乘，而且它的座位也没有现在的三轮车那样的宽。

我们没有和黄包车夫讨价还价便跳上了车，这是"上海人"的派头，拉到了地点，只要你付给他恰到好处的行情，便绝不会发生争执。我们和那批小流氓在桥头引道上所演的那一幕过场戏早已看在黄包车夫的眼里，知道我们并不是"羊盘"，所以我们一上车便拉起就走。

"和尚师父！到哪块？""哪块？"就是"哪里？"这是长江北部沿岸的俗语，上海的黄包车都是江北人。

"新闸路。"我的车是领头。

到此，我才想到我在上海的家，这是我一位庶母曹太夫人的居处。从1912年以迄当时，在那二十六七年间丝毫没有变动。其间经过五四、五卅、卢永祥（1867—1933年）与孙传芳（1885—1935年）之争夺战，以及革命军的大业，由于与政局无关，所以我钮家那一处据点永远在平易中存在。我自欧洲归来，根本没有来到上海，所以我不见上海的家已经有好几年，也可以说我从小就没有在那个家长住过，因为我并非庶出。

近家情怯

上海的家永远是一成不变的，这是我具有信心的印象，何况南京保卫战的前夕，前妻孙经仪便经由这个家而到南京去找我，到此只不过八个多月，何至于会有所变迁？可是我所担心的是庶母曹太夫人长于我三十有六，当年已是六十出头的老太太，风烛残年，是否仍健在？我却不敢逆料，这便是我近家情怯的理由。

我带着师父，是从后门灶间进入我上海的家，这也是依照上海一般居家的习惯。后门是打开的，我是回家，当然用不着通报。

"你们找谁，就往里面乱闯？"首先便受阻于老家人田喜。灯光很暗，又是二个和尚，无怪乎他要来阻拦着。

"田喜！是我呀！"

"啊！二少爷回来啦！"

田喜那一股张皇失措的神情和那大声地喊叫，真是可以吓坏人！这是太出乎他的意料，所以他一把抓住我，想看个清楚。

我没有搭理他，一拂他那拉住我僧衣的手，便冲上楼梯去，我知道曹太夫人的起居都在楼上，是很少下楼的。

楼上是用一股骚动来迎接着我，家中正在晚餐，除曹太夫人及舍妹先因之外，还有几位长亲在座。大家都异口同声地说："先铭！你没有死呀？！"

在尔后的一段很长的时间中，凡是亲朋或同僚见到我，第一句都是这样一句话。历时八个月而没有一点消息，日军在南京大屠杀为举世所惊闻，所以我没有死反而成为意料的例外。

"我说先铭这个孩子是不会横死的，我们钮家也从没有做过一件缺德的事。"曹太夫人向来对我是爱如己出，她抚摸着手这样地说，同时我看见她的眼眶都红了，这当然是喜泪纵横。

"妈！"我这样地叫着，我素以母礼尊之。我说："这就是我的命太苦，没有进忠烈祠的份儿。"

"不要瞎说，仗没有打完呢！"

我不知道曹太夫人对我说那句话的意义，深刻地了解与否？可是一谈到对日抗战，不分男女老幼，凡是一个中国人，都一致地同仇敌忾心，这是抗战胜利的最高原动力。抗日战争绝不是光靠我们军人打胜的。

文化传统的道德观念最重气节，反不一定太着重于事业的成败。关公、岳武穆在中兴的大业中都没有成功，而后人则崇敬为军圣。西洋人的观念则不同，在同样对日战争中，1941年12月，日本袭击珍珠港（Pearl Harbor）的前夕，英国为吓阻日军向南进的蠢动，也派二艘大战舰"威尔士亲王号"（Prince of Wales）与"却敌号"（Repulse，或译反击号）到新加坡去坐阵。12月8日，日军发动全面攻势后，除了袭击珍珠港，以及菲律宾以对付美军外，同时在马来半岛的北部、泰国地区的宋卡（Changwat Songkhla）登陆，以迂回包围马来和新加坡。英方便出动了这二艘的战舰，以期阻挠日军，不幸的是在二小时和六十架鱼雷机的攻击下而宣告沉没。那位英方的海军司令官汤姆·菲利普斯（Tom Spencer Vaughan Philips，1888—1941年）中将从容就义，终与舰共了存亡。当时经过本是相当的悲壮与沉着，可是，尔后英国的战史上仅仅是记了这一笔账，并没有加以褒扬和颂扬，其原因是那一次是失败的战役，汤姆中将仅不过是尽了他自己的职责而已。

"人生自古谁无死？留取丹心照汗青！"文天祥（1236—1283年）之公忠体国自为后代所崇敬，可是文天祥的事业并没有成功，我们不以成败论英雄，独以个人气节为重，这便是东、西洋文化不同之点。

我无意在此讨论一个历史上的观念问题，我是一个中国人，受的是中华文化的教育，我之偏重于个人气节的观念自不待言，可是我却反对以个人的气节为主，而忽略了对国家的责任，所以我每次都提到过！忠、孝、仁、爱、信、义、和、平的八德是做人的最低的条件，并非最高的准绳。抗日战争虽终于是胜利了，可是国都却一度沦亡，我是守城的部队人员，终生以未能与城共存亡为遗憾！何况更是对不起我那五百之众的一营战友。

为了我突然地归来，全家人虽然都在饭桌上，但都停着筷子，问长问短，以想明了我这八个月的经历。

"妈！你们暂时少问一点好不好，我和师父的肚子还饿着的呢！我们今天早上5点钟之后连一滴水都没进过。"

"什么？从早上5点到现在……"

"可不！"

和尚吃荤

"田喜！田喜！"曹太夫人没有再问下去，便一股劲儿在叫老家人田喜。田喜上来后，她老人家便吩咐马上去做一二样素菜，以备守志师父和我吃。

其实家里开饭不久，并没有吃到残羹剩饭的程度，对我来说，只是添一双筷子就够了，因为妈妈看见有老和尚在，而且她也是信佛的，所以她要老家人备点素菜来款待。

我倒没有注意到这些，而守志师父却感觉到了。他自己先开了口说："我也是吃荤的，用不着再去做素菜。"

"原来师父也是假和尚？"

曹太夫人误会了，以为我既可以乔装成和尚逃出虎穴，那么，那位吃荤的老和尚也许是和我一样，根本二个人都不是真和尚。

"不，我是真和尚。"守志师父不动声色地答复着。

这一下却令我那位庶母大大难为情了。于是我不得不在旁补充着说：

"和尚也有吃荤和吃素的。信佛或做和尚与吃荤或吃素却无关。"

"钮老太太！你也信佛吗？"

"是的！师父，阿弥陀佛！"曹太夫人还合掌恭敬地行了个佛礼。

"那么，我要称你'施主'了。施主！你知道有一本叫作《六祖坛经》的书吗？"

"我知道，但我看不懂。"庶母是一位旧式老太太，所受的教育并不太高深，而她的答复是非常的自然和诚恳。

"《六祖坛经》上有说：'以菜寄煮肉边。'佛教之要吃素，其目的是要清心寡欲，所以忌食荤腥。我已过了七十，孔夫子说：'七十而从心所欲，不逾矩。'我再不会因为吃荤腥而引起出轨的欲望了。"

他这段话真是使在座的家人无不为之动容。所以我为加强守志师父的理论，我说："圣人也说：'五十非帛不暖，七十非肉不饱。'我也反对没有营养的素食。"

其实我错了，素食是有益于老年人的，血脂肪太高是年老最危险的事，可惜我当年并不懂。

"对的！大师父，你还得保重身体，你是钮家救命的大恩人。"曹太夫人附和着。

"施主！我这个臭皮囊算得上什么？早点灭度是早点脱离苦海。你家的公子却不同，你问问他看，鬼子在南京杀死了多少中国人？这口气，我们是咽不下去的，哪怕我虽是个出家人。"

敌军在南京大屠杀为举世所惊闻，我上海的家虽只是一门妇孺，但恨鬼子之心则一，首先听了老师父这句话而流泪的便是二家婶，接着小妹也低下头去，不敢举目来看人。

"傻丫头！二哥都活着回来了，你们还哭什么？阿因！去拿瓶三星白兰地来，好好地为他们庆祝一下。"庶母又转眼向着师父说："师父！您吃荤，大概也喝酒的吧！"

前一辈的老人只知道三星白兰地是最好的酒，根本不知还有所谓V.O，或拿破仑。

"也喝一点儿，但请先给我一碗饭，垫垫底。"

真的老师父也饿惨了。

那一夜，家里将守志师父安顿在客厅里睡，而我们一家人却又谈到了天亮，我真是二十四个钟头都没有闭过眼睛。

据说家里人因为我八个月都没一点消息，谁都断定我是死定了。二婶是个内向的悲观性格，她说她曾梦见我穿一件血衣，这更增加了一家的哀伤。可是家庶母总觉得不甘心，所以托了一位长亲到名子评家韦千里（1911—1988年）那里去为我问了一次卜卦。这大概是夏初时候的事情。

"先生！问什么？"韦千里问着我那位长亲。

"问问行人。"

"这个嘛！请你放心，绝不会死的。"

"可是他去打仗去了呀！已有好几个月都没有消息了呢！"

"您还不相信我的卦吗？"

韦千里有点儿火了，顺手在桌子上取了一张纸条，随便地就写了六个大字："此人秋后必归。"

我的长亲只好怏怏地走了。

卜卦算命

我回到上海是阳历8月11日，据说正是阴历立秋后的第三天。韦千里的卜卦居然有那样的灵，真是出人意料！为了家里人告诉我这一段故事，过了几天，自己也上大庆里去请韦先生算了一次命。韦千里并不认识我，上次是卜卦，这次是算命，当然，事前他也不知道我的生辰八字。当我报了出生年月日时，他问我是批终生还是问流年，我本是带着三分好奇心才去的，又何必要知道终生呢？所以我就只要求他问问流年，因为二种的价格不同，我也为了省几块钱。

"啊呀！问流年吗？"他望望我那光头。

"是的。"

"那么，不死真算是命长！"

"我死了还会来请你算命？"

"是你自己？"

"并未受人委托。"

"结婚没有？"

"结了。"

"太太没有死？"

"还活着。"

"那么也得离婚。"

"但是到现在还没有离。"

韦千里为离婚的事倒没有太争执，他又接问道："有孩子吗？"

"一男一女。"

"死了？"

"只死了一个。"

"或许过得去，那要看他自己的命了。"

"韦先生！你看我的命，那样的苦吗？"

"你呀！先生，我是照命批命的，请你不要见怪。你在二十七岁以前，连裤子也不能留一条。"

以上的对话是千真万确的事，绝非夸大其词，更没有为韦千里做义务宣传的必要。

最近看见报纸上的广告，有韦千里来台北挂牌的消息，可是我并没有再去请教过他。不疑何卜？我自己早已算清楚了自己的命，正如圣人说的"五十而知天命"也。

可是我当时听到韦千里的说法真是心惊肉跳，尔后也真是应验了，前妻孙经仪终于和我离了婚，只剩了一个长子则民，正如韦先生所说的，"那要看他自己的命了。"除此之外，在二十七岁前，我真是连裤子也没有留一条，我是穿着二空师兄借给我的僧衣而还俗的。

回到家的第二天，亲戚、朋友知道我活着回来了，都来探望我，连左右的邻居也都一样。

凡念又生

庶母曹太夫人看见二个和尚坐在客厅里觉得不大像样，便拿了二百块大洋给我，叫我去做几套西装，那时上海的西服有三十块一套就不是太差的了。

可是我那同年同月同日生的表妹陈渝生却仰天大笑。

"渝生！你笑什么？"曹太夫人叱着她。

"一个大光头和尚去做西装，岂不要骇死外国人？"

当年上海并无现成西装可买的，至少在上流社会家庭里绝不会在估衣铺里去买一套旧西装。

亲友中又无合身的衣服可借，最后只好先叫裁缝来家里做了二套纺绸挂袴和一件罗长衫，尔后我也没有再做西装，因为光头穿西装反而觉得不登样，而二百块钱却移做了在上海交女朋友的费用。

和尚才一还俗便乐园思凡，未免荒唐之极！可是这里又有一段亦可告人的秘密。

当我将八个月做和尚的故事不厌其详地报告了家人以后，我最关切的便是前妻孙经仪赶赴后方侍母的那一段情况。我从法国赶回国来参战，是从广九、粤汉而九江，再赴南京教导总队去报到的。前妻孙经仪根本没有同去法国而一直寄居在天津娘家，后来首都吃紧，她穿过江阴的封锁线，坐浅水小船到南京来看我。当时已经十分紧张，才三天便坐了最后一只眷属船去了牯岭，家母还在庐山，从避暑就没有下来，所以我叫她去做伴。

我一到上海第二天，当然就先打了一个电报到牯岭去竹报平安，可是我听说前妻孙经仪却又回到了天津去，所以我也想追一份电报去，可是我庶母却一再地阻止着我。

"平津已经沦陷，被鬼子知道你生还了，对庙子里的和尚会不利的，还是过些天写封信去得好。"

我当时才是一个中校团副而兼营长，生死应与情报机关无关，可是敌人若追报而发现鸡鸣寺曾匿藏过军人，那倒是非同小可的事，真可说是城门失火，殃及池鱼了，我也不得不有些顾忌，所以我没有实时打电报。但我想抽空来写信的时候，也还是同样地被阻挠，同时，我既已生还，不免有许多亲友间的应酬，倒也没有想到什么意外的事件业已发生。

我那洋婆

"你那位洋少奶奶不知来哭过多少次，你怎个不去通知她一下？"

"什么洋少奶奶？"庶母的一问，我倒糊涂起来了。

"那位叫作什么'罗茜泰'的洋婆！可是中国话倒说得蛮好的。"

"她来过我们家吗？"

"岂止来过，"这是小妹先因的答话："南京失守后，她三天、二天来问二哥的消息，后来我们告诉她说大概没有希望了，还狠狠地哭了一顿才走的。"

罗茜泰也是巴黎的女同学，出身名门，父亲曾做过德华银行（Deutsch-Asiatische Bank）的行长，胞叔是国民政府次长阶级的行政官，也曾任情报机关的首长，罗茜泰的母亲是德国人，所以这位混血小姐完全像个外国洋娃娃。北平的教会学校出身，德语是母亲的家教，而她自己又留法，在外国语言方面却真有她的天才，可是在巴黎的同学中，她并不是太受欢迎的人物，第一是因为她完全像个外国人，除了语言之外，根本缺乏中国的味道；第二是她的生活太豪华，更增加她的优越感，而中国学生谁也不愿意吃她那一套，所以我们同学并不十分搭理她。

我之认识罗茜泰是由当时驻法公使馆一位女职员唐丽提小姐所介绍的，丽提是唐宝潮（1887—1958年）先生的女公子，乃母是曾著《清宫二年记》的德龄公主（1886—1944年）的妹妹。中华已是民国，她又出身于民国初年之后，当然早已失去了她那皇亲国戚的身份。不过，即以唐宝潮先生来说吧！在北方政府也是赫赫有名的人物，所以她以家庭的关系，又因为精通外语，而被调在驻法公使馆服务。当年我国与法国并未交换大使，顾少川（维钧，1888—1985年）以特任全权公使而驻法，其实，少川先生在国内业已任过国务总理，已经是高过部长阶级的人物。丽提之调使馆工作，在我想必定有家庭世交的渊源，因为在当时，女外交官还是一件稀罕的事。

传奇人物

丽提与我相识于南京，这当然是我留法以前的事，当时我已为中校军官，而丽提还是一个毛丫头，初出学校，在外交部做一个委任科员。

我对罗茜泰的事还没有说清楚，忽然先提到唐丽提，未免是离题太远，可唐丽提却是一位传奇的人物，所以我不妨啰唆几句。

丽提是先天性的跛子，姑不论其是否美丽，最多只是一个半截美人，可是才华绝代，中、英、法文俱佳。有一回，她很气愤地对我说："人家女职员都是花瓶，而却叫我是'瓦罐子'，你说气人不气人？"

在当年，机关用女职员很少，所以一般称女职员为"花瓶"，意思是摆摆样子的，倒也不一定是含着侮辱女性的意味。

我笑着回答她说："花瓶是摆设摆设的，而瓦罐子却有它的用途，假设叫你为'砂锅'的话，既可以炖鱼头，又可以炖豆腐。"

这当然是青年人相互间开开玩笑，说实话，丽提在外交部也好，在驻法使馆也好，都是有用之材。

我不是说丽提天生的跛子吗？然而舞技绝好，但在巴黎却没有留学生愿意和她共舞，因为大家都怕被人嘲笑。我和她既是南京时代的老朋友，尤其是同情她那先天性的疾病，因此每逢有舞会的话，她必约我同去，我都是欣然接受她的约会，从来没有拒绝过她。有一天，她打了一个电话给我说："后天晚上有一次外交舞会，我为你要了一份请帖，请你穿中国军装来参加。但这回你不要嫌我这个瓦罐跛子，我还为你请了一位美丽的中小学姐为你的舞伴。"

当我到达舞会之后，丽提所介绍的小姐却完全是一位外国面孔，只不过会说中国话而已，那便是罗茜泰。这令我很失望，她虽然真是非常的秀美，可是留学生所切盼的是一位纯中国式的小姐，若是要一位外国妞儿的话，在巴黎，我们是可以拾手而得。

泰国皇族

她在20世纪40年代时嫁给了一位泰国的皇族，抗日胜利后，我服务于台湾全省警备司令部时期，他们夫妇曾相偕来台访过我。她的夫婿经营着航运，1949年，他们夫妻双手将一只八百吨的"美信轮"送给了我。我当时还是现役军人，无法来经营船舶，便交给了二位留法的同学来代管，一批少爷、老爷来营商，最后是弄得债务连天，直到不可收拾，可是唐丽提没有要我一个铜板却是一件事实。

可是她的婚姻并不太幸福，仅凭清代的皇族嫁一位外国的王室，在现代化的观念中，其基础是不够稳固的。然而，丽提却有她吃饭的本领，后来在曼谷执教。

话说回来，自从丽提将罗茜泰介绍给我，我和罗茜泰并没什么来往，因为中国留学生的生活方式还是和洋人不同，何况罗茜泰住在巴黎的八区，而中国留学生都住在五区。

可是这位半外国小姐对祖国却有一种特殊的爱好，尤其是非常欢喜搓麻将，所以每逢假期总是和丽提一同到五区来找我们。因为丽提和我熟，所以每次都有我在座。

在巴黎当年，中国学生搓麻将并不盛行，可以说是嫌弃的程度，因为巴黎的玩法多着呢！谁愿意将时间消磨在麻将桌上，何况又不准赌博，各人自己又没具备工具，在咖啡店租一副麻将，输赢仅是饮料的付账而已。

我虽然和她们搓过不少的麻将，对丽提不说，我们是世交，而对罗茜泰也没有任何超过同学的交情。读者诸公一定认为这是一句谎话，人家能到我上海家中去哭，还说得来冠冕堂皇，抵赖得来干干净净！

夜长梦多

其实不然，当年的留法学生与现在留美的情况迥然不同。现在的留美学生几乎是有去无回，连我儿子钮则坚也一样。当年的留学生——不定是留法国——从来没有说留了学而不回国的，因此结婚都是等到回国之后的事，而玩玩呢？谁也不愿意找中国女学生的麻烦。月亮固然不一定是外国的好，但谁也不能否认，巴黎的妞儿是世界第一。

有这样一个故事。我在巴黎，有一次去访一位中国同学，但他出去了，而房门又锁着，便不得不在房东太太的客厅里等候。那正是中、小学放学的时间，回来了一位半东方血统的男孩子，进门就亲亲妈妈。

"这是你的孩子吗？"我问着房东太太。

"是的，我就是这样一个孩子。"

"那么他的爸爸呢？"

我不好问得他爸爸是否是中国人，抑或是越南人？但我知绝不是我要访问的朋友，因为年龄差得太远。

"他的爸爸回中国去了。"房东太太懊丧地回答着。

"有信来？"

"十三年前，他一去就不复返。"

"叫什么名字？"

"我只知道他姓赵。"

《百家姓》的第一句是"赵钱孙李"，天下第一大姓，叫一个外国女子到什么地方去找呢？所以在我那辈的留学生常说："找外国太太而带回国的都是天下第一好人。"否则，吃了油大，拭拭嘴，连个谢谢都不说就溜之大吉了。

在那种环境当中，除非真想结婚，谁也不会和中国女学生打交道的。我之不敢沾罗茜泰，并不是说我老实，而是说我懂得这个窍门儿，不想找一张狗皮膏药往自己身上贴，何况我已是结过婚的人了。

"七七"事变发生，中日间的纠葛太多了，谁也没多加注意，可是我却密奉电召返国，因为我是一个现役军人，军令如山，本是刻不容缓，可是当时空旅还不够发达，海路有一定的船期，有二位最好的朋友——姓程和姓孙的，打算直送到马赛（Marseille），因为还有一个星期的空档，我们便相偕先到尼斯（Nice）去玩耍。那是南法蓝色海岸（Côte d'Azur，或译蔚蓝海岸）的一个重镇，冬天避寒，夏天避暑，都是胜地。可是，避寒是头等人，而避暑却是二等人，因为冬天虽是十分的暖，而夏天却不是十分的凉。另外有一批则不分冬、夏，那便是赌客，因为蒙特卡洛（Monte Carlo）就在隔壁，坐电车去只要五分钱，而寄一封信却要一角，因为那算是另外一个国家——摩拿哥（Monaco，或译摩纳哥）。

1937年的夏天，尼斯却特别的隆盛，因为英国的爱德华八世舍江山而不要，正在尼斯附近和辛浦森夫人结婚。

我和程、孙三人一到尼斯的第二天，便在海岸边遇到了罗茜泰。

"你们怎么也来了？"

"怎么？你可以来，就不许我们来吗？"姓孙的先冲了她一句。

"你来了多久？"姓程的问。

"快一个月了，我租了一层公寓，有四间房子，你们都可以到我那里来住。"

"不了，我们的旅馆也已经住定了。"这回是我婉谢了她。

"那么，我们有四个人，可以打一桌麻将。"

罗茜泰的麻将瘾真不小。

可惜我们在尼斯并无法找到一副麻将牌，结果我们还是上了蒙特卡洛。

于是乎，我们一同去赌，一同去游水，一同去跳舞，罗茜泰变成了我们间的女王，微臣们捧着她，一切都由她会账。

我们三个男孩子中以姓孙的最小，当然谈不上配罗茜泰，我是结了婚的人，谁都知道，最有希望的只有姓程的了。可是姓程的那位同学是位忠厚老实人，所以我和姓孙的就想特别地捉弄他一下。

"老程！加紧追呀！不要过屠门而不大嚼。"

说真话，罗茜泰是曲线玲珑，该粗的粗，该细的细。

"怎样追法？"程老兄已经上了我和孙的钩。

"那还不简单，她不是要我们搬到公寓里去住吗？你一个人搬去好不好？还可以省一笔旅馆钱。"我拼命地加油。

"要搬，我们三个人一齐去，她不是约过我们三个人的吗？"

"三个人呀！"姓孙的摇了一摇头。"哪还有你老程的份？我们里面是老钮最馋。"

"不要胡说八道！"我瞪了老孙一眼，我说："这样好了，我们买瓶酒，将她灌醉。"我没有好意思说下去。

"对！"老程拍着手，但他接着说："我们三个人对她一个，谁没有醉就算谁的。"

"那不行！"老孙提出反对，因为我和孙说好了要整老程。他说："我太小，不想讨个老婆娘，老钮又有太太，不应当做缺德的事。我们请她喝酒，我和她拼，我醉了，老钮送我回旅馆，你护送她回公寓，下文就看你自己的了。"

其实，我们三个人，谁对罗茜泰都无意，缺德的事也不想做，但是青年人一股唯恐天下不乱的劲儿，大家一致地想灌醉她，想看她出洋相。

送我回国

主意打定了，我们就买了三瓶V.O的麦克台儿牌子的哥捏克（Cognac，或译科涅克、干邑）、四只玻璃杯，在晚风徐徐的海边堤岸上喝着，卡齐诺舞厅里所播出来的音乐正为我们凑兴着。

罗茜泰却不以我和老孙为对手，尽管老孙一股子劲儿想和她干杯。我呢！因为决定了送老孙的任务，所以我一直在作壁上观，站在黄鹤楼上看翻船。

罗茜泰既肯找老程，我们想，"这也好，女有意，男有情，她总算看得起老程。"

我们是跳过舞才去喝酒的，大概是从午夜喝到了三点。

玉山颓矣，罗茜泰真到了醉眼惺忪！而老孙竟从堤岸上掉下了海里去，幸亏是落潮时候，否则简直要闹出人命！

当我将老孙从沙滩上扛了上来，罗茜泰和老程的影子都不见了。我在想，总算不负皇天厚望，完成了他们的好事。

我拦了一部马车，那本是用来兜风的，我却将它当出租车用，好容易将老孙弄回了旅馆安顿后。我想，老程的房间里不知有没有珍贵的物品，像照相机这类的东西散着？于是乎我走到老程的房间的门口。门没有锁上，我一推就进去了，现在我眼前的是老程和衣而卧，脑门子上盖着一块冰毛巾，而罗茜泰却站着用一张旧报纸在为他打扇。她根本没有醉，她早识破了我们的诡计。

第二天下午，我们又聚在一起，却给那位女王用京片子骂得来狗血淋头。

"我们今晚再喝过，一人一瓶哥捏克，谁也不准耍赖，老钮最坏，他一滴都不喝。"罗茜泰先向我开了炮。

"你饶了老钮吧！他马上就要回国去打仗了。"

老程毕竟是好人，很体恤我。

"真的吗？"罗茜泰蛾眉一敛，真是动了容，谈到打日本人，谁都没有了笑容。

"当然是真的，船票买好了，我和老程就是为送他而到马赛来的。"老孙也说了实话。

"为什么不回去打鬼子呢？你和老程也算是男子汉？"

"我们既不会开枪，又不会开炮，打仗是老钮的事情！"

"你们不去，我去，我送老钮回国。"罗茜泰瞪着一双杏眼。

权当一哭

在我要赴马赛乘船回国的前夕，我们四个人还在一起吃了一顿晚饭。商量着翌日清晨，我们先到马赛玩半天，下午再上船，船是预定在傍晚起碇的。

"一早上马赛，我起不来。"罗茜泰提出了异议。

"你不打算送老钮，你不说是要送他回国的吗？"

"送君千里，终须一别，算了！"

罗茜泰既那样的冷淡，我便向程、孙二人使了一个眼色，要他们不要再说下去。

"葡萄美酒夜光杯，欲饮琵琶马上催；醉卧沙场君莫笑，古来征战几人回？"不消说，第二天在我们三个男孩子共进午餐时，也是同样的黯然。虽然当时我们都是年轻力壮的小伙子，但终免不了还是有"多情自古伤离别"之感，何况我是要去踏上战场。

"达尔德朗号"，一万六千吨的邮轮慢慢地离开了马赛栈桥，送别的七彩纸条牵不住这艘巨轮，行客、送客尽管还在互相地摇手，但视线业已模糊，除祖国外，我生平最喜爱的国家——法兰西，就此离别了，在那里还逗留着我许多亲爱的同学和亲友！

船将出港了，我转到左舷去，远眺着基督山（Monte Cristo）小岛，那是因大仲马（Alexandre Dumas，1802—1870年）名作《基督山恩仇记》（Le Comte de Monte-Cristo，或译《基督山伯爵》）而出名，是孤立在海中的一所监牢。

我正俯在船栏边伤神，一只玉笋尖尖的手突然搭在我的肩上，回首一看，却是含笑伫立着的罗茜泰。

"呀！罗茜泰！你果真的来了？"

"我几时说过假话？"

要说罗茜泰是为了送我而一同回国，那未免是自己向脸上贴金，她来去于法国已不是一次，这次也一样，不过与我是偶合而已。

"达尔德朗号"在那航行中一共载了二十五个中国人，二十四位都坐的是三等舱，而罗茜泰一人却是在头等舱。

在三等舱里的二十四位同舟人都那样寒酸吗？那倒不见得。例如说其中就有中山大学文学院院长吴康（1895—1976年）教授的夫人，以及尔后嫁给王武少将的赵琏女士和台湾电力公司新竹区高级职员张运权都是出身于高贵家庭的男、女贵公子。

为什么大家都坐三等舱呢？第一是三等舱的舱位并不坏，而以学生身份能打个八折，头、二等舱却无此享受。最大的原因还是为了大家热闹，一窝蜂的，大家相约都买三等票。

独有罗茜泰一个人单独行动，所以她在巴黎一向就感到孤独。

移樽就教

在邮轮上的等级向来是分得非常的严格，几乎是不相往来。我为了不愿看那头等舱里侍卫的脸色，所以也不愿意越雷池一步。

"你为什么不来看我？"

隔一天，罗茜泰到三等舱里来质问我。

"小姐！我们坐三等舱的人不敢随便乱闯的。你要是感到寂寞的话，不妨移樽就教。"

"他们不会讨厌我？"

"本来都是同学，谁会讨厌你！"

欧亚航路当时有二只快速轮是属于意大利的，叫作"康德鲁索号"（Conte Rossa）和"康德梵尔号"（Conte Verde），若用意译的话是"红伯爵号"和"绿伯爵号"。这两只船只须走二十一天，其他的都走上三十天左右。倒不是其他国家没有快速轮，而是意大利在南欧，先行登岸再转车到欧洲各地就可以节省五六天的时间。

漫长的旅程中，除船上安排着许多节目以慰嘉宾外，最要紧的是要合群，以社交来消磨时日。罗茜泰听了我的忠告，移樽就教地参入了留学生的阵容，并不感到十分的寂寞。可是那一段时间正是淞沪战役正紧张的时期，仅靠着船上无线电讯所报道的一点战讯、公告栏上寥寥数语的简报，真使我们这二十五个人像热锅上的蚂蚁似的，不知所措！

船到了西贡已是9月上旬，以我个人当时的判断，我假设到上海恐怕已无法可以坐火车或江轮到南京，因为所有的交通可能都为日军所遮断。所以经过考虑后，打算在香港上岸，循广九、粤汉再顺江而下。当我将这意见征询罗茜泰，她也以为然。

"那好，我就在西贡为你饯别，我们上岸去玩个痛快！"

下一站便是香港，一到码头，我就得离开她了。

我们在西贡登岸，先到堤岸中国城的太湖楼去吃一顿丰盛的晚餐。她用广东话点着蚝油牛肉、鸡球菜远和凤爪冬菇汤时，惹得那粤籍的侍者大笑着说："番婆会讲广东话。"

饭后，我们又坐了一二十公里的出租车到了一处叫"卡斯卡德"（Cascade）的游乐场。卡斯卡德在法文的意义是瀑布，顾名思义是有山有水，既有游泳池而又有跳舞场。

陌上同行

不记得那是阴历的什么日子？月白风清而山明水秀，我哼着一首歌："今夜的月色凄清，我俩在陌上同行……"因为我们到了卡斯卡德，并没有走入舞厅，而是步月谈天。她挽着我的手臂，问我说："你懂得中国的诗词吗？"

"懂一点。"我漫不经心地答复着。

"我想作一首词送给你。"

"番婆！你也会作词？为什么不送我一首诗呢？"

"我喜欢词，因为词是有规律中的而不规律。"

"是的，所以古人名之为'长短句'，那么，就请你作吧！我会感觉得光荣的。"

"哪有那样快？我还在学，让我慢慢地想想看。"

我们秉烛夜游，玩得很晚，到船上业已清晨，那时西贡的治安很好，卡斯卡德离湄公河口的码头至少有十二公里。

近乡情怯，淞沪战讯也极不利于我方，所以船一靠九龙，我便飞一样地上了岸，当我向她告别的时候，她塞了一张纸条在我手上。我想，那也许是广义的所谓"情书"，是青年人常常耍的一种手法和把戏，若当着她的面打开来读，反而会失去了情调。

当我落定在旅舍之后，才知道那是一阙《捣练子》的词，只是极短的小令：

深夜月，别时衷，一样凄凉愁量丰，
月送君征侬伴月，相思还有月相通！

以风格论，当然谈不上是入流的作品，但出之于番婆之手，情意恳切，倒也颇为难得，我一直都珍惜着它。

凯歌前奏

1937年11月中旬，日军还未攻进南京，而我们的防御工事业已告一段落，在时间上是一个间隙，正像暴风雨前夕的平静。我在战壕中无聊，便根据她那阙词写了一篇短篇小说，名之为《凯歌前奏曲》，本打算送给《中央日报》的副刊，想等待注销后剪报寄给她，可是当那文稿杀青时，《中央日报》业已内迁，我只好贴上几角钱的邮票，将原稿送给文中的女主人翁罗茜泰。在那封信之后，首都便进入"笼城"，而我们的音讯也就断绝了。

我从南京逃到上海后，曹太夫人既一再地提到所谓"洋少奶奶"，还告诉了我，她新迁的地址和电话，当然掀起了我的回忆和凡情，虽然我和她从无超出友谊的关系，但那阙词却令我感慕无已。

我马上打了一次电话过去，而她却不在家，翌晨，我再度联络，她家人说她到大华泳池游泳去了。那距离寒舍是咫尺之遥，即在大华饭店的旧址上。我信步走了过去，买了一张门票，并租了一条泳裤，脱换后走到池边。早泳的人不少，但我一眼就看到了罗茜泰，因为她仍是穿着那件二截式的泳衣，那是我和孙、程三人合资在尼斯所送给她的。

我老远地叫着，她愣了一愣，但当双方都意识到的时候，便对冲地跑着，拥抱在一起。

"我相信你不会死的！"她仰着头望着我。

"那你为什么到我家去哭？"

"我哭的是许多为抗战而牺牲的烈士。"

这是真话，罗茜泰对我个人的感情并未深到如许的程度，而是为了我是回国抗日，她鼓舞我、激励我、珍惜我的生，哀悼我的死，是出之于公谊、公愤，并不完全是为了儿女私情。这又是抗日战争之所以能得以胜利的原因之一。记得我离开巴黎是突然的，不得不将我回国参战的事实告诉了房东，以免有所怀疑，她不仅没有丝毫的为难，反而邀集了所有的住客为我送别。

"国家至上"，中外一致，罗茜泰对我的感情大体是出之于此。当然，由于大劫后的重逢而感情更有所增益，那也是必然的现象。

"打算怎样？"

"休息几天，就由香港转到武汉去归队。"

"还要去打仗？"

"若不为了打仗，我就在南京做和尚了而不会出来。"

"对！这口气，我们谁也咽不下去的。"

罗茜泰的口吻与老和尚守志师父是不约而同。不！不光是他和她二个人，凡是一个中国人都是如此。

"什么时候走？"

"大概到月底，我看了报，8月底有一只'阿拉密斯号'（Aramis）到香港。"

我留法的期间并不长，法文也坏得可以，不知是什么缘故，我却非常喜爱法国，所以我所选择的这只"阿拉密斯号"又是一艘法国的邮轮。

"那还有半个多月，我陪你玩玩。"

罗茜泰在上海的交游很广阔，她真是谢绝了一切的应酬而陪着我。于是我们清晨游泳，晚间跳舞，只有中午到傍晚的一段时间实在太热，时维8月，正值盛夏。

有一天晚上，我们同坐在一处洋人所经营的舞厅里。那时日军尚未发动太平洋战争，所以上海的租界还是洋人的世界，而那所舞厅里也很少中国人在座。

我还是那一件湖绉长衫、一个光和尚头，而相偕的却是完全"洋婆"化的罗茜泰，真是不伦不类，所以一入场后，便有许多洋人望着我们。

"你看，他们是怎样地猜着我们？是不是像一个洋婆子轧上了一个中国的汽车夫！"

那时的汽车驾驶员还无"司机"之称。

她听了我这句笑话后，向全场扫望了一下，也觉得在那场合中，我们真是惹人注目的一对。

她耸了一耸肩膀，说："我想，他们一定在猜想你是一位中国的洋场阔少，而带了一位罗松舞女。"

自从俄国革命后，有许多白俄流亡到上海，平添了一批兼带卖淫的罗松（Russian的沪语译音，或译罗宋）舞女。

"罗茜泰！"我隔座拉着她的手说："你不嫌弃我这一副怪像吗？"

热门机关

"你的内在美远超过你的外表，即使你西装革履、油头粉面，也不能算是一位美男子，我欢喜的是你的才华。"

"你何以见到了我的才华呢？"

"就以你为我们写的那篇小说《凯歌前奏曲》吧！便令我百读不厌。"

"啊！对了，那篇小说你还留着吗？还给我，我没有底稿。"

"不行，我得留着。假设你需要的话，我可以为你抄一份，可是那底稿，我可要留作纪念。"

第二天晚上我们再见面时，她交给了我一卷稿纸，那便是她为我抄写的誊本。

《凯歌前奏曲》虽是一篇短篇小说，但却也近万字左右，而她竟一夜未睡，连晨泳也加以放弃，真使我为之动容。

她抄写的手稿，我一直带到昆明，在一次和内子承美口角间，我一气之下，将那篇底稿又撕毁了。其实我们夫妻那次的小事件并不是为了罗茜泰。

战后，我再遇到罗茜泰。我问她："《凯歌前奏曲》稿子还存在吗？"

"当然。"

"那么，再抄一份给我。"

"我抄的那一份呢？"

"丢掉了！"

"为什么那样地不珍惜着？"

"战争！丢掉的东西多着呢！"

这回，她却没有肯费一夜的时间为我抄写。在胜利的翌年——1946年，我调任北平军事调处执行部服务。那是为了国民政府和中国共产党的纠纷，美国国务卿马歇尔（George Catlett Marshall，1880—1959年）兼程来华，建议由国民政府、中国共产党和美国三方面成立调处机构。因为急需精通英文的人才，我就函邀罗茜泰做我的秘书。她的复函是厚厚的一本，打开一看，竟是《凯歌前奏曲》的另一抄本，在稿纸的空白处，她用红铅笔写了一句法文，说："我不会到北平来做你的姨太太的。"

那是她一种误会，我之邀请她，也是为了欣赏她在外国语文方面所具有的才华。可是她既不肯来，也只好算了。

军调部是当时的一个热门机关，每天都有许多记者来包围着找消息。有一次，我在实在"无可奉告"下便将那篇小说稿交给了《大公报》的记者。在1946年"五四"纪念日登载了出来，内容虽是一字未动，而将题目的"凯歌"的"歌"字改成了"凯旋前奏曲"，实在令我十分地不满意。

这篇剪报至今还保留着。

俗话说："文章是自己的好。"我却没有这种观念，拙作遗散者甚多，我从不集藏，而对这一篇却敝帚自珍，原因是那真是在战壕中所写成的。

老和尚守志师父由家人田喜陪伴，在上海玩了几天，便打算返回南京去。有日军宪兵队的通行证应当是毫无问题，可是那上面写明是二个人，而现在只老和尚一个人回去，这不能不算是一个顾虑。可是当我向守志师父商量的时候，他毅然决然地回答我说："那你交给我好了，我只有老命一条。"

"师父！话虽如此，可是为了我，而牵累到您，我总觉得过意不去。"

"我你素昧平生！"他突然地板起了脸说："在枪林弹雨之中，我都收容了你，今天你已是我的徒弟，怎样的后果，我会承担着，你放心好了。"

"……"我只有激动得涕泪纵横。

"哭什么？"他有点发火。"即使我为这件事而出了岔子，也是值得的，这不完全是为你，而是为我们吃粮的人！"

守志师父大概又忆到了庚子，又回忆到那永清寺石榴园中四十六具死尸，七十岁的长者，先前尽管是昂着头，这回，他却低了下去。他拉着我手说："二觉！不，你俗名叫什么？对了，先铭！千万记住，第一不要忘记国家，第二不要辜负你是佛门弟子。这就够了，其余的都不用去想。"

我立刻跪下来向守志师父磕了一个头，我说："师父！请您放心，我决不会违反我们的国家和信仰的。"

小妹先因还是一个天真烂漫的孩子，先是几乎骇哭了，这回却噗地一笑。

"你笑什么？女施主！"他瞪了小妹一眼，接着说："是不是笑我们和尚也吃肉？"

这下子却使得小妹脸一红。

守志师父马上转过脸来问我说："在南京鼓楼竖着的那铁架上写的是什么？"

"写的是总理遗教：'人生以服务为目的，不以夺取为目的'。"我念着。

"对了，佛教的宗旨也在为人类服务，吃肉不吃肉都没有关系。"

"记住！因妹！师父的话，你也得记着！"小妹突然也跪了下去。

"你们钮府的人都有善根，阿弥陀佛！"守志师父合十着。

我一直将师父送到白渡桥，他步行穿过苏格兰裙子武装的士兵阵容，头也没有回地走了过去。

爱情

洋嫂嫂吗

归途中，我拉了小妹先因走进了弟弟斯（DD'S，Dearest Darling的缩写）咖啡店，我们一面饮着冷饮，我盘问着小妹。

"嫂嫂是不是死了？"

"哪里的话？前二个星期才走上海过，回天津娘家去了。"

"那么，为什么妈妈一再地阻止我写信去，还怂恿我和罗茜泰来往。"

"你见了那位洋嫂嫂后怎样？"

先因将话题扯远了。

"你也跟着胡说！什么'洋嫂嫂'！"

"不管是不是洋嫂嫂，假设哥哥是喜欢罗茜泰，我们都双手赞成你讨她，而不要那位原来的嫂嫂。"

"到底是怎样一回事？"

"妈不许我告诉你，怕你伤心！"

"是孙经仪死了？"

"绝没有，是变了！"小妹更激动着。

孙经仪毕竟和我做过夫妻，我对她的性格可说是十分地了解，她有充分的活动力，可却无耐心来墨守成规。我们间与其说感情不好，毋宁说是性格不合，这要归咎于教养的不同。谈到教养，大家一定会误会到教育程度的差池，其实不仅乎此，我们之间所最显著不同的是生活教育的养成。我！从十五六岁就一个人生长在国外，而她呢！是在一个比较腐化的旧式家庭中所长成，养成一种唯我独尊的性格。

她之没有随我到法国去，并非限于经济，二家的家庭经济情况都还好，岳父也极力怂恿她同去，而她却留恋着她所留恋的东西，就这样地因循了二年。

可是我们的感情尽管是如此，而我回国后，她却鼓着犯难的精神，突破江阴封锁线而来到南京探望我，那正值笼城的前夕。这样性格奔放的女人叫她陪我一同上前线并不一定犹豫，但要她到牯岭山上去伴我的老母却不容易。所以她之变，本在我的预料之中。但我问到妹妹，我却问死而不问变，那是我终有一点自私心。

事情是这样的。前妻孙经仪突破江阴而来到南京是1937年的11月底，三天后，我逼她乘坐最后的遣眷船溯江而上，当时家母正避难牯岭。那座名山，谈到避暑，固然是胜地，一用来避难，尤其是在冬天，寒风瑟瑟，那就凄凉得可以！哪里是孙经仪所能忍受的？

在南京失陷后的不久，她便借探寻我的行踪为名而去了武汉，当时是军政西迁的重镇。在那里，她遇到了士官后我一期的同学赖光大——这便是尔后做了她的先生。

赖光大与我不仅是同学，而且是同乡，一度想和我的堂妹结婚，因之与我的家庭来往相当的密切。孙经仪与赖光大是否灵犀早通，我完全无所察觉，尤其是我留法的一段时间，孙经仪的行动更是为所欲为。但若说是赖光大乘人之危以戏友妻，那却是天大的冤枉，根本没有预谋。

孙经仪到了武汉也是人地生疏。虽然有我的四姊先篯（1914—？年）在，但家姊夫宁恩承（1901—2000年）却服务于邮政金融界，当然不如向军界的同学去探寻来得便利，何况孙经仪与赖光大也因我而为旧识之交。

赖光大当时服务于大本营的参谋机构，好的是情报灵通，坏的是判断下得太快。在南京沦陷半年的时间，他们判断我没有再活着的可能，便开始谈到婚姻。

孙经仪的性格是积极性的，只要一感到现况的不满，便企盼着新的创造，固然是往往会过犹不及，但这种追求生存的活力也无可厚非。

俗话说："天要下雨，娘要嫁人，城墙都挡不住。"寡妇再嫁本是天经地义的事。我的脑筋并不古板，即使死了，并不希望太太为我守节，来造贞节牌坊。何况更有令我感动的，那便是他们对我那遗留的孩子所打算的处理。听说他们认为死者已矣，那是没有办法挽救的命运，而遗留下的孤儿却必须使他教养成人。

死过二次

生老病死苦！人在弥留之际最放不下便是俗债，果能托妻寄子，则是死而无憾矣。我常常戏语朋友说："我钮先铭半生的经历并不足以耀人，但有二件事却很难得，那便是做过和尚和一度有着死的经验。谈到做和尚，前有苏曼殊（1884—1918年），继有刘健群（1902—1972年），我并不能专美于前，可是一个人的死，一生只能有一次，而我至少会有二次，经验难得，我每以此自豪。

记得1937年12月13日夜间，我因未及撤退而跌落长江中，当时我穿一身棉军服，自然无从游泳，已自知是死之将至，唯一我想说的话——"算了吧！仗也打败了。"我没有想到国家，更没有顾个人的荣誉，最多只想到了责任感。但这个责任却并不是想到妻子！

可是那只是一瞬间的事，到了遇救而重新要活下去的时候，上至国家，下至私人的小事，无不一一地来加以回忆、判断，甚至于幻想。放翁（陆游，1125—1210年）有诗云："老病已全惟欠死，贪嗔虽断尚余痴。"贪、嗔、痴、爱是七情六欲的一种，我自入空门后，更有所领悟。

我对前妻孙经仪的判断是不死即变，这是必然的演进。

"寡妇嫁人，就嫁好了，何必又要回娘家去一次呢？"我的语气用得很重，当然不是针对着我的小妹，而是多少有点负气。

"问题是她并不是寡妇，将怎样办？"

"那是我逃出来之后的问题。我既没有写信，至今她还不知她不是寡妇。我问的是她为什么要回天津？"

"听她自己说，一是为了想向我们家要她的孩子，二是因为她的父亲——姻伯说：'先铭总是为国家而牺牲的，即使要再嫁，也应当等到一年以后。'所以要她回去住几个月。"

"……"

我没有再接腔，母亲爱孩子是天经地义，寡妇再嫁，早晚都一样，我的前岳父家庭虽颇为腐化，但心地是善良的，而且对我过去也特别地爱护。他这种处理倒也仁至义尽，因为我知道，谁也无法阻止孙经仪再婚。

小妹看我沉默不语，她望望我说："关于侄子，妈说我们钮家又不是没有亲人，现在还在打仗，她何必要带去养，至于说她要再婚，那是她自己的事，我们管不着。"

礼数和新思想的观点下，对于再婚，本是见仁见智。我个人一度出生入死，纵然是满不在乎，但我的父母、兄弟姊妹，他们是怎样的看法，从妹妹这一句话中就可见一斑，我知道，家人对于孙经仪的做法多少是带些愤慨。假设我真是殉职了，人已死，家里也当然就无话可说，然而我居然活着回来，我的庶母也好，妹妹也好，又是一种想法，总有些报复的心理，所以想以罗茜泰为工具来对付孙经仪。

"怎样？二哥，孙经仪已经无可救药了，我想你还是和洋嫂嫂结婚吧！给孙经仪一点颜色看看。"因妹又提到了罗茜泰。

"你们真糊涂……！"

"什么糊涂？走一个，讨一个，有什么错？"

妹妹脸一板，我知道我那句话用得太重了，因此我不得不改变口吻说："因妹！你太小，所以只知其一而不知其二，韦千里为我算命，说我二十七岁以前的东西，连裤子也不能留一条，我并不相信算命，可是韦千里这句话，我非常重视，我觉得，不仅是我一个人，凡是一个中国人，在这次战争中，不能保留裤子的人一定很多，在这个时期，我丢掉了一条裤子，马上就想找一条新的，那么，别的丢了裤子的人，个个都能找得回来吗？我所追寻的是千百条裤子的事，我得为千千万万人找回他们或她们所丢掉的裤子。"

"怎样地找法？"

因妹实在太幼稚，她还是没有意会到我的真意。

"怎样地找法？打仗。"

"二哥！你还要去打仗吗？死一次还不够！"

"你这句话才怪呢！要不是为了打仗，我何必逃出南京？我在鸡鸣寺，老和尚待我像儿子，别的和尚拿我当老子，我可以赚钱养活他们，我等于是鸡鸣寺的方丈。"

"那还不是为了你有妻室、儿子，假设我们早通知你说嫂嫂变了心，我相信你可能不会逃出来的。"妹妹笑了，这当然是一句笑话，我用不着再和妹妹绕口令儿。

"仗什么时候可以打完？"妹妹出了一个难题给我做。

"天才知道，你问我，我问谁？"

"你是东西洋留学生，又是学军事的，我不问你问谁？"妹妹顶了回来。

"我想……我想……至少二年，多则可以到四五年以上，外国就有所谓'七年战争''三十年战争''百年战争'。"

"要打那样的长？我看你不要再去打了吧！"

"俗话说：'养兵千日，用兵一时。'爸爸、妈妈送我留学去学军事，而到打仗的时候，我不打了，成话吗？"

"那当然，不过，你能不能像嫂嫂的那位赖光大一样，也到什么'大本营'去工作？"

"我知道你的意思，妹妹！你是不是想说这样做法，危险比较少一点？"

"我就是这个意思。"

"那你错了，当然你不会懂得战争！就是去年的这几天，'八一四'，一颗炸弹落在了大世界，便死了几多的平民。"

"大世界"是一所游乐场的名称，坐落在旧法租界。我继续地说："谁都认为租界是最有安全保障，可是照样可以发生意外。战争是全民的，不要说我是军人，就是你，"我用手指点着妹妹的鼻子说："都很难说没有危险。"

"人总有运气的好坏！"

"是运气，但不是宿命论！"

"可是，二哥！你知道，你在我们家庭是多么的重要？！"妹妹无可奈何地叹息着。

"谁无父母，谁无子女，谁无兄弟姊妹！"

我和妹妹这一段对话真是不幸而言中，尔后，家姊济群在湘赣间逃难，便被敌机扫射而受重伤。我做了一辈子军人，反而没有挂过一次彩。

我和因妹虽然在弟弟斯咖啡店谈得很久，而好像在谈别人的事似的，不但是没有做正确的结论，而且是轻描淡写，似乎很不着边际。也许有人认为这是矫枉过正！但，谁也无法了解我当时的心情，战争失败，遁入空门，苟全性命已经是多余，我哪里还会和他人去计较？

那天晚上，我破例地失信于罗茜泰的约会。我打算写封信给孙经仪，以说明我再生的经过和心情。可是写了撕，撕了写，永远是词不达意。当然为了鸡鸣寺全体的安全，我不想在被检查信件时发生破绽，最主要者还是以我这种尴尬的立场，无法来左右她的取舍，所以我只写了"已安抵沪。即将经武汉归家。"的寥寥数语而已。

是否爱欲

照例的，我每晨要到大华游泳池去早泳，可是那一天罗茜泰却失了我的约，这是罕有的事，因为每日早泳是她所提议的，对于游泳，她比我更爱好。

是不是为了这几天，我对她比较冷淡？自从小妹将前妻孙经仪的事告诉了我之后，我毕竟是一个人，不可能一点都不耿耿于怀，所以我一再地借故以取消她和我夜游的约会。但我并没有丝毫地吐露于她，因为自我重新现世以来，从孙经仪的立场看，所谓"寡妇再嫁"的立场已经消失了，而这事件的演进更是无法预料，因此不宜过早去下结论。在寻常，夫妻间一发生裂痕，每每喜欢向第三者倾诉，而这位第三者假若也是条件因素和感情都具备的话，便很容易介入其间，于是乎直令旧的事件未了，立即会掀起一个新的事件发生，可能便会搅得来头昏眼花，这便是我之所以不愿告诉罗茜泰的原因。我不能说我对罗茜泰丝毫没有一点感情，在家人的怂恿和个人的意念之下，未尝不有所动心，可是在爱情主观方面，我一向讨厌有不洁的因素存在。倾诉、乞怜、同情、布施，这不是一个男子汉所希企受授的援手。

"你的太太现在在哪里？"

在闲谈中，罗茜泰也曾问起过我。我是一个已婚的男子，在巴黎同学中是众所周知的事。

"她回娘家去了。"

"不打算尽快地通知她一声，免得她是多么的担心？"

"电报虽没有打，信可是写了。"

"会不会她赶到上海来，和你一道到后方？"

"这我倒很想避免，带一位太太上战场，无异于是增加了一个行军的背囊。"

"你真是不懂得女人的心理，一个妻子是多么切盼着跟随着她的丈夫，哪怕是含辛茹苦！"

"可是你要知道，像巴黎那样一个花花世界，她都没有跟我去呀！"

"那是你想在巴黎行动自由，所以不愿意带个太太。"

"正相反，是她深切爱好着在中国的自由。"

"这是说你们夫妻在感情上已有了问题？"

当罗茜泰这样深入追问的时候，我几乎将我们的秘密吐了出来。可是我急速地刹了车，我说："你要知道，夫妻的存在并不一定是志同道合，而在另一种的因素下也可以相处而安。"

"你说是完全依据着爱欲？"留学过巴黎的女生讨论着男女间的问题本是很寻常的事，罗茜泰倒不是那样一个口无遮拦的女孩。

"你母亲是德国人，我知道你的德文也不差，你对于歌德的一生有什么研究吗？"

"……"她望望我，没有答复。这并不是说她对于歌德（Johann Wolfgang von Goethe，1749—1832年）一无所知。

我说："以歌德这么一位旷古的大文豪，却与一个极为平庸的女工结了婚。"

口无遮拦

我不知我当时为什么要举出许多的例子应证，以强调我和孙经仪的婚姻并不会破裂。其实我与罗茜泰闲谈到前妻孙经仪时，我早知道了她的"变"。我不向罗茜泰倾诉，而故意强调着我们婚姻的存在性。当时，确是一种变态心理，而且也是幼稚得可怜。

吴三桂抗清于山海关，闻闯王陷京师而掳陈圆圆，拍案怒吼说："吾归将自还。"可惜的是吴三桂为一个女人的得失，居然不择手段，引清兵入关以制李自成，我们不谈历史上的成败是非，为一女子而甘心事敌，未免为万年所遗臭，但"吾归将自还"倒不失为男子汉的气概，我当时真有这股心情，不过我至少绝不会用鬼子兵来制服赖光大而已。

男人常常仗着自己的才华、富有，或者是勇武、势力，来做征服女性的武器。但是错了！吴三桂就犯了这个错误，我亦复如此。到了今天，马齿徒增，才真是体会到人与人之间之所以能和平相处，应当是完全出诸于爱。《旧约圣经》（杰里迈亚书）第三十一章写着"我以永远的爱你，因此我以慈爱吸引你……"

我在早泳的约会中很久不见罗茜泰来到，我便通了一次电话去询问。在电话中，罗茜泰劈头便大声地哭泣着。

"出了什么事？罗茜泰，值得你这样的悲伤？"

"你没有见到今天的早报？"

"看过了，但我却并没有发现有任何的重大事件发生。"

"我妈被日本飞机打死了！"

"真的吗？"这倒真是使我吓了一跳，我只知道罗茜泰的母亲当时是在香港——那也是耻辱的租借和割让地，但在太平洋开战前，对于战争的安全保障，似乎有胜于上海。罗母既旅居在香港，而被日军飞机所击毙，这个说法，一时倒令我如坠于五里雾中。

事情是这样的。当年的欧亚航空公司有一架客机命名为"桂林号"，由港飞渝，就在石岐附近的上空遭遇到敌机而被击落，罗母便是乘这架飞机赴重庆，途中，时不我幸而受到了意外。罗茜泰情急而兼悲伤，搞了半天，我在电话中才弄清楚了事实。

我当然马上就更衣而到了她的家，不仅是表示慰悼，最要紧的是商量如何来办理善后。

日军在广东大鹏湾的登陆是1938年10月的双十节左右，那是二个月以后的事，在那之前，华南并没有发生战争的迹象。不过广九铁道是串联着粤汉路，那是通往武汉的动脉，每为敌机所击，而射落民航机倒还是第一次发生的事件。

罗茜泰的母亲为什么会在香港？事前我从来没有询问过。在去年的9月，我与罗茜泰同舟返国，当时我在香港上岸，而罗茜泰却径往上海，理由便是她的家是定居到沪江。乃父早已弃养，既鲜兄弟姊妹，那么，所谓"家"，当然是只有寡母一人而已。但当我逃出敌掌之后，我只听说她母亲去香港，上代既非世交，同学只问个人的事，所以我根本不知道她母亲到香港去做什么？等到"桂林号"被击之后，我才追询："你母亲到香港去做什么？"

"她有许多外国股票和首饰，觉得上海虽有租界，还靠不住，所以想移存到香港去。而到重庆去是为了访问一位父执辈的老友，盐务局的朱先生。"

飞机是坠落在我军控制下的陆上地区，罗茜泰必须亲自去检殓遗体。

"你替我打听打听看最近有没有船只到香港？"她问着我。

"据我所知，只有30日的'阿拉密斯号'，那便是我要乘的那艘法国邮轮。"

"那你去替我订票看，不知赶得及吗？"

"头等？"

"你的呢？"

"我订的是二等，怕三等太杂，听说每只香港往来的船都有乔装旅客的'能波腾'。""能波腾"是"No.10"的译音，上海人都称日本鬼子为"No.10"，因为JAPAN的"J"字是英文字母中的第十号。

"那你也为我订二等好了，你陪我同去，二张。"这次她没有要坐头等。

"我的票已经订好了。"

"不，另外二张。"

"还有谁同去？"她又没有姊妹兄弟。

"我要请一位律师李中道（1900—1986年）先生同去。"

"为什么？"

"去办母亲的遗产手续。"

现代化的人都预先拟订了遗嘱。罗母的遗嘱便是经由名大律师李中道先生所办理的。

英雄本色

这是整整一年间的事，去年"八一三"开战不久，我兼程返国，不期是和罗茜泰同舟，那次，我心情很沉重，因为我要赶赴战场，途中罗茜泰却给了我无限的安慰和鼓励。而这次呢！又竟有如此的巧合，她因奔丧而同赴香港。可是我们二人的心境都一样无法轻松，真可以说是互哭无泪，互慰无词！

我们是1938年9月1日到达香港。我除了陪同她办理丧事外，其余有关她遗产的部分都是李中道律师一手所处理的。

她在香港的亲友极少，真正参加那次葬仪的另有一位牧师外，只有我和李中道先生，而李是律师，此行则别有任务。除以财富论，罗母身后是极为萧条。

丧仪是以基督教教式进行，当最后一铲土抛入墓穴时，在华氏百度的炎热下披着黑纱的罗茜泰突然地昏倒，我费尽了极大的气力才将她从山下扶上了离坟场最近的公路。一直到旅舍安息后，她才清醒过来。

但她仍哭着，拉我的手说："表哥！妈死了，这世界上只有你对我是最亲切的人，你得好好照顾着我。"

罗茜泰的性格本是极其坚强的，到此我才第一次发现她也是"弱者，你是女人！"

我和罗茜泰并无丝毫瓜葛，一表三千里，根本谈不上，而她竟一直叫我"表哥"。这有一段故事，去年自法国返国，在"达尔德朗号"邮轮上，罗茜泰几乎每天跟着我转。在印度洋中，夏季的贸易风特别的强烈，许多乘客都晕船，而我和她却丝毫没有一点感应。既找不着人聊天，只有从船尾跑到船头，从底层玩到船桥。偶尔遇见一位法国籍的船员见到我们说："你们这一对夫妇倒有资格当船员，我看你们并不晕船。"

"我们并不是夫妇……"我马上就申明着。

但我还没有说完，而罗茜泰便抢着接了腔："我们是表兄妹。"

也许我所喝过的洋墨水还不够多，我始终就没有取一个洋名字，例如什么约翰？汤姆？因此外国人就很难用亲切一类口吻来称呼我。称我"Sean Ming"吧！怪别扭的，叫一个"NIU"字吧！又未免太感单调。

"你为什么不取一个英文名字？"许多人都这样地问过我。

"抱歉得很！鄙人是行不改姓，坐不更名。"

罗茜泰和我用中国话交谈的时候，倒称我"老钮"。但一旦用到洋文的时候，便将我叫了"牛"。外国人不懂音韵字，当然分不出"平上去入"来，所以弄得来牛、钮不分。我也并不讨厌"牛"字，我感到牛是最忠实的动物，至死为人，我虽不是印度人，但很尊重牛，所以我和牛践初（1905—1995年）、牛天文（1913—1976年）都称为"一千年前是一家"。可是用洋文来叫我"牛"，我总觉得有点儿纳闷。所以常常要求罗茜泰说："不要叫我'牛'好不好？"

"那么叫你什么？"

"叫我'胁里'。""胁里"（Cheri）是法文中的"达令"的译音。

"去你的，你还吃我的豆腐！"

自她对那位船员说我们是表亲而我没有加以否认，此后她就一直叫我"姑蝉"（Cousin），这也是法文的音译，从中国字看来，倒也很像是姑表亲似的。

我们这一称呼，一直维持了二十多年之久，而我也一直以对表妹的心情来照顾着她。

罗茜泰拉我的差来办她母亲的丧事，那本是偶发事件，当然我也有一份义务和感情来为她效劳。可是我之到香港，主要的是要转车到武汉，这就是我去年回国赶赴战场的旧路。

还有一件事也是我在香港必须待办的，那便是我要找一个小姑娘，她的名字叫作"谢承美"。

娃娃军官

溯自"九一八"的前二个月，1931年的7月，我毕业于日本陆军士官学校，一股子劲儿就赶回到天津的家中。那时先严还在世，他老人家拉近我看看清楚说：

"你这样一个大个娃娃就想当军官吗？我看小兵都会欺负你。"

当时我还没有满二十周岁，所以父亲一再地为我安排着，要我继续出国再去深造。我以前在国内，对于外文没有一样搞好过的，留德、留法，都得从头干起，而当时又从没有人会想到去美国学军事，所以我们父子的双边会议中便决定叫我再回日本去，进工兵专门学校或炮工学校。

当年入日本军事学校必须有我国政府的保送，哪怕是地方政府也可以。先严和绥远的傅作义（1895—1974年，保定5期）是朋友。便写了一封信去请他为我作保，本是一纸公文的形式而已，顺水人情，傅当然也很乐意就照办了。

可是想不到"九一八"事变随即发生，我当然不能成行，但对绥远省府的厚意总是值得感谢的，所以，便自己写了一封信给傅，那也只是官样文章，表示一点铭感，根本没有任何附带的要求。谁知傅却回了我一封信，表示欢迎我到他的第35军去服务。

傅作义向为中央所器重，同时也是国民所拥戴的高级军人，我既不能继续出国深造，当然便乐于接受他的征召。

还有一个原因，我家的谱系本是蒙古人，因此我对沙漠，老远便闻着一种香味。其实我们汉化已久，连蒙古的边儿都沾不上，仅不过是一种憧憬而已！记得我到职归绥，正值严冬，一次出操几乎就冻掉了我的耳朵，因为我毕竟还是生长在江南的人。

35军完全是"老西儿"（山西人）的系统，叫我们南方人为"蛮子"，而整个一军中也只有二个蛮子，那便是我和谢承瑞二人。

我到达绥远的第二天便知道了军中所传的蛮子故事，可是我并没有立刻见到谢承瑞，因为他的职务是军械处长，正在天津监造装甲汽车。

正是鄙人

大约一个月之后，我也出差平津，返回绥远，在平绥铁路上的火车看见一位不像土包子的军人，黄呢军装，黑皮马靴，一根斜皮带，是地道的来路货。

个子不高，人也生得并不漂亮，但动作却十分的帅，一口带着南方尾音而卷着的舌头的京片子却响亮得吓人。我一看到他所佩的符号，便猜到是谢承瑞，所以便上去打他的招呼。

"你是谢处长吗？"他阶级比我高，我先向他行了一个军礼。

"正是鄙人！"

"我钮先铭。"

"原来又是一个蛮子。"他虽然远在天津出差，但军人多添了一个蛮子的事，他也知道。

我们同乘的平绥铁路，说到这条铁路，来头实在大得很，这是驰名于世界的铁道权威泰斗詹天佑（1861—1919年）先生所设计、修筑的。平绥铁路上，青龙桥车站的转辙在中国铁路史上是有名的杰作。可是，提到当年的平绥铁路，真令人笑掉大牙。

有这样一个故事。沿平绥铁路有一位乡间的老百姓送亲戚上京，在站台上送行，车开了，他还在和车上的人聊天，聊了几分钟，车下的人对车上人说："我失陪了，先走一步！"走路的人比坐车的快，这是形容平绥铁路的慢劲儿。这当然只是一个笑话，可是全长不过816公里而须行驶二昼夜，其慢也就可知。

就在这牛步的火车上，二个蛮子——我和谢承瑞就交上了朋友。

第二年，"一二八上海抗日之战"，我们一同奉命参加。不久又一同转任炮兵学校教官，承瑞还兼教于陆军大学和中央大学。承瑞是从柏林大学毕业后才转到法国去进兵工技术学院，我尔后之留法，可以说完全是受承瑞的影响。

"七七"事变发生，我奉桂率真将军之命而返国，那时谢正任桂部的团长。首都防卫战，驻守光华门的部队便是他的步兵一团和我的一营工兵。但我之于承瑞，不仅为同乡、同学，而且是患难之交。

我从南京逃回上海，第一个令我关心的朋友便是谢承瑞，可惜当年在上海的人与军事都非常隔阂，实在无从去打听。

但在小妹先因和表姊陈渝生谈到前妻孙经仪时却无意中获得了一个消息，那便是孙经仪在经过香港时曾遇到过承瑞的妹妹谢承美。

"妹妹怎么会在香港的？"

"那，我们不知道，只是孙经仪前二星期过此去天津的时候曾提到过谢承美在香港。"

"妹妹"是承美的小名，在我未和她结婚前，我一直地跟着他的哥哥那样地称呼着她。但自从我们成了夫妻，我反而不得不改口，怕的是人家说我们夫妻好得来未免有点太肉麻。

"谢承瑞现在在哪里？"我问着表姊和小妹，"他是我在同一条战线上最敬爱的战友，他逃出了南京？"

教导总队的撤退是一同向着挹江门方向进行，各管各的部队，当时我无暇去和谢团取得联络。可是我的工兵营应当在谢团的序列的后面，当夜挹江门的混乱，谢团应当是首当其冲，我都无法通过挹江门，谢团的命运大概也是同一遭遇，所以我一直都在关怀着他的死生！

"听说他和你一样，根本就没有消息。"

表姊和小妹对谢氏兄妹也并不太生疏，那当然都是因为我的关系，所以她们也很关怀他的情形。

"那么，妹妹怎会到香港去的？""她不是有一位姊姊吗？听说她姊丈也在香港。"

这一下子，我倒想起来了。承美的胞姊苹荪是嫁给广东籍的梁乃贤

（？—1992年），乃贤当时是任中央社广州分社的主任，因此，妹妹也随着姊姊避难于南方。将前后的故事串起来，谢承美之在香港，倒是一种很自然的情况。不过她在香港到底在做什么，表姊和小妹都不知道，所能了解的只知道承美是住在香港基督教女青年会（HKYWCA），而前妻孙经仪路过香港也是寄宿在基督教女青年会，所以和谢承美相遇。

玩世玩命

前妻孙经仪和谢承美本是旧识。我和其兄谢承瑞从"一二八"沪战下来，先后都调到南京炮兵学校服务，因此我们共同租了一所房子在南京的梅园新村。当时承瑞还没有成家，只有一位八十高龄的老祖母和二弟承嵩，以及弱妹承美共同生活而已，不久，承嵩又留学日本东京工业大学，所谓谢家，除承瑞外，只有老弱二人。

我认识谢承美倒是在梅园新村以前，记得"一二八"，我和承瑞从京沪战场上回到南京之后，由于其兄的介绍，我认识了她们姊妹二人。当时承美刚入初中，仅不过是十二三岁的小姑娘而已。

在南京闲得无聊，有一天我单独地带着承美看了三场电影，晚上我送她回苹荪姊的家，却给大姊大骂了一顿。我当时虽然也只有二十一岁，但我已是堂堂的少校军官，自以大人自居，而在苹荪的眼里，却将我看成是一个不良少年，简直以为我是诱惑良家少女。幸好我和其兄承瑞还有那一份交情，总算没有将我告到官里去。其实，尔后我们同屋三年，承美连初中都没有毕业，清汤挂面的短发、一套女生制服，不要说是我，连前妻孙经仪也没有将她放在眼里。我们真是将她当成亲妹妹一样地看待。

事隔多年，前妻孙经仪路过香港，在基督教女青年会遇到谢承美，备受到她的同情和照顾。

我到香港，一心要找谢承美，并不是要找这个毛丫头，而是要询问她哥哥承瑞的下落。

女大十八变，当我在香港找到谢承美的时候，她已是亭亭玉立的大姑娘了。不仅已毕业南京女中，还已进入金陵大学。

她一见到我，便毫不避嫌地哭倒在我的怀里。在那个把月之前，她与前妻孙经仪相遇，丧夫丧兄，本是同病相怜，所以互增同情与亲切，一旦见我突然地出现，而其兄却仍无消息，其伤悲之情自无可言喻。我记得我有二句诗叙述当时的情况说：

山河变色哀家国，骨肉重逢问死生！

谁都不会相信，我既知前妻孙经仪之变，今又重逢旧友，而这位旧友毕竟尔后做了我的太太，在我们相晤之初，能无丝毫的有关男女之情吗？我们可以发誓，我们二人谁都没一点这种意念，因为我们二人的心坎上共同地顶着一个人——他的胞兄而又是我的难友——谢承瑞先生，我的舅老爷，而在此我尊之为"先生"者，因为他是我们抗战的先烈。

"孙"变了

军人！浪子！不等盖棺，我早已自我论定。因此我具有二种性格，一个是玩世不恭，另一个是玩命儿。在我所追随过的长官中，最讨厌我的是林柏森（1897—1960年，保定9期）中将。他曾任工兵学校校长，而我是他下面的教官，这位一生严肃的将军看我万事都不顺眼，可是后来在抗战中于重庆遇到我，他对我说："钮先铭！抗战最成功的事，便是将你培养成了人。"

这倒是一句实话，自己检讨，平生虽未做过什么大事，却无愧职守，三十年的职业军人，我常引以为自豪。可是，浪子，这从娘肚子里带来的性格却至老不变，所以我对不起太太的事件真可以说是罄竹难书。

然而我和内子承美能白头偕老固然是由于她的贤惠，而最大的原因却是基于和她的哥哥承瑞这一段历史的感情。

在我们年轻的时候，每逢到夫妻口角，甚至于吵得死生不相让，但是一提到"瑞哥"这两个字的时候，则一切冰释。

不知是什么缘故，我只要一想到承瑞，我便悲从中来，每一写到承瑞，无不涕泪纵横！

我钮先铭为了抗战，不过做了八个月的和尚而已，而偏爱我的人便奖饰有加，若比起那以身殉国的烈士，岂不是小巫见大巫！当然，忠烈之辈固不只谢承瑞一人而已，当然，其被我推崇则一。我一生无愧于军人职守者颇受承瑞的启示，正如林柏森将军所说的，抗战培养了钮先铭成人，同时，抗战所培养成人的也不止我钮先铭一人而已！

我与谢承美在香港相互抱头痛哭后，最要紧的是交换有关瑞哥的消息。

"有人说你和瑞哥都躲在南京的法国大使馆，后来桂先生派人去问过法国大使，他们回答说没有这件事。"

"这是不是孙经仪过路时告诉你的？"

"是的，她说因此桂先生就给了一点抚恤金给她和荷荪嫂嫂。"桂先生系指桂永清将军，景荷荪是承瑞结婚不久的嫂嫂。

她接着说："你终是逃出来了，你看瑞哥也有可能和你一样吗？"

"当然有可能。"

这并不是我随口安慰她的，我自己既有这个例子，谢承瑞有何不可？这种希望，我们一直抱了很久，后来在菲律宾沦陷三年后，表哥王启南才从马尼拉逃了回来，更增强了我们的信心。可是直到胜利来临，"可怜无定河边骨，犹是春闺梦里人！"这才令我们绝望。

"景荷荪呢？"我问着承美。

"在成都金陵女大。"

"她和你同学？"

"不！她是金女大，我在男大。"

"可是你是女生。"

"金大有女生，金女大却无男生。"

"荷荪也又嫁了人？"

不作附庸

"胡说！她连桂先生的抚恤金都不肯去领。"

"可是孙经仪却变了。"

"你怎知道的？"

"你打算瞒我？"

"你既知道了，我也没有瞒你的必要，她来基督教女青年会，没有床位，我睡在地板上，将床让给她，我们谈了三夜，不过我要问你，假设你真死了，你希望她为你守寡吗？"

"我没有那样的古板。"

"那么好了，你回来了，一切就烟消云散。"

"你真认为是这样一件事！"

"可不！"

"那么，你们谈了三夜，谈些什么？未必都是谈我死？"

"古来征战几人归？钮哥，你不要忘了，我们谢家也有一位天涯未归人呢！"

承美一直不肯和我谈到孙经仪与赖光大的事，假设孙经仪不过上海，而且不要过早向我宣布的话，我相信我即使在香港遇到承美，可能也不会立即明了孙经仪的真相。承美的姊姊苹荪和姊丈梁乃贤根本不在香港，而承美只身在香港《大公报》工作，这是谢府和张季鸾（1888—1941年）先生的关系，名为报社的数据管理员，其实报社图书一共也不到一百本，而薪水才港币三十元，光是从般含道（Bonham Road，即般咸道）到城中的车费，每月便得花费九元港币。

为生活乎？为学习乎？都谈不上，一时避难固无可厚非，日子一久，对一位少女实在无所裨益。所以我建议她回到母校金大去，当时也是内迁到成都的华西坝。

为了学费，我虽一再申明，说我愿意负全责，但谢承美并不以为意。

"你还去不去打仗？"

"那你还用问？"

"你能保证不再做八个月的和尚吗？"

当然她不好意思问我会不会再被打死。

最后我们决定写一封信给在贵阳的二哥谢承嵩。承嵩毕业于东京工业大学，当时是在贵阳兵工界服务。

"写信问问嵩哥再说。"我也提不出更好办法来，但对她有个原则，便是继续求学，混小事儿并不是一个好办法。

在香港，为了随时为罗茜泰办理必要的事，所以我也将承美介绍给罗茜泰见过面。

"她就是你留法同学的那位小妹妹吗？"

"是的！"我代答复了。

"老钮和你哥哥都是我们留法同学的光荣，你得好好地读书，不要辜负你哥哥和老钮的期望。"

罗茜泰以一副老大姊的模样，扳着承美的头，仔细地望着。当然她可能大上承美十岁，本来也真是老大姊。

我和承美一同出了罗茜泰所住的旅馆，我们走在湾仔的海边上，承美问着我说："设若孙经仪真的不回到你身边的话，你会不会和罗茜泰结婚？"

"不会。"我干脆地回答。

"为什么？"

"齐大非偶。"

"你钮家也并不贫寒，何必自卑？"

"我说的并不是金钱，而是她的性格，她是一位女王或是一位公主，她要一位驸马，或者是一位封为亲王的丈夫，我不是甘心做那种附庸的人。"

她对我笑了一笑，再没有往下深问。

有个疙瘩

我到香港是1938年9月1日，不到一个星期，大概是9月6日、7日的清晨，谢承美给了我一个电话，很简单地告诉我，说孙经仪从天津有个电报来，预定10日乘太古（Butterfield & Swire）公司的一条轮船来香港，希望谢承美去接她一下。

承美为《大公报》服务，工作都是在晚间，相当的清闲，所以我马上便约她在跑马地（Happy Valley）的路边茶室兰亭里见面。

"电报怎会打给你的？"

我看了电报之后，毫无意义地问着承美。其实，这是多余的询问，孙经仪上次从武汉回天津，路过香港，便是住在基督教女青年会成员谢承美的床上，这次又循原路返还，其托谢承美来照顾乃是必然的事。问题是她上次回天津娘家，目的是征求老父的意见，以便和赖光大结婚，据小妹先因和承美所获得的印象，她老太爷并不反对她的再醮，也无法左右她的任性，只不过为了我们双方家庭的面子，不希望她过早的公开，而要她等满一年之后再说，其实也只不过再多半年而已。照理，这半年她是不会离开天津的，现在她突然地又要来香港，当然是因为我的再生，摇动了她基本的原则。

庶母曹太夫人一再阻挠我通知孙经仪，倒也并不是蓄意拆散我们的婚姻。老一辈人的思想比较守旧，觉得一个妻子既已变了心，就没有覆水重收的必要的。当然也可以说是为了伦理道德，但在我看来，其思想的成分还是以门阀尊严为重。

我没有听从庶母的意见，尤其是小妹将个中的秘密告诉了我之后，我觉得更有必要通知孙经仪一声，因为新的因素既已发生，好让她从速处理，我总不能等她再嫁后才冒出头来。可是我那封通知她的信却是"公文程序"，没有赋予一点感情，我想，这样可以使她更易于冷静来处理。

她从上海过没有？还是直接从天津来的呢？

不管怎样，我总有一个错觉，那便是她准是冲着我而来香港的。其实不然，因为她根本不知道我还在香港，以时间计算，我8月底从上海去香港，应当是马上就转车去了武汉归队，何由会在香港待十天以上？所以孙经仪之来，并非冲着我，而是另有她的想法。但当时我有一如上述的错觉，不仅我，谢承美也一样，她说："孙经仪一定是赶到香港来找你的，到时间我陪你一同去接她。"

我只点了一点头，孙经仪是我的太太，她来香港，我既在香港，万无避而不见之理。可是我们见面后说些什么呢？倒是我一个难题。所以我马上对承美说："我要和你一道去接她，不过，你得做我们之间一个缓冲，免得我们二人一见面就冲突起来，你知道我们中间有一个疙瘩的。"

"我想不会有问题，我和你们同屋过三年，很了解你和孙经仪的个性，只要你肯将就一点，孙经仪还有什么话可说，问题是在你。"承美这句话又引起了我潜意识中所谓"吾归将自还！"又自我陶醉在"男人"的豪气中。

场面尴尬

香港是国际港，码头设备应当是不坏，但或许因为寄港的船只太多，孙经仪所乘的那只太古轮船竟没能靠岸，而是系锚于海中的浮筒上。我和承美都不明了港九的实况，当我们叫了一只哗啦哗啦船（Walla-Walla，或称电船仔、水上的士），好容易爬上了大轮，而乘客早已被太古公司派专轮接了去，致使我们扑了一个空。

"怎么办？"我倒有些慌了。

"不要紧，她会到大陆华行去的。"大陆华行是兵工署在香港化名的商号，承美的堂兄承健和表哥王启南便在那里工作。

我依了承美的意见，立即转到了大陆华行去，果然孙经仪已坐在承健兄的办公室里，正在高谈阔论我在南京的经过，因为承健和启南对于我八月为僧的事迹已颇详尽，而孙经仪则只知道我从陷区逃出而已。

她见着我第一句话就问着说："你没有死呀！"，而且还带着嫣然的一笑。

　　这句话我已经听得多了，本没有什么稀奇，也无所谓在意。但是出于一别经年的妻子，而又在浩劫重逢的瞬间，却有些刺耳。

　　也许我的涵养还不到家，或者是我沉不住气，我便顺着她的问话回答说："你是希望我死掉吗？"

　　尽管我也是用笑容满面来说这句话的，可是围着我们的四五位朋友都是兵工署的职员，可以说是圈子里的人，当然谁都知道我们之间的波折，见到我们竟以这种态度来交谈，大家都慌了，生怕我们会在办公室里演出一场好戏，岂不是观众都下不了台？所以承健兄便代替了他的堂妹承美来做了一次缓冲。

　　"好了！你们夫妻久别了，快点找个地方去细说家常。"

　　承健这样说的同时，便提着孙经仪所带来的一只提箱，准备送她到我所住的旅舍里去。朋友们也一拥，便将我们送下了楼。

　　我所住的旅舍是在湾仔，因为同行的还有罗茜泰和李中道大律师，所以我也开了一间房间，承健兄妹便将我们送到了那里。一到旅舍，他们兄妹便溜之大吉，当然是希望我们夫妻好好地谈谈，同时谁也不愿介入到这种尴尬的场面里去。

　　他们一走，只剩了孙经仪和我二人，这个场面，反而令我尴尬起来。

　　抗日战争，从广义来说，应当是始于1931年的"九一八"事变，东北那样广大的领土被敌人掳夺了，岂可甘心拱手而不顾？但当时的环境是内忧外患，只好是打打停停，停停打打，总想找一个有利的时间和空间，再来扳本。这一段时间，若用尔后所发明的术语来说，可以称之为"抗日的冷战时期"，从狭义来讲，抗日的热战是1937年的"七七"事变起。当年的12月便是首都的防卫战。11月底，孙经仪穿过江阴的封锁线来到南京会晤我，尽管在战云密罩之下，而我们夫妻还是极尽缠绵的。今也又是十个月的阔别，而且我更是大难不死，重聚于旅舍的斗室中，还会放过这个大好时光吗？

可是，今天的心情却不同，感情中一发生了芥蒂，双方都感觉不是那么一回事了！所以在大家都散去之后，我便对孙经仪说："玛丽！"这是我对她一向的称呼。"你在此地休息一下，我到大陆华行的宿舍里去取一件衬衣，我一身都被汗浸湿了。"

因为夏季的香港制水，我的衣裳都是托宿舍的阿妈在洗。

"你要衬衫吗？我带了来。"孙经仪毫无顾虑地便打开了她所带的那只提箱，找出了一件崭新的货真价实的"阿罗衬衫"来，一手就递给了我。

这件衬衫，孙经仪真是为我而从远道带来的话，可能我就得用另外一种方式来写了！可是，当我接到那件衬衫一看，在领圈的内部赫然印的是"16-33"的号码。我是个瘦子，广东有句俗话说："丢在油里也泡不胖的人。"有可能来穿十六寸的领口？当然是为我那位贵同学赖光大所准备的。

古人有首诗："寄买红绫束，何须问短长？妾身君抱里，尺寸自思量。"这首诗本是一位男士托人谋职所作，但颇为细腻，尤其是"身君抱里"，更诱人遐思。闺房之乐有甚于画眉者，一位太太连自己先生的领口的大小都不知道，岂非荒唐之至！

孙经仪便是这样大而化之的性格，我们的仳离固然是出兹于"寡妇嫁人"，然而尔后她数度的婚姻都不太圆满，我想，这与她的性格很有关系。

我当时接过衬衫发现不对劲儿后，我只是笑了一笑说："新的，何必去动它呢？"便头也不回地出了那间旅舍的房门。

我到大陆华行宿舍洗过一个澡，还睡了一个中觉，在傍晚的时候才再去那家旅馆，而先到了罗茜泰的房间。

"听说你太太赶来了，果不出我所料！"

"何以消息如此的灵通？"

"是不是一见面便吵了架？"

"为何做如此的想法？"

"因为你们谈了不到十分钟，而你便出去了五个钟头。"

"因为她带来了一件衬衫，领口大了我一寸半。"

"久别胜新婚，还值得为一件衬衫吵架吗？而且一个女人对于男人的用品不那样的内行，也是很平常的事。"

"这件事却不寻常，因为真有一位可以穿十六寸领口的人在也。"

爱不爱她

这回我却也沉不住了气，便将整个的故事告诉了罗茜泰，因为那件衬衫真是打击了我的自尊心，而"吾归将自还"的迷梦也醒了一半。

"你从什么时候起发现的，总不能是在那十分钟之间，她告诉你的吧？"罗茜泰很注意我发现的时间性。

"我到香港之后才知道的。"这回我却向她撒了一次谎。因为我若是说在上海就知道了的话，这会惹起罗茜泰的反感。

"一定是那位小妹妹告诉你的，对不对？不应当，我看她好像很老实，殊不知却是个人小鬼大！"

她所说的小妹妹是指谢承美，并不是我的妹妹先因。

"不要冤枉她，她还劝我极力地忍耐呢！这里有一个兵工署的机关，知道此事的人多着呢！"

事实也是如此，假设不是孙经仪到我上海的家去宣布了的话，我想，谢承美也必然会替她瞒着我的。

"你看我该怎么办？"

孙经仪之来港，真是使我有点迷惑，尽装出男人的气概、绅士的风度并不能够真正解决问题。

罗茜泰突然地站了起来，在房间中兜着，半晌，她才突然地向我说："你爱不爱她？"

"爱过。"

"我是问你现在。"

"你会觉得我现在还会爱她吗？"

"是不是为了她有了赖光大？"

"未必没有关系？"

"那你就错了！"

"为什么？"

"爱！只有我你，没有他！"

"爱！也得培养，否则会枯萎的。"

"那么再去培养一次吧！"

"你觉得我还该再去培养它吗？"

"表哥！"她用我们互相间所默认的称呼来称呼着我说："你自己去处理吧！不要来问我，我也是一个女人！"

她一把将我推出了房门，砰的一声将房门关上。

我只好走到孙经仪所住的那间房去，那本是我住的房间，照理只须推门就可以进去，可是我还是先敲了一下。

谢承美先在座，当我进去之后，她二人都默然了。

"你几点钟来的，妹妹！"我和孙经仪都一向称承美"妹妹"，这是她的小名。

"我来了半天了。"

"在谈些什么？"

"还不是在谈我们的事。"

孙经仪不动声色地先接了腔。

"你们自己谈谈，我该去上班了。"谢承美想溜，她是在报社工作，夜间上班，倒也是实事。

"你不是要吃了晚饭才上班的吗？现在我们三个人一道去吃饭，以后再说。"

"不！"孙经仪先提出了异议。她说："你们二个人去吃，我要一个人好好地想想，你能不能明早再来。"

"不用谈了吗？"我耸耸肩膀。

"还用谈什么？越谈，也许大家越不高兴，明早，我们只是各人提出一个结论就够了。"

"也好！那么，妹妹，我们走吧！"

"那不好，你们不要管我，我一个人去吃饭。"谢承美总觉得这样做太不近人情。

"妹妹，我们的事与你无关，今晚你代我陪陪老钮，免得他烦心。"孙经仪拉着承美的手说。

我已先走出房门，承美也只好跟了出来。我们在湾仔的海边溜达着，并没有马上去吃饭。

"你和她谈些什么？"

"还不是翻来覆去那几句话。"

"哪几句话？"

"那你还用问？"

"我是说她还要跟赖光大去吗？"

"她不是说她明早会告诉你关于她的结论吗？"

"我想先知道一点，打过底子。"

"钮哥！你不要问我好不好？"

"为什么？刚才你可以和她谈，现在我为什么不可以问你？"

"你们若是能和好，我应当帮忙，否则我不是等于多嘴！"

"我只问你一句话，她赶来香港为的是什么？"

"过路。"

"过路？"

"还不和你一样，过香港，到武汉。"

"你是说，她根本不是冲着我来的香港？"

"她以为你已经去了武汉，怕你去和赖光大去打架，所以她得赶去。"

"原来如此！"

这回，"吾归将自还"！另一个迷梦就完全醒透了。在一个小饭馆里，我花了港币二毫子请谢承美吃了一碗沙河粉，便送她上了报社。

谁最孤独

我顿时变成了世界上最孤单的人，尽管我人在香港最热闹的中环，却像处在天寒日暮的沙漠里一样，徘徊到了"星渡"码头，栈桥上有一排木凳子，专供渡客候轮之用，我便在那里坐了下来，海！对于一个失意者是多么大的诱惑？！

我走到码头的尽头，望望水，真想猛地一头栽下去！但，又有一信念涌上了我的心头。去年，12月13日的夜间，南京防卫战的大退却，我不是曾经掉落过长江里去吗？假设当时有这样一艘渡轮，那么，我的人生也许整个地变了。既不会做八个月的和尚，也不会发生这一段啼笑皆非的悲剧。

这都是日本人害我的。

猛地醒觉了过来，像坐禅者似的，突然一下贯通了悟道的真谛，仰天长啸了一声，我又走上了皇后大道（Queen's Road）。因为不愿过早回到兵工署的宿舍去，我还在皇后戏院里赶上了一场9时30分电影。是在演些什么？我却一点也没有看进眼里。

没有终场，我又跳出了戏院的大门，跑到对街，那便是当时《大公报》的社址。计算时间，正应当是谢承美下班的时候，报纸一出大样，就再用不着资料室的人了。

自问也好笑，我来等谢承美做什么？装着情人似的，躲藏在路边的骑楼下，生怕被她的同事所发现。

"喂！妹妹！"当她走出报社的门时，我从阴隐角落里叫着。

"啊呀！钮哥，你还没有回去休息？"

少女的眼睛发出了一种异彩，是惊奇，又是欣喜，更是羞怯！

"我再和你谈谈，然后我送你回般含道去。"般含道是基督教女青年会的所在地。

我们一同向东走，我拉住她的手，她退缩了一下，却又任我牵着。

在向跑马地和湾仔的分歧点有一块小高地，地名叫什么？我根本不知道，只知道上面有一所教堂，也不知道那教堂的名称，我们便走上了那沙漠里的绿洲，十里红尘中的净土。万家灯火，车水马龙，而教堂的周边却非常的暗寂，我们便找到了入门的阶沿坎处坐下。

"不谈孙经仪的事好不好？"她先开了口。

"那么谈你的。"

"我有什么值得谈的。瑞哥可能不幸的阵亡了，嵩哥在贵阳，姊姊在澳门，我大学也没有读完而家破人亡！"

"这就叫战争！"

"对了，钮哥！告诉我，战争是怎样打的？"

"哒哒哒，机关枪。嘭嘭嘭，炸弹。轰轰轰，大炮。就是这样，比年三十晚上还要热闹。"

"你不怕？"

"也怕过。"

"告诉我，怎样的怕法？"

"有一次，我到明故宫机场附近去领弹药，一下子敌人的飞机临了头，低空扫射，可真把我吓坏了。我想！要是打中弹药库，一爆炸，我连骨头都不会留下。"

"就怕过那么一次吗？其余呢？"

"其余还好！打仗，兴奋、紧张，你不要他的命，他便要你的命。"

"可是瑞哥的命就送掉了！"

"也许还有希望。"

"像你一样就好了。"

"像我一样有什么好？只不过捡到了一条命而已，而太太却变了心。"

"太太算什么？有的是候补者。"

"你也算一个？"

"我才不配呀！我在你眼里，永远是小孩子，是妹妹。"

"小孩子会长大的，妹妹总有一天得嫁人，有何不可？"

"我不敢。"

"不敢？为什么？"

"军人、才子、风流鬼，这是大家对你的评价。"

"军人是职业，才子是狗屁，风流鬼是谁说的？我们同屋了三年，我碰过你吗？"

"那是因为你拿我当成黄毛丫头，不放在眼里。我那批比我年纪大的同学哪个不怕你？"

"是不是吴×彩、王×兰她们？女孩子呀！一到了十七八岁，自己觉得无论什么人都会看中她们似的。"

"好了，不要再谈我们，我看还是谈罗茜泰的好。混血儿、美丽又有学问，你们又是留法的同学。"

"你还说得不够！"

"还有呢？我只见过她一次，看的也只是表面。"

大玩特玩

"豪爽、妖艳、胆大，认为天下的男人都得拜倒在她裙下，我也和你一样，说一句'我怕'。"

"你也有怕的女人？"她笑了，身体左右地摆着，头发擦在我的脸上，痒飕飕的。

"怎么没有？像孙经仪就是一个。"

"我和你们同屋的时期，我看你并不那样地怕她嘛！"

"我并不是PTT的会长，可是这一类的女人终究定会被男人所怕的。"

"你倒说说看，为什么？"

"你太年轻，不会懂得的。"

"你不是说小孩也会长大的吗？"

"还早，还要等几年。"

"孙经仪也真可怜，我觉得她真是执迷不悟！"

"你说的只是对赖光大方面，对不对？我并不指此，寡妇嫁人是天经地义的事，我说的是另一件。我去法国，叫她去，她告诉我说她有喜了，生在外国未免太麻烦，所以要生产了再去，可是我一走，她便去堕了胎，但还是没有出国，却在国内大玩特玩。"

"堕胎的事，怎么我不知？"

"她什么事都告诉你？"

"至少有关你们的三角关系。"

"你倒说说看。"

"我本来不想说的，可是我看你们再也无法和好，所以我应当告诉你。"

"……"

"在她第一次过香港的时候，她睡在我的床上，我们谈到深夜，她说她之爱赖光大并不始于你阵亡之后。因此，在我看来，你的存亡与你们的婚姻根本没有太多的关联。今天，我也劝了她几个钟头，她并没有回心转意的意思。"

"你是说寡妇嫁人是借口的结论，而不是发生的原因，对不对？"

"我想是如此。我告诉你，为的是让你在精神上更有所准备，并不是挑拨你们的感情。请你千万不要泄露出来，尤其是在你们的结论会议席上。"

"我知道的比你也许更多，不过，我是男人，又是她的丈夫，我口里说出来，那么，损害的是我而不是她。"

"你的气度真不小。"

"妹妹！"我笑着说："我之留法，完全是受着你哥哥的影响，谈法文，谈军事学，我不及他万分之一，可是若说东施效颦，学到法国男人的性格的话，只怕瑞哥比我差多了。"

"瑞哥和你不同，他对人、对己都极严肃。"

"这便是我所以要尊敬他的原因。"

"你倒说说看，什么是法国男人的性格？"

法国男性

"在法国，有这样一个故事，甲、乙二个朋友坐在沿街的咖啡店里，走过二位美丽的太太，甲、乙二人都站起来点头行礼。甲便问乙道：'你认识其中的哪一位？'乙说：'左边是我的情人，右边的是我的太太。你呢？认识哪一位？''我呀！'甲说：'正相反，右的是我的情人，而左边的是我的太太……。'"

"简直是胡说八道！"

"当然是胡说八道，不过这却真正代表着法国的男女关系。"

"圣女贞德也是法国的女人！"

"当然，自由、平等、博爱，爱的话则勇往直前，不爱的话，那么，就至死不屈！"

"你说你知道他们之间的事比我更多，到底多在哪里？"承美不愿听那种荒唐的故事，便又轻易地将问题拖回到孙经仪的身上来。

"1935年，我病过，你还记得吗？我在病中曾叫赖光大陪孙经仪出去玩玩，以免她太寂寞。其实那时候她正怀着我们之间的第二个孩子。有一次他们出去看电影，孕妇肿着腿，觉得非常的不舒服，想找一个东西搁搁脚，赖光大便将孙经仪的肿腿搬来搁在自己的腿上，这便是她们相爱的开始。"

"你连这个都知道，谁告诉你的？"承美惊叫着。

"轻一点。"我觉得她叫的声音太大，我说："是孙经仪自己告诉我的。"

"这回？"

"不，出国以前。"

"那么你是养痈遗患，故意纵使她的。"

"你说得太严重了。在我，觉得夫妻间偶尔有一点零碎的事故正好是增进感情的原因，但没有想到她却认了真。"

"真是一种闻所未闻的学说，今天，我是大开茅塞，上了一课。"

"你呀！不知道的事情多着呢！妹妹，你真的还太小。"

"那样的话，我宁愿一辈子都长不大，这个实在太险恶了！"

"太险恶了？道高一尺而魔高一丈，你不长大也不成。"

"钮哥！你拿我当真的妹妹看待吧！你是瑞哥最好的知己，瑞哥常说他也有一个'三民主义'，便是佟保民、龚贤明和钮先铭。那二民我都不认识，我只认识你，你得好好地照顾着我，你知道我在香港是多么的孤单，而瑞哥又一点消息都没有。"她偎在我的肩上，又哭了。

"在香港有值得留恋之处吗？"

"为何做此问法？"

"换言之，有没有可认为是男朋友的朋友？"

"绝对没有。"

"真的？"

"我为什么要骗你？！我来到香港才几个月，人家白天做事，而我悠闲着，晚上人家休息，而我却在忙着剪报。"

"所以我说，这不适合少女的工作，我并不反对吃新闻饭。"

"就这样一份工作，也是靠张老伯大力支持才得来的。"

巡逻警察

张老伯是指张季鸾先生，是她父执辈的长者。承美的父亲谢晓石，以新闻记者而兼大学教授，和另一位张溥泉（张继，1882—1947年）先生合办过报纸。溥老是党国元老，尔后对我也非常器重和提携，那都是谢府的关系吧！

"好吧！在香港设若没有一点值得你留恋的话，那么，还是早点到内地去吧！至少在贵阳，你还有一位嵩哥。我想，那里一定也有内迁的大学，读书第一。"我当时还不知大学已迁贵阳。

"可惜嵩哥还没有结婚，没有一个家。"

"要什么家？你进学校，有哥哥就近照应就可以了。"

"好的，明天我就写信去。"

我们坐在教堂的石阶沿坎上，也不知道谈到了几点钟？总之，我想一定是很晚了。夜景的灯光逐渐减弱，教堂的周边更显得黑暗。忽然一道电筒的光亮射到我们的脸上，使我们大吃一惊。

"你们不能坐在此地。"

一个打着广东口音的男人的声音，但一听就知道不是纯粹的广东人。因为手电筒在他手里，光线耀着我的眼睛，一下，我看不出是什么样的人。是深夜打劫吗？我们身上一共凑不上几十块港币，谢承美的手皮包里只多了一张九元的公交车月票，而且已坐了三分之一。

二十七岁的亡命军人，在南京吧！连死尸都看见过二三万具以上，对这么一点儿阵仗，当然满不在乎。但谢承美却骇得来魂不附体，一把将我抓住。

手电筒关熄了，我才看见是一位巡逻的警察先生，大兵遇到了警察，更无所谓怕。

"我们犯了什么法？"我问他道。

"此处是圣地，不能随便坐的。"

原来是一位山东老乡，听我说的是北方口音，他的话声也亲切多了。香港的巡捕中有山东人，我还是头一次知道。

"教堂应当是欢迎任何人进来的，何以你说连阶沿坎不能坐？"

"啊呀！先生，有些男女会在此地亵渎神灵的，先生你当然不会，却也请到别处去坐坐吧！"

警察先生看到我们都是衣履整齐，当然没有一点恶性，不过那是他的职守和规矩，我们也用不着和他再申辩了，便一同地站起来走了开。记得在巴黎的公园，一到黄昏后，所有的门都得上锁，近代的男女实在是大胆得有些过火，无怪乎管理的人不得不特别的管制。我和谢承美尽管尔后她终于做了我的太太，可是到此为止，我们还没有超出过兄妹所应有的范围。

"真是倒霉！"谢承美和我下坡的时候，口里念念有词。

"还记得你十二岁那一年吗？我一天带你看了三场电影，回来给大姊骂得狗血淋头，今晚，想不到又受到警察的干涉。倒霉的是我呀！"

"那是因为你，是连上帝都不敢信任的人。"

在街下，她望着我，脸色绯红。

当我送承美回基督教女青年会之后，我自己回到大陆华行的宿舍时，大约已凌晨3点，而我起床却已是近午的11时刻。这样很好，我回来时，宿舍中的朋友业已熟睡，而我醒时，他们却早已去上班，既没有见面的机会，就可以免除他们的问东问西。朋友们固然都是怀着好意和关切，但有时却令我相当的难堪！

急促地到了旅社，孙经仪似乎也起床不久，虽然衣饰已整，但却还没有化妆，因此脸色显得非常的憔悴！依她的口气，从昨午便没有出过这所旅舍的大门。照理，旅途的劳顿应当业已恢复过来。可是正相反，她的精神却相当的萎靡！她要我让她考虑一夜，然后再给我结论，也许因此她终夜都没有合眼！本来，这是关系着一辈子的前途，尽管孙经仪是豪放而任性的女性，却也不易于那样的泰然处之。

我还没有开口，她便瞟了一眼地问我说："是从那杂类小姐房里来吗？"

"你也知道罗茜泰？"我勉强地笑着。

"怎么不知道？上次在上海，因妹就告诉过我，说她到你家去哭过。"

"你又怎知道她也来了香港，是不是妹妹告诉你的。""妹妹"是指承美。

"No，No，是旅馆的伙计告诉我的，为此，我还花了五门的情报费。"香港称侍者为"伙计"，"五门"是五块港币。

"你为什么对罗茜泰那样的感兴趣？"

"去年她陪你回国，今年又陪你来香港，我哪能那样的等闲之！"

我听了孙经仪这句话，倒是窝心的。孙经仪还为我肯吃醋，虽不说吾归将自还吧！至少还不至于君之视臣如草芥。可是照昨夜承美的说法，吾将草芥似乎也不如，而是"你怎么没有死呀！"或许，她是在找个借口，来抵消她和赖光大……尽管我是这样的猜想，但我的嘴还是硬着说："你还在吃我的醋吗？"我不好接着说："你还以钮太太自居？"

"不，我不是恶意的吃醋，而是善意的关怀！"

"用不着了，玛丽！我们还是谈谈自己的事吧！怎样谈法，你已经有了结论吗？"

不谈原委，只谈结论，为的是避免双方的争执，这是她昨天所提议的。

心底的话

她的结论是什么呢？昨夜承美已吐露了百分之九十。不！也可以说已是百分之百了。可是，我还是不死心，总得从她自己的嘴里吐出来才够劲！明知道这是一言九鼎，我却准备相当的力量才能承受得住。

"那急什么？"她用左手不断调理她的鬓丝，这个动作，我很熟悉，凡是她有疑难、矛盾、困惑而有要求的时候，她都在无意之中做出这个习以为常的动作。这变成了一种信号，对我，是同周波的音叉，或是和同频率的收发报机一样，有时特别灵敏的共鸣感应，这在她自己是不会觉得的。她接着往下说：

"我还是想先知道那位罗……罗什么？啊！罗茜泰的事。"

"你不是花了五门（块）的情报费，为什么你不问问你那位特派谍报员呢！罗茜泰是为什么才来香港的，而昨晚我是否住在她的房里？！"

"她妈妈摔死了，我知道。而你能住进她的房里，那只是我一种希望。"

"很有趣的希望！"我笑着说。

一点不错，她是在想将我和罗茜泰的关系作为借口，以增强她自己要和赖光大结合的理由。但我不想揭穿她，所以我只是说："这怕会令你失望，因为我对罗茜泰，基本还不具备这种登堂入室的资格，是不是你想借以平衡而均势呢？"我没有用"借口"这两个字。

"也许！但是善意的，我已经说过。……我觉得我很对不起你，若是有她能到生活中来顶替我的话，这在你是汰旧更新，而在我是各得其所。"

"以货易货，倒很合乎计划经济的原则，可惜人是有机体，还需要加上培养和感情。"

"哎！老钮，我对你是一向很喜欢的，可是这回我却不得不离开你。我很对不起你！我想了一夜，我心里很难过……"

孙经仪终于流泪了，是做作吗？很难说或许不是！

这一来，我倒很着慌。动作也好，言语也好，稍有一点差池便会失之毫厘，差之千里！

吴三桂的"吾归将自还"，不仅是一种男子汉的豪语，而且他也真正爱着陈圆圆，所以他不惜借清兵以制李闯。多行不义必自毙！既不咏史，此处不评吴三桂的下场。但冲冠一怒为红颜！还不失为硬汉，这当然仅从男女关系的角度上来看。

　　从很正确地说,我这一点男子汉的气概并不太厚。事后自我检讨,应当自我承认是相当的卑鄙,因为我想扮演的是朱买臣这样的一个角色,马前泼水,要她反转来求我,而我又不一定真接受。

　　拿破仑有一句名言:"女人有二种武器,化妆品和眼泪。"孙经仪这一哭,我着实有些慌。所幸,昨夜承美要我先做精神上的准备,因此尚不至被这武器所控制。同时,孙经仪之哭真是出于感慨,而毫无制服我的意思。

　　她终于将她心底的话表达了出来,她说:"我知道,我可以回到你身边来的。"她很兴奋地提高着喉咙说:"只要我提出这个要求,你会硬着头皮接受的,可是这不是逞英雄和一时冲动的事,你会感到一辈子的遗憾,因为我已经做了一件对不起你的行为。而赖光大呢!寡妇他既要我,离婚他也可以要我,他不应当追究我的过去,只能希望着我们的将来,所以我想了一夜,我还是离开你的好。"

　　孙经仪是言尽其意的一口气将她的意见说了出来,孙经仪的原籍是四川,尽管是一口的京片子,但却拿出那摆龙门阵的架势,连顿儿也没有打一个。

　　我听了她的话,觉得入情入理,心悦诚服,不谈原委,只谈结论,孙经仪所提议的是对的,结论既已获知,那么所剩余的仅是未了的手续而已。

　　"那么,我们只有补办一个离婚手续了,该怎样办呢?"我问着。

　　"那很简单!"孙经仪似乎心有城府地答道:"协议离婚,只要二个人的证明,便可完成法律的手续。"

　　我和孙经仪的结合都是初婚,谁也没有仳离的经验。孙经仪居然搞得如此的清楚,足见得她在离开天津之前,业已请教过行家,换言之,她的结论并不是经昨夜一夕之间所考虑成熟的。

"那好办。"我说:"我去找二个朋友就是了。"

"你能找得到一位律师吗?那更确实些。"

孙经仪这一提,倒使我想起了,罗茜泰为了母亲的遗嘱,曾由上海偕同了李中道大律师一同来香港。所以我答应得非常的干脆。"有!我马上就去找。"

说着,我便站了起来,当我正要踩出她的房门的时候,孙经仪忽然说:"先铭,请你原谅!我不是不爱你,而是事至于今……"

我没有再回答,也没有回头,便走出了她的房门。李中道住在罗茜泰房间的隔壁,与孙经仪是同一层楼,仅相隔数间而已。

当我敲门进去,他正和罗茜泰在研究一个文件。我没有走近他们的桌边,仅在最近的沙发椅间坐下。不知是不是因为我带着一些颓丧的形态?罗茜泰转过脸走了过来,用一种表示安慰的语气,拍拍我的肩膀说:"姑蝉!你们的谈判怎样了?""姑蝉"是法文中"表兄"的音译。

"谈判破裂了。"

我仰着头望罗茜泰而苦笑着。

"怎样破裂的?"

"我们约定,只谈结论,不谈原委。"

"为什么?"

"为的是避免无谓的争执!"

"那么,所谓结论呢?"

"补办离婚手续。"

"你们真是一对任性的孩子,怎能这样的过分轻率!"

一心求去

罗茜泰盗用着长者的口吻，她转过身，朝窗口方向踱去，同时低下了头去想。

大律师李中道与我本是素昧平生，对我和孙经仪的事件几无介入插口之事，以一位法律专家的立场，我知道他是相当慎重的。可是李中道先生却取下眼镜，朝着我问道："补办离婚手续，这个'补'字是谁先用的？"

"大律师！我正是要来请教您！"我也站起来走了过去。

"不敢当，我觉得这个'补'字未免用得来非常唐突。"

"不补办又怎么办呢？"

"她们已经结了婚吗？"

"并没有。"

"那么，你们的婚姻关系尚存在，所以是办而不是补。"

"事实上，他们等于是结了婚，所以我们只好是用补了！"

"若有确实的证据，你可以告发。"

"我不想再告他们，我知道这是告诉乃论。"

"通奸是告诉乃论，重婚则不同。"

"他们既无仪式，所以谈不上重婚。"

"那么你也用不上补。"

"大律师！我不懂法律，所以这件事我想请教您。"

"是正式聘请我吗？还是随便谈谈。"

"假设您的收费不太高的话，我愿意正式聘请您。"据我所知，与律师谈话也是得支付谈话费的。

"钮先生！你误会了，我并没有提出收费的要求，而是在研究法律上的关键。"

"您不能接受吗？"

"香港的法律不同，而我在香港也不能执行律师业务。你一定要到香港的律师楼去。"

香港称法律事务所为"律师楼"。

"有这样的严格吗？假设必须如此，您可以为我介绍一位当地的律师吗？要多少收费？"

因为我所携带的旅费并不充裕，我还必须赶到武汉去归队。

"收费倒可不谈，我所顾虑的，若是引用当地的英国法律，能不能批准你们的离婚还是问题，那就麻烦了！"

"那怎么办呢？"

"并不是绝无办法，问题是在女方会不会后悔？"

"后悔？她是求去唯恐不速！"

"不见得，女人最容易三心二意，我办过的案子多呢！"

"不要侮辱女性好不好？安柯儿李！"

罗茜泰提出了抗议，她对李大律师是以叔叔称呼的，因为李先生是她的父执辈。

"这不是侮辱而是尊重，因为女性太富于感情，常常是鱼掌并欲，而心软得来又下不了决断。"

"大律师，您虽然办案不少，但在这一方面，我却比你有经验。"

"怎么？你这是第二次离婚？"

"一次还不够吗？韦千里为我算命，说在二十七岁前，连裤子也不能留一条。这种厄运，一生还能遭遇二次吗？"

"那么你有什么经验？"

"男女！"我说："一插入了第三者，那么，成双的一方面对于成单者则去之唯恐不速，孙经仪的去意已坚，决不会再找我麻烦的。"

"假若真能照你的说法的话，我愿意替你办，不过我还得见见女方当事人，询明她的意旨再说。"

"你不是说你在香港不能执行律师业务吗？何以又能为我们办呢？"

"我们是中国人，可以照中国法律的惯例来办理，只要当事人能协调，而以后又不会翻案的话，便没有问题。可以不写离婚的所在地，至于印花，你们也可以到广州去再贴，好在你们都不是香港的居留所，用不着受英国法律的拘束。"

大律师李中道先生既这样的开道，我也只能权宜地照这个方法去办了。于是我又到了孙经仪所住的房里，将一切所商的和盘告诉了她，连英国法律之点，我也毫无隐瞒，因我知道她比我还急

"你们倒真有计划，连律师都从上海偕来了。"

孙经仪又来了一次讥讽。

我本来想顶过去的——我们在上海早已预谋要离婚吗？——可是，何必顶嘴？

所以我只是回答说："你是知道的，你花过情报费。李大律师是来替罗

茜泰办遗产的。"

"那不更好，人财二得，办完了我们的离婚，就可以办你们的结合。"

"孙经仪！少说废话，你到底想不想离婚？"

我本来一向是叫她"玛丽"的，那是她的洋名，可是这回，我却连名带姓地指着她。

孙经仪听见我一吼，马上服帖了，就跟我一同去拜见李大律师。住的都在同一楼上，只须踩过二道房门。

写离婚书

罗茜泰已不在李中道先生那里，大律师端端正正地坐着，将二造的意见问过彻底。这和牧师证婚同出一辙，只是相反的问道双方是不是出于自愿的想要离婚。在我们恳切答复之后，大律师便答应为我们办理在法律程序上的手续。我叫孙经仪先退，因为我还得协助律师来做事务性的工作。

李大律师用铅笔起了一份离婚书的草稿，理由只说是双方意见不合，难以共同生活，愿意协议离婚，连孩子则坚归男方抚养都有所注明。文字简练，与一般的法律公文并无二致，只有一个特点，便是没有说明地点，为的是怕抵触香港当地的法律。

"你去找一支毛笔誊清。"

大律师起草之后，一再地反复看过，然后便交给了我。

在1937年间，一切中文性的文件都得用毛笔书写。可是在殖民地的香港，一所洋式的旅馆，找一套笔墨倒是给了我一个难题。

"我去找。"

不知在什么时候，罗茜泰又掩了进来，她竟答应为我去找毛笔，其实她房里就有现成的，因为在她办遗产的文件中，也要用这种工具。

结果连誊写都由罗茜泰代劳，我真懒于做这种文书工作。

"你还得再一名证人，除我之外。"

协议离婚需要二人以上之证明，因此李大律师要我再找一位。

至今我还不懂，尔后我看见过许多离婚启事，都只有律师出名办理就够了。是不是因为在香港，李中道先生不能以律师的身份执行业务，所以必须还得增加一个证人。这件事，我从没有再去研究过，因为我这一辈子，并没有想再一度的离婚。当李中道先生要我再找一位证明人的时候，这便满口的答应了，我想大陆华行有一批同人，他们都非常同情我这一番遭遇，一定有人会挺身而出的来为我做证。

谁知天下事竟时常出人意外，我去找他们的时候，尽管我说来得唇焦舌烂，竟没有一个人能好义敢为。他们的理由是：

做一次良媒，胜过造七级浮屠，若是为人证明一次离婚，可能下阿鼻地狱。

那是因为时代的不同，若在今天来说这种话，未免不会笑掉人的大牙！

大陆华行都是一些光棍的小伙子，都那么迷信吗？倒也不见得。还是不希望朋友会遭遇到离婚的憾事，而同时自己又不愿意介入其间。

"老钮！你为什么这样轻易答应那个女人离婚？让他们那样的便宜！"

这种说法是愤恨多于同情，更责难我过于软弱。

最后还是只好回头去找罗茜泰，在香港我并没有太多的朋友。

谁知罗茜泰也和那般人一样，一样的是加以拒绝。

"你也迷信，怕下阿鼻地狱？离婚书都是你誊写的。"

"我才不迷信呢！"

料想洋婆也不会有迷信的可能。

"那么，你又为什么？"

"我呀！律师是我从上海请来的，而我又来做见证人，将来她若要翻案，岂不会说是我一手包办的？而且……。"她没有再说下去。

罗茜泰说得也对，她的个性我也非常的明白，不干就是不干，什么也不可能勉强。

那么找谁呢？万事俱备，只欠东风，虽然离婚的主动，并不出诸于我！但事到如今，总不能让它功亏一篑。

我也想到谢承美，但我觉得她年龄太轻，总当她是小孩子，不宜介入大人的事。同时她的堂兄谢承健——也是大陆行的一员，都不肯担任这一份工作，假设是找到他的妹妹，则不免会使他们兄妹发生龃龉。

幸好李中道大律师为我转了一个弯，他介绍了一个朋友，让我和他切实谈了一次后，才算了了这一段公案。

"有一件事，你必须注意，到了内地，你们得在离婚书上贴上印花，还得双方当事人在印花上亲自签名，以免在法律上有问题。"

李大律师一再地提醒我，这便是我尔后和孙经仪同车去广州的原因。

孩子在陷区，我孑然一身，只有把换洗衣裳都存放在大陆华行的宿舍。所以我只要单身地踩出了孙经仪的房门，便别无牵挂了。

不曾丢脸

为了找另外一位证人，我东奔西走了大半天，到此才松了一口气，时间是晚上的十点，在繁华的香港当然不算太晚，可是我还是非常的踌躇地敲着罗茜泰的房门。

她衣装整齐地坐在沙发上，正在读一本法文的小说。

"我在等着你呢！"她放下书本，一把地拥抱着我，这是我和她最有感情的一次拥吻，当然是空前，却也是绝后的，因为自那以后，我们再也没有机会发生那种感情。

当我的嘴唇可以自我使用的时候，我笑笑问着："你知道我今晚一定会来吗？"

"当然，我们应当有此自信。"

"我们？为什么？"

"因为我们也应当商量商量我们的事呀！"

"什么事？"我随意地问着。

"你装蒜！"她扭过身体背着我。

"我知道了，我们也应当来谈谈。"我走到她的背后，想扳过她身子来面对面，但她却来了一个闪躲，从我胁下兔脱地跑到壁柜那边去，打开橱门，从里面拿出一个小手提箱来，放在茶桌上，转过身来对我说："老钮！你来看看。"

"看什么？"我也随着她的声音走了过去。

"这里面是妈妈的遗产……"

我一听到"遗产"二字，便抢了一个箭步，赶快用手按住她所要开的箱子说："罗茜泰！你这是什么意思？"

"我是说这里面的一切东西，省吃俭用的话，够我们吃一辈子。"

罗茜泰向来是口齿伶俐，言语利落，可是她说这两句话的时候却格格呐呐的，似乎有些词不达意。

我知道，不仅是她一个女孩子，即使是我，从战场上下来的人，也一样地心跳着。不过我还是力保镇静地说："孙经仪就说过我会人财二得。"然而我本想加一句"真是不幸而言中！"可是我忍住了。

罗茜泰似乎还是没有体会到我所说的意义，而仍是兴奋地说："所以我不愿为你们做离婚证人，怕的是她会诬赖我们是有所串通或预谋。"

"那不管她的事，她和我已经是一刀两断了，现在是我们两个的事情。"

"你不打算向我求婚？"

"有什么不可以？但是尚非其时。罗茜泰！你能跟我一同到内地去吗？"

"我根本没有打算到内地去呀！我要你跟我回上海，妈的遗产一切都由你去支配。"

"你要我看这只箱子里的东西原来是为此，罗茜泰！那你就想错了。"我提高喉咙继续地说："我记得，我们在巴黎，在尼斯，以及在'达尔德郎号'的船上，你从来没有表示过爱我，对不对？"

"那是因为你是一个使君有妇的人。"

"不错，因为我有太太，所以你不能表示爱我，那是对的。可是在我的印象中，即使是恨不相逢未娶时那种表示，你也从来没有显露过。"

"我哪有那样的贱？会向一个有太太的人来表示爱意。"

"当然，不过你自己要知道，你之爱我，毋宁说是听到我阵亡之后，尤其我再生地来到上海。"

"……"

"你不承认？在上海对我说过，即使我西装革履、油头粉面，也不能算是个美男子，而你爱我是因我总算做了一次男子汉所应做的事情，而且也没有为国家丢脸。"

爱没条件

"因为你是一个民族英雄！"

"未免太过蒙奖饰了，好吧！就算我是一个民族英雄，一旦再变为狗熊的话，你会再爱我吗？"

"爱！并不一定有条件。"

"错了！爱是有条件的，问题是性灵的条件还是物质的条件而已。你到上海我家去哭，重逢后，你谢绝一切的应酬陪我玩，而今天又为我用毛笔誊写着正楷的离婚证书，都是由正义、同情而发展到爱，并不是由爱而产生正义和同情，因此我不能丧失我具有的本钱，而使我们的爱逐渐地溶蚀。"

"还有！"我不停顿地说："若是孙经仪的丈夫，一旦殉国，你便洒着正义和同情的眼泪。要是你自己的丈夫，你便连战场都不许他再去上，你觉得对吗？"

"老钮！"罗茜泰这回也哭了，她啼泣地说："我实在太矛盾了，是不是你会觉得我太卑鄙，太庸俗？"她拍拍那小提箱的盖子。

"不！你能将财产、生命和终身的幸福都打算奉献给我的话，这正表示你对我的真诚。不过，我希望你对是非曲直不要有所颠倒本末。"

"我总觉得你爱我，不如我爱你之甚，所以你才有这样一篇大道理。"

"非也，罗茜泰！因为我也很爱你，所以我不想你也来做一次寡妇，孙经仪便是前车之鉴。"

"你将我看成孙经仪一样？"

"孙经仪也不一定是错，死者已矣，活着的人还得继续地活着。孙经仪的行为既非卖国，又非媚敌，仅仅是寡妇再醮，有何不可？问题在我，应不应当随时有再将你制造成寡妇的机会，否则我就未免太自私了。"

"你一定要再去打仗吗？而打仗一定会再死吗？"

罗茜泰歇斯底里地叫了起来。

"是必须要再去打的，至于说死，我倒不会那样便宜了日本鬼子。"

"那不结了！"

"话虽如此，可是子弹并没生眼睛，要去打仗，便不能怕死，也要有死的决心，然后才能置之死地而后生。"

"老钮！"罗茜泰很不耐地大声叫着。"你不要和我绕大圈子，你是不是想等马前泼水，你到底做何打算？"

"很简单！"我说："对鬼子，这口气实在咽不下去，要去打仗，最好是无家一身轻⋯⋯"

我这句话还没有说完，罗茜泰便抢着问道："你要打多少时候？"

"少则二年，多则三年。"

我是一个纯粹的军人，即使对兵学还有一点造诣，何况当年才二十七岁，经验实在太少。抗战业已一载。以当时的估计，战争最多不会超过三五年，孰知竟差了一半。事后我才明了我们中华民族的潜力实在是惊人。

罗茜泰听了我这句话，斜着头，做了几秒钟考虑，突然地伸出手来，和我握着说："好，我等你三年。"

罗茜泰的语气非常的坚定，而且也非常的落嵌，可惜我还是等闲视之，虽然也曾点点头，却没有当它一同事。归根结底，自我检讨我对罗茜泰虽然十分友好，而始终没有发生过爱情。换言之，景仰则有余，恋爱则不足。这也难怪我，由于罗茜泰的才华绝代，我总觉得高不可攀，而齐大非偶。

但这并不是掩饰我的失言，有乘三载之约，我永不能辞其咎。因为我与承美结婚并未待于三年之后。

伊人之念

胜利后，罗茜泰在报上发现了我的名字，马上有信给我，虽然不很长，但多是歌颂抗战胜利之词，对于私人的现况，根本只字不提，八年离乱，当然很希望我们旧友来重逢。

我当时的职务是处理受降和战俘的幕僚作业单位，尽管京沪间甚迩，却无从立刻去前往把晤，而又不得不先回复她一封信，以酬谢她的盛情。

这封信却令我很难下笔，措辞相当地踌躇。最后只是写了一封寥寥数语的复书，只答应一有机会便去看她，重点却放在一句话上，那便是说：七年之间，我与内子承美无时不在想念她这位沦陷区的旧友。

1945年10月间，我出差驻沪的汤恩伯（1900—1954年，日士18期）总部，便想顺道去看看她。事前，我还特别和她取上联络，因为我不知她七八年来家庭的状况，是否欢迎我这个不速的造访之客。在我猜想，她一定是绿树成荫子满枝，尽管是在沦陷区，而个人还是过着极为幸福的生活。

香闺是在旧法租界一条幽静的小街上，二层楼的花园洋房显得非常的宁静，这是她承受母亲遗产后所置办的，当然我并没有去过，楼下是客厅餐间和书房，布置得极为清雅，上层是卧室和起居室，也是清洁得一尘不染。通过使女，她是在楼上起居室招待着我，不知她是否有所用意，她先领我周视了一下整个屋子的环境，一则是显示着她还是小姑居处，并无郎君，因整个上下看不出有一件是男性的日用品。

"你的太太就是我在香港所见过的那位小妹妹吗？"

她不知道内子名叫承美，只知道她是一位留法前辈姓谢的妹妹。

"正是你看的那位小妹妹。"

"那我甘心，因为她不仅是一位烈士的遗族，而且也一定参加过抗战的阵营，所以我没有资格和她竞争。"

她尽管表示得如此的大方，而我更觉得歉疚，因为我总是一个失约者，她确实并没有结婚。所以我说："我得向你道歉，因为时间太久，而且我们也失去了联络。"

"不用再提过去了，我虽然并没有结婚，但不一定是为了守约。你觉得沦陷区的汉奸新贵和发国难财的暴富是我的对象吗？"

这倒也是句实话，在胜利后的第三年，她终于于归了一位周先生，当然是秀外慧中的美少年，似乎比她还小一点，正是目下所流行的小丈夫，婚礼我也曾奉邀参加。

从那以后，我每以对表妹的心情待她，守望相助，疾病相扶。聊斋上的异史氏曾说："观其容可以忘饥，听其声可以解颐，得此良友，时一谈宴，则'色授魂与'，尤胜于'颠倒衣裳'矣。"

因此，我从不以未和罗茜泰结合为遗憾。

十余年前，她举家迁美，临行时还特别去订了一年份的《时报杂志》，因为那上面正连载着拙作《归去来兮》。

这件事并不是她直接告诉我的，而是该杂志主持人童干荪兄于闲聊中所提到，说有一位洋太太为了要看我的文章，回美时特来订了一年份的杂志。

其后每逢圣诞，必有贺卡往还，但三年前忽然中断，迄今我甚以故人为念。

骊歌起兮

我一共在香港待了十二天，在这不到二周之间，虽然我也做了许多的事，可是那都不是正文，因为我此行的目的，是经由香港到武汉去归队。尽管在香港的短短期间，既为罗茜泰的太夫人办了丧事，又找到了难友的妹妹谢承美，奇峰突出，更和前妻孙经仪办了离婚，然而这些都不过是我生命中的支爪半麟而已。既谈不上是多彩多姿，也谈不上是伤心往事。一个少壮军人在史无前例，兴亡系此的战争中，幸运的是我得以躬逢时会，悲惨的家破人亡，惭仄的是未能与南京城共生死，经此浩劫，我唯一的心念便是如何地赶到武汉，重新和日本鬼子来再拼一次死活，其他的事，什么妻子，什么女人，什么金银财宝，都不在我企求和欲望之内。贪嗔痴爱，一齐集中在和日本人打仗。

香港是1938年9月1日，离开的日期是9月12日，说也奇怪，最有可能和我结合的罗茜泰并没有因为我已获致婚姻的自由而和我携手回去内地。而尔后竟做了我的太太的谢承美虽然是由于我的劝导，决心再返到母校金大去继续求学，可是她当时唯一可以依靠的不指向着我，而要函商那贵阳的二哥承嵩，所以也根本没有和我同去武汉的意念。反而是那业已办理清离婚手续的前妻孙经仪和我一同的重新踏上了征程。

这也有一个理由的，因为我和她都要到武汉，同时，在我们的离婚手续中有一件画龙点睛的过程还没有办，那便是大律师李中道先生所指点的——回到内陆，在离婚的二造证书上贴上印花，且在印花上各自签个字。

这是很关键的，李大律师在香港根本不能行使律师的职权，仅不过在我们协议离婚中做证而已，因此在我们离婚书上并没有注明离异的地点，而且要符合中华民国的法律规定，贴上印花。关于这个诀窍儿，我并没有向孙经仪详细地说明。在这一点，我多少存了一点私心，我固然也抱过"吾归将自还"的奢望，可是一旦真离了婚，我倒不一定想演一出《马前泼水》。万一她在法律的空隙中找一个漏洞以便来去自由，岂不是一个麻烦？所以我将李大律师告诉我的那一点儿秘诀一直都瞒着孙经仪，只是催促她和我一同快点踏上祖国的国土，好完成这一项手续。

在当时，这本是多余顾虑的，孙经仪之想和我离异有甚于我，而去武汉似箭之心亦急于我，相反的，也许她还是防止我来翻案呢！因之在离婚书上加签印花，她之急于想完成这套手续也不下于我。

"我们一同乘飞机到武汉去好不好？"孙经仪曾这样的要求过我。

"你不怕被鬼子的空军打下来吗？罗茜泰母亲就这样丧生的。"

说老实话，我倒真怕坐这种飞机，假设我去年当时与南京城共了存亡，不管我是多么低级的一个军官，我毕竟是烈士，总得让我进入忠烈祠的。若是既逃出来之后，而死在归队的途中，那么，真是狗屁不值。可是这也是多余的顾虑，日本鬼子虽然是煞星高照，在国际舆论上总不敢张明叫着天天来打民航机。"桂林号"之被击落，或许有它内在的原因，是否有日本军方面认为必须谋杀的人物乘坐其间则不得而知，当然至少不是指向着罗茜泰的母亲，她是不幸而适逢其劫。

我们打听了一下，当年的央航和欧航都因为"桂林号"事件而停摆，所以我和孙经仪不得不求其次，沿广九、粤汉的铁路而北上了。这样也好，二三小时的火车，一到了广州，我们便可以在离婚协议上加签上印花，以了了这一段公案。

告别瞬间

我将我这个行程的计划告诉了承美，她也十足地赞成，可是当时绝没有谈到我们间的婚姻，不仅我和罗茜泰有所承诺，而且在整个的离婚过程中，承美从无介入其间的企图，毋宁说是一直在同情着我和孙经仪，而对罗茜泰之于我，也有一部分的了解。因为在我家庭中号称着"洋少奶奶"的故事，我一到香港便告诉了她。尽管我一再表示罗茜泰是齐大非偶，然而在承美的眼光中，这是很可能的必然性。俗话说："如要风光嫁个流氓。"只有罗茜泰这样的性格才会冒这种险，像谢承美这种安分守己的女性，对我这种浪子式的人物，根本就退避三舍。尔后我们之所以结合，毋宁说是基于抗战。军人家庭完全是系于她大哥承瑞的一点感情上。心理学家分析有些少女欢喜比较年高的男子，完全是在追求父爱。承美在她有知识之后就从没有见过她的父亲谢晓石先生，她是姊、兄一手抚养大的，长姊如母，她对待姊、兄和父母一样。正值她成年的时候，长兄承瑞便殉了国，在她真是如丧考妣，我在她心目中，便潜意识地代替了他的长兄。"风云际会哀家国，骨肉重逢问生死！"在她，姑不论尔后我们是否结合，她早已承认我是她骨肉的一部分。所以当我在香港找到她的瞬间，一问到承瑞哥，她便哭倒在我的怀里，这完全与男女恋爱无关，是见到我便联想到她的哥哥，就这样，我便一生当了她的哥哥而兼丈夫，甚至于进而兼代了她的父亲。

在我们年轻的时候，我们固然常常顶着瑞哥这一点感情在生活着。可是年轻的妻子总是迷信着——爱情至上，要说我们的结合还附带着有其他的因素的话，也许是硬着嘴而不肯承认，而今大家都到了暮年，才知道这一点家庭的历史是多么的值得我们珍惜，这大概就是所谓中华文化——伦理、民主、科学吧！我和承美毕竟是东方人，而且是地地道道的中国人。

我在香港行将告别的时间，我向承美说："你打算怎样？"

"已经写信到贵阳去了，候嵩哥的回信，我就去贵阳。依照你的劝告，我决心再去读书。"

"读书尚在其次，战争是全民的，你必须参加那个阵营。"

"你觉得我对抗日也可能有贡献吗？"

"为什么没有？你不想继续你哥哥的遗志？"

"对！我去！"承美挺起了胸膛。

"那么你就跟我走！"

"罗茜泰都不跟你去，你要我跟你去吗？"

"罗茜泰预备做我太太的，去也好，不去更好，免得在战争中添一个行军的包袱。你不同，若肯做抗战的同志的话，有米吃米，有糠吃糠。"

"理论固然是如此，不过我还是得等嵩哥的回信，不必连累你，来分你的糠吃。"

"那么先陪我们去一趟广州好不好？"

"这也与抗日有关吗？"

"没有，这只是私人的要求。"

"又有长篇大论的理由。"

"当然，不过还是与抗战无关。"

"你倒说说看。"

"你要知道，孙经仪和我在香港有你们这一批人在，多少还是发生些避震的作用，一旦到了广州，听说粤汉铁路的行车并不那样规则，假设多耽搁一二天，那么，连一个缓冲的人也没有了。"

"你们不是业已办清了手续吗？还有什么问题。"

"那你就弄错了！在离异的谈判期间，一个愿打，一个愿挨，尽管也有冲突之点，目标是一致的。可是一旦到了第一回合之后，谁都会不服气，又想掀起第二回合的斗争，岂不糟糕！"

"真是奇谈！不过广州也有乃贤在，可以找他。"

"乃贤"是梁乃贤，承美的姊丈，当时正任广州中央通讯社主任。

"乃贤和我不熟，而且大姊也不在广州。"

"我也不能担任这个任务。"

"是主观的，还是客观的？"

"兼而有之，但偏主于客观的条件。"

"你倒说说看。"

"时间和经济都不许可。"

"时间，连同星期日在内，告假也不过一二天，经济有限，当然由我担负。"

"星期日？你觉得报馆也有星期休假吗？"

"总有轮休吧？"

"大记者和大编辑先生们当然也有他们轮休的时间，可是像我这样小职员，就只好免了。"

"不管怎样的，你得勉为其难。"

"你这个人真难弄。"

洋婆子兮

承美的嘴里虽然这样的说，但她终于还是陪了我和孙经仪同去广州。

这是值得的，在爱群酒店能有承美陪同孙经仪在一间房里同住了二夜，是发生了无限的避震作用。她们私交颇深，在香港的基督教女青年会宿舍里，承美曾让床位给孙经仪睡，而自己却睡在地板上。

孙经仪并不是那样意志薄弱者，但我毕竟是一个男子，在离婚之后，我还是有维护她的义务和责任。在安全方面固然容易，但在精神方面，我不得不避其嫌，而依靠承美妹妹了。

在协议离婚书上，加签了印花之后，于是乎大功告成。我便向孙经仪说："你可以一个人去武汉吧！我打算再送妹妹回香港。"

"用不着，我可以一个人回去。"承美抢着说。

"还打算再去找一次洋婆子吗？"孙经仪斜着眼望着我。

"那倒用不着，在我们离开香港的第二天，她就回上海去了。"

"假设送妹妹回去的话，你送她，她送你，那还有个完？"

"我哪里说过要钮哥送的话？玛丽。"承美有些急了。

其实我并没一定要送承美的意思，印花加签现已办妥，那么，你走你的阳关道，我过我的独木桥，实在没有再牵扯在一起的必要了。不过孙经仪的话也对，我也是必须要到武汉去的人，那时的粤汉铁路几乎每日都在敌机轰炸之下，就算是同路人，大家结个伴也是应当的。何况我们总算做过一场夫妻，守望相助着还不应该吗？我也只好就这样的决定了。

当时抗战才一年，粤汉铁路在南边，除了军运频繁之外，关于路政，还没有受到太多的波及和变动。客车仍是分等级，连卧车都还是齐备。可是我买了二张头等的座位票，目的是不愿意和孙经仪同住在一间小车厢里，免得再发生那不期而遇的战斗。

1937年的9月，我从欧洲兼程返国，因为计议经由上海无法转道南京，所以我才在九龙上岸，然后循广九、粤汉再顺江而下，整整一年，我又坐在这一条铁路的火车上，但情形完全不同了。虽然去年业也已进入战争，但至少还没有遭遇轰炸，行车间刻还差池不多。而这一次呢？在短短不到一千一百公里的路程上，头尾竟行驶了三天，虽然并没遭受到实际的轰炸，但一有警报，乘客便得下车避空袭，所谓火车却变成了牛步。守望相助，疾病相扶持，孙经仪毕竟是一位女性，在中途躲避空袭有我来照应也是极其必要的，到底我们都是中国人，而临空的却是敌机。

同床异梦

一路上，我和孙经仪很少说话，尽管坐在一排的座位上，虽然她时常用头靠在我肩上假寐，但大家都愿保持着沉默，甚至于在当时车中仅仅可以买到的食品——蛋炒饭和沿路兜售的茶叶蛋，孙经仪也很少入嘴。不管她一向是多么的豪放和坚毅，今朝所遭遇的问题毕竟是关系着一生，不免总显示着一些忧郁和紧张。

孙经仪尔后半生是多难的，可是并不发生在和赖光大结合的那段期间，家里是四川长寿的大地主，八年抗战，她从没有感受到经济上的困扰，那绝非我和承美所能望其项背。

赖光大在日本士官学校只比我低一期，回国后也受过最高的军事教育，为人谨慎小心，兢兢业业于他的事业。虽不能算是一位羽扇纶巾、轻裘缓带的风流人物，确可是脚踏实地的一位朴实无华的军人，事业经历更不下于我，孙经仪当时的选择毋宁说是十分明智的。

我当时的情况，用现在的军中术语来说是一个"无职无官"，虽然并没有降敌被俘，可是南京的一仗总是我们这一批人打的，打败了是件事实，八月为僧，能逃得出来，也并没有什么面子。说是回到武汉去归队，"中央陆军军官学校教导总队"这个头衔的番号还存在吗？狭义的解释，我该归到什么队呢？我在粤汉铁路车厢中的闷闷不乐，倒不完全是为了和孙经仪的离婚。

一去二三里，抛锚四五回，这是形容抗战期间公路车实况，粤汉路是火车，当不至此。但一摇三摆，每遇警报，全体下车，总得跑上个半里路以外。有的乘客索性步入村庄，向老百姓买几斤地瓜。这样一来，等火车头鸣笛呼唤大家回车，前后并得三五小时了。就这样安步当车似地到了武昌已是9月17日的清晨，正值"九一八"纪念的前夕。距我离开上海已经半个月以上了。

对于武汉，孙经仪比我更熟悉，我也是沿江的人，何况去年返国，也一度经由，可是仅是二三天短暂的时间。孙经仪从去冬上山侍母——当时家母寓牯岭，猝闻首都失守而趋武汉询讯，以及等到翌年返津请示她父亲有关与赖光大婚期的时候，她在武汉，足足有待过半年的时光。所以她对武汉，比我更敏感，车距终点还有一小时以上时间，她已兴奋起来，一反数日来的颓废，刻意地修整她的晨妆。

"有人来接吗？"我无精打采地问着。这个人，双方都会意得到是赖光大。

"有！"她很肯定地答复。

我当然也知道在广州起程的时候，她曾有电致赖光大，可是行车时刻如此的不正确，而赖光大怎能在车站做长期的守候？原来当时是服务于大本营，对于全国的交通动态都是了如指掌，即此一点，我愧弗如也。

"那么我们在此告别了。"我当然不想再见到赖光大，尽管我们是同学，而且也做过很好的朋友。

"你打算去哪里？"她问道我。

"暂时想住在首善里。"

首善里是我四姊先箴的家，那时她全家内迁贵阳，在汉口只留着一所空屋而已。这住所孙经仪曾多次去过，当她从牯岭到武汉，四姊为她准备了房间，以备其居。我们全家为了我的失踪，对一位殉国之士的未亡人，当然是另眼相看，尽其可能予以温慰。可是孙经仪却以渡江不便为辞，她要寄居在武昌，以便易于打听我的消息。

事实倒也是如此，当时所有的军事机关大概都在武昌，而赖光大所服务的大本营也不在话下。

车徐徐地进站，我伸首望外一望，赖光大带了一二个勤务兵正守候着。我便提了我那简单的行李先离开了座位，使得赖光大便于迎迓孙经仪。等到他们都走远了，我才尾随下车。

武汉！抗战初期的重镇。八月为僧，羁年所仰止的天堂，我居然踩到了这三镇的黄土，可是我茫然了，不知此来为何？陈定山（1896—1989年）的妹妹曾有二句诗说："辛苦最怜长路马，萧条还是在家僧。"真奇怪，一位女子会写出这样的诗，简直是完全为我写照的。

还我本色

首善里，四姊的家只剩下了守屋的人，所幸未予我拒绝，得以短暂的安身。翌晨，我还没有起身，忽然报客来，来的却是孙经仪偕着赖光大。

赖光大向来并不是一位善于辞令的人，可是这回却侃侃而谈，一再申述他们的误会。话很长，我似乎全没听入耳，但有一句，我却听得很清楚。

"我们当时觉得真无以对你，只想好好抚养小弟——你的孩子，以报答你的恩情！"

"对！"我站起来和他握着手，延续我们的友谊，以迄于今。

再一天，我整备了我的戎装，挺着胸膛，重新走进了我们抗战的阵营。

跋

记忆中的承瑞舅舅
——纪念南京保卫战烈士谢承瑞

　　牺牲于南京保卫战的烈士谢承瑞是一位我自幼就时常听到父母所谈起的长辈。

　　对于谢承瑞烈士的英勇事迹，儿时只是一知半解，根本无法体会，为何父母时常会莫名的难过，以及在舅舅过世多年之后还一直保持着怀念的心？直到我长大成人，并对抗战历史产生兴趣之后，才理解南京保卫战对他们有着多么重要的含义！

　　谢承瑞，祖籍江西南康，毕业于中央陆军军官学校高等教育班第四期，是早期受"勤工俭学"影响与资助赴法的留学生之一，在今天来说就是"海归"。

　　1931年，谢承瑞已学成归来成为一名校级军官，与我的父亲，刚从日本陆军士官学校毕业的钮先铭，首度一起在绥远的傅作义第35军服务。二位"留洋"青年军官，军事才能优异，又都来自南方，故被战友戏称"两个南蛮子"。一年之后，他俩又一起调入南京汤山炮校担任教官再度共事。1937年底，南京保卫战中，谢承瑞时任教导总队第一旅第二团上校团长，他率部激战于光华门，后身负重伤，最后殉职于挹江门，而父亲在南京陷落后历经磨难才回归部队。

　　关于谢承瑞烈士的事迹，网络、书籍都有详细报道，另有两件我自幼便常听到父亲提及的往事。

1954年，桂永清病逝前二个月出任参谋总长。某日在一次军中的聚会上，一位爱说好听话的某中将军长为讨其开心，说："您教导总队出的都是一流人才"，他直接回了那么一句："一流人才都牺牲了，现在只剩下二流人才，包括我自己。"

1970年，先父撰写的回忆录《还俗记》在台湾付梓，其中有一段描述其心路历程，因为当时海峡两岸隔绝，多少亲人妻离子散，有家归不得，这种煎熬并不好受，因此他在《还俗记》中写道："如果当年南京保卫战，自己也随着谢承瑞一起牺牲，或许会觉得无比的光荣，至少入祠，更不必活在思乡情切的环境之中。"

桂总长对中央军校教导总队牺牲将士的肯定，与先父后悔当初没有战死沙场是军人的耻辱有着异曲同工之妙，都是对谢承瑞团长，以及死去的战友怀着无限的思念与尊敬! 同年（1970年）谢承瑞少将入祀台北圆山忠烈祠，牌位J4-54。

1939年，也就是南京失陷近二年后，谢承瑞烈士遗孀景荷荪接到国防部证实谢承瑞殉国的正式通知，悲痛不已，将不到三岁的独生女谢尊一托付在四川泸州的亲戚家中，只身赴成都，继续在已由南京迁来的金陵女子文理学院完成学业，毕业后留校服务，这种化悲愤为力量的精神令后人深为敬佩。1988年，表姊谢尊一向民政部门申请追烈，民政部复追认其父亲谢承瑞为抗日烈士。

谢承瑞烈士牺牲至今已经八十多年，我心中时有强烈感触，深深觉得那个年代的中国人为什么都那么勇敢爱国。如今我自己也快迈入古稀之年，经历了人生起伏、生离死别，感情变得特别脆弱，往往在怀念先辈时情不自禁地潸然泪下。

后记

　　源起于2025年将迎来抗战胜利八十周年纪念之际，新编《还俗记：南京大屠杀下的鸡鸣寺240天》一书，由团结出版社出版发行。

　　其间承蒙全国黄埔军校同学会理事、北京黄埔军校同学会会长覃珊的极力支持，并撰读后感。覃珊会长深受毕业于黄埔二期的父亲覃异之将军影响，自幼耳濡目染先辈抗日事迹，虽身为女性但满腔热血，对于抗战历史的人物、大小战役以及黄埔建校百年的筚路蓝缕都研究甚深。能邀请到覃会长为本书赐序，是我莫大的荣幸。当我读到覃会长为新编《还俗记》洋洋洒洒撰写的读后感时，百感交集、热泪盈眶，往事如烟云般浮现。《还俗记》一书讲述的是我父亲钮先铭的抗日经历。当年，他身为国民革命军中央军校教导总队的一名营长，参与了南京保卫战光华门的守备任务，因南京的失陷而落入寺庙长达240天，亲眼目睹日本军人毫无人性且惨绝人寰的屠杀经过，将其记录下来。或许自幼听父母亲谈论描述得太多，早已耳熟能详，但却未曾想到覃会长写下的文字还能令我如此动容。虽然这要归功于覃会长她的文学素养、家庭背景……，一部二十万字的作品就这样被她嚼碎了、融化了，但我觉得这更是覃会长的真情流露，是她对父辈的怀念与热爱历史的情怀，比我这个书中主人公的儿子看得还透彻，着实令我汗颜。

新编《还俗记》能顺利付梓，覃会长的政通人和是关键，能收集到陈毅元帅之子陈昊苏兄、抗日名将戴安澜将军之子戴澄东兄、现任黄埔军校同学会会长林上元之子，香港黄埔后代联谊会会长林际平兄、抗日烈士将领朱家麟将军孙女朱铤、杨杰将军之孙王伟、黄埔16期生方国元之子方学晓、17期后人胡建国等书法大家，为新书题字，称得上是一部冠盖云集、共襄盛举的抗战史书。

在此，尤其要感谢黄埔5期邱行湘将军之子晓辉兄的推波助澜，才能有这本书的面世，同时亦要感谢，江苏省海峡两岸关系研究会蔡副会长、江苏省黄埔军校同学会左秘书长、侵华日军南京大屠杀遇难同胞纪念馆周馆长、南京中国近代史遗址博物馆（"总统府"）刘馆长、南京鸡鸣寺莲华住持、江苏昆山民革胡主委、黄埔华东地区校友会陈会长、江西省黄埔军校同学会罗秘书长、香港中小企商会主席黄鹏绪先生等各界领导，鼎力支持得以顺利完成。心中除了感恩各界的盛情之外，谨以此书，对抗战时期居功厥伟的全国将士、牺牲烈士、居民同胞以及先父的军中袍泽，为中华民族所做出的贡献，表达崇高的敬佩之情。

2024年10月1日

钮则坚

敬书